21 世纪通识教育系列教材

21st Century Textbooks of General Education

口才交际能力训练

Developing Oral Communication Skills

刘伯奎 ◎ 著

中国人民大学出版社

· 北京 ·

图书在版编目（CIP）数据

口才交际能力训练/刘伯奎著．—北京：中国人民大学出版社，2011.5
21世纪通识教育系列教材
ISBN 978-7-300-13521-2

Ⅰ．①口…　Ⅱ．①刘…　Ⅲ．①口才学-教材　Ⅳ．①H019

中国版本图书馆CIP数据核字（2011）第072390号

21世纪通识教育系列教材
口才交际能力训练
刘伯奎　著
Koucai Jiaoji Nengli Xunlian

出版发行	中国人民大学出版社		
社　　址	北京中关村大街31号	**邮政编码**	100080
电　　话	010－62511242（总编室）		010－62511770（质管部）
	010－82501766（邮购部）		010－62514148（门市部）
	010－62515195（发行公司）		010－62515275（盗版举报）
网　　址	http://www.crup.com.cn		
经　　销	新华书店		
印　　刷	北京宏伟双华印刷有限公司		
规　　格	170 mm×240 mm　16开本	**版　　次**	2011年5月第1版
印　　张	19.75 插页1	**印　　次**	2022年7月第7次印刷
字　　数	330 000	**定　　价**	45.00元

·出版说明·

随着信息时代的来临、经济全球化的深入与文化软实力竞争的加剧，重视大学生人文素养与创新能力的培养，提升大学生的综合素质，已成为各国教育改革与发展关注的重点和热点。人们越来越意识到：高等教育不仅要培养大学生良好的专业素质，更重要的是要使他们在走向社会之后拥有长足的自我拓展能力。只有以宽口径、厚基础、复合型为人才培养目标，才能更好地提高我国高等教育的质量，培育出适应现代社会需求的具备公民意识、社会责任感与创新精神的优秀人才。

从中外大学通识教育的实践来看，通识教育是一项系统工程，而课程体系建设始终是推进通识教育的核心任务，教材建设则又是其中的重要环节。为满足广大高校师生对高质量通识教育教材的需求，中国人民大学出版社组织多学科、多领域的专家学者，在广泛调研与深入研讨的基础上，组织编写了这套“21世纪通识教育系列教材”，为推动高等学校通识教育教材建设进行了努力和探索。

本套教材分为人文、政法和经管三大板块，定位为非专业统开课教材，突出“通识”的特色，强调内容阐释的“基础”和“宽度”，力求突破单纯的“专业视域”或“知识视域”，引导学生调整知识结构，拓宽文化视野，以达成人才培养效果上的“宽度”，从而实现高等教育培养复合型人才的目标。

本套教材中的每一本均由该学科领域有影响力的专家学者领衔编写。通识教材的“基础”与“宽度”，需要特别重视教材纲目与内容的适用性、可拓展性和灵活性。唯有在该领域具有丰富教学经验及精深学术水准的名家，方能“取精用弘，由博返约”，编写出体现“通识”特色的高水平教材。

本套教材形式与内容和谐统一，教材内容基础适用，语言简洁生动，并辅以典型、有趣的案例、图表，轻松活泼的栏目和插图等，图文并茂，引人入胜，照顾到青年学生群体的阅读习惯。

作为出版者，我们特别希望通过加强通识教育教材建设，推进高校课程体系的融会贯通，提高学生跨学科、跨文化的理解能力，为学生未来的职业生涯与人生发展奠定良好的知识和能力基础。这套通识教育系列教材只是开始，期望更多的专家学者共襄此事，推进通识教育教学的改革与发展。

中国人民大学出版社

· 前　言 ·

从 1984 年本教材著者在《演讲与口才》上发表第一篇谈论口才的文章至今，不知不觉二十多年过去了。

这期间有很多事情原本是很难做成的。

1990 年，著者借助一位个体书商的力量，出版了自己的第一本小书《演讲成功之路》；

1994 年，出版了自任主编并主笔撰写的新编教材《教师口语：表述与训练》；

1998 年，在语文出版社出版了专著《辩论学》；

…………

2003 年，本教材著者独立承担了教育部“十五”国家级规划教材《口才与演讲——技能训练》（新创）的撰写任务，此后，又以非著名高校的非著名教授的身份加盟了北京大学“名家通识讲座书系”《口才训练十五讲》（这个“十五讲系列”原先规定必须是著名高校的著名教授才有资格撰写）。说句老实话，在已经拥有十几部专著，原创文字也已达四百余万字的今天，再来出版一本口才交际能力训练的教材，已经不再激动了。

但是，作为一个读书并且写书的人，有一个底线是不能打破的，那就是既然接受了一个新任务，首要的一点，就是要坚持创新，绝不能自己炒自己的冷饭。

以此为标准，本教材拟在“前言”中，先谈这本“能力训练”之“新”在何处。

相较过去的著述而言，本教材之“新”体现在三个方面。

“新”之一：名称新。本教材终于将“口才与演讲”之类的课程名称改成了“口才交际”。

何谓口才？何谓口才交际？为什么要把“口才与演讲”这一由教育部确立的新创课程名称更名为“口才交际”？

理由如下：

本教材著者曾经在多部著作和教材里反复强调，所谓口才就是用话语解决问题的一种能力。口才既然要解决现实问题、达到既定目的，成功的检验标尺当然只能是看应用的结果。口才付诸应用的前提，首先就是要有交际对象（无交际对象的所谓口才显现只是“自说自话”），这就使得口才应用必然表现为一种双向交流，也就是“口才交际”。在双向交流过程中，话语交流实际上有多种形式，根据表现形式又可以将其分为单向表述和双向交流两大类。单向表述是指一方以说为主，而另一方以听为主，听话方轻易不会打断说话方，例如说话、朗读、演讲、朗诵；双向交流是指交际双方或多方说与听的角色身份随机互换互动，例如交谈、谈判、吵架、辩论。

由此不难看出，全面要求或者全面检验一个人的口才水平，应当是一个包括单向表述和双向交流在内的多项口才应用能力的综合水平评估的过程。遗憾的是，即从教育部 2000 年前后高职高专类新开设的课程“口才与演讲”来看（课程名称的导向性是很强的），它显然是在对口才的一般要求的基础上偏重于对“演讲”的要求。即使在应用范围比较广、实用价值相对比较大的国外，演讲的功能也主要在于鼓动或感动听众。在国内，至少在目前阶段，它还是更多地停留在“表演”的层次上，还远远没有进入人们的社会生活，还比较明显地缺乏实际应用价值。显然，把原本侧重于综合能力要求的“口才交际”转移到以某一个单项技能环节为中心的“口才与演讲”，从课程设置导向上看，恐怕还是有失偏颇的。

正是由于这一导向的作用，目前，在各类学校里，比较会朗诵或抒情的人，甚至不过是普通话说得比较标准的人，都相对比较容易得到“口才好”的评价。“标杆”的影响有时候是潜在的，于是，在不知不觉之中，“口才训练”课就变成了“口才表演”课。而那些普通话不太好的，抒情能力比较弱的（尽管思辨能力可能是非常强的），有时候就被压抑了。设立“口才与演讲”课程的初衷就这样被扭曲、被偏离了。

本教材著者于 2002 年获得教育部“十五”国家级规划教材《口才与演讲》（新创）的撰写权，从那时起即致力于将“口才与演讲”教学训练体系的构建转换为“口才交际”教学训练体系的构建。也许有人要问，既然你当时已经这么做了，为什么不直接使用“口才交际”这一概念，为什么不能宣传自己的主张呢？原因无他，只因为当时能够获得国家级教材的撰写权就已经是一种殊荣了，哪里还有勇气跟“口才与演讲”这个课程名称叫板呢？何况改变课程名称，就意味着主动放弃国家级教材的撰写权，就意味着写的是另外一门课程的教材了，而这门课教育部又根本没有开设。所以，即使自己是按照"口才交际"的理念来撰写的教材，也只能以"口才与演讲"来给教材命名。

现在，能够有一个机会以"口才交际"的名称命名自己的通识课教材，著者当然有一种心情舒畅的感觉。因为终于可以在"口才交际"的理念下，向学生明确这样的要求：口才交际实际上应当是一个人说话、念读、演讲、朗诵、交谈、谈判、吵架、辩论等"十八般武艺"综合运用的总体要求，而不仅仅是演讲（侧重于鼓动能力、感染能力的要求）的单一方面的要求。这是本教材的"新"之一。

"新"之二：本教材进一步明确了"何谓口才"这一问题的标准。

何谓口才？多年来，针对国内泛滥的通过舞台表演显现口才的风气，本教材著者一有机会就反复强调"所谓口才，是用话语解决问题的一种能力"，力图扭转国内各地过于注重以开展演讲（表演）比赛的形式来提高口才的歧路（强调一点：本教材绝没有贬低演讲能力的价值之意，况且著者就是通过参加演讲比赛逐步进入这一领域的）。

在"十五"阶段，国内口才训练的遗憾是过于关注口才的表演或演示。尽管本教材著者将之称为误区，但是演讲比赛之类的表演对个人来说，毕竟也是一项有效的锻炼，至少在"心理素质"的优化方面，堪称效果明显。只是，在进入"十一五"阶段以后，这一误区不仅没有得到纠正，反而更加严重，而且向理论层面上升，终于变成大面积的误区了！只要进书店看看就会发现，越来越多的贴有"十一五规划教材"标签的"演讲与口才"之类的读物都在指导人们怎样通过训练提高自己的口才。然而，这其中又有多少教材的编撰者提出了可靠的训练方法呢？

二十多年来，本教材著者一直坚持以思维模式优化为核心，以心理素质优化为基础，分类进行朗读、演讲、交谈、辩论等能力的强化训练，并且终于形成了经长期实践证明有效的系统化训练的数十种方法和丰富的训练材料。时至今日，本人仍然坚持认为：口才一定是说话人个性化思考的结果，只要是自己独立思考的结果，哪怕最后证明话说错了，也应当归为口才。人云亦云的话语，无论多么华美、多么生动，本教材著者都将其排除在"口才"之外。理由很简单，是否是独立思考的结果，应当是鉴定口才的一个绝对标准，至于话说得对还是错，水平优还是劣，话说得成功还是失败，都不过是相对性很强的软标准，一旦转换角度或者时过境迁，结论就可能发生改变，而"口才"必须是"我口表我心"，这一训练原则是万万不可改变的。

"新"之三：结构新。本教材针对高职高专层次和本科层次对"口才"的不同需求做出了相应的区分。

本教材著者在此前出版的口才训练指导书籍中，一般都是突出自己数十年来从事训练实践的经验总结，竭力展示在系统化训练中独创的数十种训练方法。但是，自从意外跻身北京大学出版社的《口才训练十五讲》之后，著者就发现了一个需要解决的问题，那就是，怎么能让人一看就明白，这一本是专科层次教材，另一本是本科层次教材。

本教材尝试着努力完成这一划分，第一次忍痛割爱删除了“发声正音训练、念读朗读训练、自然说话训练”等训练板块，甚至将“演讲训练”也划入专科层次，予以删除。只保留了思维模式优化训练和心理素质优化训练等可供“终身学习、终身修炼”的训练板块，以凸显口才训练最终应当落实在实用口才交际上的要求。

还需要说明的一点是，本教材中存在着“口才”、“口才交际”、“口才交际能力（训练）”等三个不同概念交叉使用的情况。为了避免教材使用者出现理解混乱，这里分别给以明确界定如下：所谓“口才”，在这里是一个内涵相对丰富的概念，在某种意义上，有点近似于一个泛泛而谈的“大概念”。一方面，这个概念在生活中被随处使用（例如，某人可能因为随口说了一句俏皮话，就被夸作“好口才”），内涵很难严格界定；另一方面，在理论研究中，它又可以作为一个“大概念”，将“口才交际”、“口才交际能力（训练）”都划入自己的领域（例如，《演讲与口才》杂志的名称中，后面一个“口才”的内涵显然比前一个“演讲”的内涵要丰富得多，而且还难以根据其在生活中的应用做出明确的界定）。本教材在使用“口才”这个定义时，沿用了生活中约定俗成的上述理解。

所谓“口才交际”，具有学科理论界定的概念性质。其内涵的主要指向是经过理论提炼的“口才应用形式”（例如：朗读、朗诵，说话、演讲，聊天、交谈，谈判、辩论，等等），其外延同样可以涵盖生活中有实际应用，但是在理论上尚未进行提炼总结的其他应用形式。

将“口才”与“口才交际”相比，“口才”一词的约定俗成程度相对偏重，而“口才交际”一词的学科界定程度相对偏重。本教材在使用中沿用这一理解。

所谓“口才交际能力（训练）”一词，则是将“口才交际”这一概念在生活中的应用转向系统化训练而产生的，其自身包括“能力需求的理性化解读”，以及伴随这一解读而创设的具有明确的可操作性步骤的训练方法、训练原则把握、训练案例分析以及效果总结等。

在本教材中，“口才交际能力（训练）”的最大特色，是“具有明确的可操作性步骤的训练方法、训练原则把握、训练案例分析以及效果总结”的成型，全部由著者本人历时二十余年潜心研究独立完成，其中完全没有美其名曰“借鉴”而对他人成果进行“剪刀加糨糊”式的抄袭。如果本教材是成功的，那么，这个成功是著者个人的；如果本教材存在瑕疵甚至重大错误，那么，这个瑕疵甚至重大错误也由著者个人承担。

本教材的逐步成型过程，是一个“聚沙成塔、集腋成裘”的过程，某些章节文字成型的时间前后绵延二十余年，上述之三概念的形成也前后绵延十余年。本教材在本次编撰的过程中，尽力做到统一，如果仍有个别段落的文字不够统一，敬请批评指正，以便修订时及时更新完善。特此说明。

关于上述修改的思考，起步于 2004 年针对本科学生的《口才训练十五讲》，在本教材中界限逐渐清晰。至于是否成功，有待社会评判。

是为前言。

刘伯奎

2011 年 4 月于上海

·目 录·

上编　口才交际究竟是一种什么能力？

下编　怎样有效把握口才交际能力训练？

上　编

口才交际究竟是一种什么能力？

口才究竟是什么？究竟应当把它定位为素质，还是技能，抑或是能力？

请注意，不要把这个问题看成是一个学究在咬文嚼字，因为不从源头上对这个问题完成科学定位，势必会影响系统化训练的科学化推进。“口才”二字，虽然人人都在用，都在说，实际上每个人的理解都是不同的。有的人认为，能够面对很多人甚至是成千上万的人滔滔不绝地发表演讲叫有口才；有的人认为，在辩论时（例如在法庭上）能够滔滔不绝、语惊四座，使得对方俯首帖耳乃至哑口无言，叫做有口才；有的人则把口才理解为“说话中听”，不仅指说话内容“中听”，还包括声音“好听”，也就是“音色美”。显然，对于口才的不同理解势必导致对于口才训练方法的不同设定，并且最终会达到不同的效果：受训者究竟能够科学地获得自己所追求的口才，还是在不知不觉之中就陷入了误区，以致最后事倍功半，甚至事倍功无？

本教材著者长期扎根于口才训练第一线，面对来自不同社会阶层的不同需求，显然自己必须首先弄明白这个问题。当然，著者自己也曾被这个问题困扰了多年。

在相当长的一段时间内，本教材著者也曾一度将“口才”视为一种技能，并由此而将口才细化为演讲鼓动技能、交流沟通技能、辩论交锋技能。直到2003年本人在承担“教育部‘十五’国家级规划教材《口才与演讲》”撰写任务时，仍然将教材定名为《口才与演讲——技能训练》。但是，随着系统化训练年复一年地展开，一个问题久久地萦绕在我的脑子里：用“技能”一词来框定口才能力是不是有失准确？

“技能”一词的原意较多地偏向于人的肢体对某种器械的操作的解释，例如计算机操作技能、汽车驾驶技能等。诸如此类的操作，不但可以理解为一种纯粹的动作程序（与人的文化积淀、个性气质等多方面的特点几乎没有什么关系），而且一般情况下，这种动作程序还是可以重复的，甚至可以是千篇一律的，因而人们可以轻而易举地从操作结果来判断不同的人在同一技能操作中的水平差异，并由此制定出统一的考核评价标准。然而，口才显现则是在人与人之间进行的，一个人说什么话以及如何说话，不仅与说话人的文化积淀、个性气质等密切相关，而且由于当事人之间在具体事件前后的人际关系不同，由于他们对具体事件的观点、立场、情感、倾向不同，因而这又使得任何一种具体的口才显现从根本上都可以理解为是不可重复的。因此，我们很难简单地从交流结果来判断人们在口才应用方面的水平差异。从而，我们应当不难理解：抽象的、以不变应万变的口才技能是不存在的。

经过这一番思考之后，本教材著者又发现，口才在具体显现的过程中，其实也并没有与“按照既定程序有序推进”的技能完全绝缘。例如，教师的课堂教学语言、司法人员的司法职业语言等，其实也是有着程序规定的。因此，在转向《教师口语系统化训练》、《司法口才系统化训练》等职业口才训练的教材撰写时，本教材著者又在某些章节的阐释中有保留地使用了“职业口才技能”之类的话语。

请注意这一番思考对于训练指导的价值。一方面应当看到，口才与演讲系统化训练是一个“终身学习，边学习、边实践、边提高”的过程；另一方面也应当认识到，口才与演讲素质的具体显现，在生活中也还是具有某种技能特点。只要具有技能的特点，就意味着学习者只要付出了相当的努力，就可以比较快地掌握它，并且能够比较快地将其应用到自己的工作、学习与生活之中。

第一讲　口才交际能力训练中的三大瓶颈和九大误区

提要与思考

本讲需要重点把握：

1. 任何人的口才交际能力都是后天培养的，因此，接受科学的系统化训练是拥有口才交际能力的必由之路。

2. 从个人角度看，口才交际能力训练是自身素质的优化；从社会交往的角度看，则是自身能力的强化。因此，口才交际能力训练只能以个人的实际水平为起点，逐步提高，其中没有捷径可走。

3. 口才交际能力训练具有终身学习、"活到老，学到老"的特点，因而要使自己成为口才交际能力训练的有心人，就要注意自己和他人日常的一言一行，在社会实践中总结经验，提高能力。从这一角度思考，"马后炮"式的事后总结是一个行之有效的自我训练、自我提高的好办法。

重点问题

1. 尝试总结一下自己对于口才训练的看法，并与别人进行交流，看看自己是否也有认识误区。如果发现别人认识有误，试试看自己能不能说服对方，予以纠正。

2. 认真思考"模仿学习"与"个性化创新"二者之间的关系，设定自己的基本训练计划。

本教材著者自20世纪80年代中期开始针对学生进行口才训练，至今不觉已有二十余年。二十多年来，本人每每遇到求学者倾诉自己因为口才交际能力不强而饱受挫折之苦，他们总是希望本教材著者或者能够点石成金，对其进行一番指点，使其立马就能出口成章，说遍天下无对手，或者降低点要求，能够给其指点一条捷径，使其能够快速具备当众自如说话的"一般口才"。很多人总是急盼能够直接进入"口才水平提升"，而不屑于接受以具体话题为引导的"说话训练"。他们的种种表现，说得刻薄一点就是，一方面是自述自己连走路都摇摇晃晃，扶着墙都走不好，另一方面却恨不得只要本教材著者给他上几节课，他就能成为刘翔似的“飞人”，马上就能够去参加奥运会。每每至此，我总是要花费一番时间，对其进行一番提醒，年复一年，就形成了以下文字——“三大瓶颈和九大误区”。

一、口才交际能力训练中的三大瓶颈

中国人，例如中国的大学生，在提高自己的口才水平的过程中，需要解决什么样的问题，或者说，要克服什么样的实际难点呢？

难点有三，或称之为三大瓶颈。严格地说，这三大难点全部产生于我们这个民族传统的精神文化积淀之中。

瓶颈之一

封建精神文化传统的影响至今犹存，压抑了国人的口才显现。简单地说，就是“人分三、六、九等”的等级体制的影响。这一等级体制，既有社会角色的等级差异（例如，封建时代的官员有品级差异，今天的官员有股、科、处的级别差异），又有亲情角色的伦理差异（例如，长辈、幼辈的辈分差异）。时至今日，“君臣父子”等诸如此类的等级限制，仍然在顽固地限制着人们，仍然规定着人们能说什么与不能说什么，能怎么说与不能怎么说，使得人们不能平等地、自主地畅所欲言。

口才成功显现的前提原本应当是：说话人既不因为“人微言轻”而自惭形秽，也不因为“身份显赫”而以势压人，双方或多方均独立思考、平等交流，冷静理智地坚持真理，修正错误。但是，封建的精神文化传统在我们身上刻下的印记却恰恰表现为：面对年长者、尊贵者、有权势者，难免会心理紧张，以致嗫嚅而不敢言；面对年幼者、卑微者、无权势者，又难免目中无人，甚至颐指气使。于是，在口才交际能力训练中，常常听到有人自述，在与熟人、朋友、亲人进行交流时，口才表现尚可，但是，一旦与陌生人（可能是领导）或者一群人（其中可能有领导）说话，表现就不行了。应当指出的是，此时说话人所面临的实际上已经不是如何提高说话能力的问题，而是要调整说话心理的问题了。

在口才训练中，有些年轻人常常只重视学习当众演讲的技巧，却忽视了掌握与人平等交流的能力，这就陷入了口才训练的误区。人人都想获得好口才。激情喷涌的演讲、语惊四座的雄辩当然都属于口才的具体表现，但是，口才的内涵绝不仅限于此。从根本上说，所谓口才，是人们运用自己的话语解决实际问题的能力，这就不仅需要提高自己的“听话辨析”能力，还要使自己养成能够倾听“不如自己，甚至远远低于自己”的人在“说什么以及怎么说”的心态。不能或者不愿意如此训练自己，就不可能最终练好口才。

瓶颈之二

系统化的应试教育严重地阻碍了民族思维素质的个性化发展，进而阻碍了口才水平的提高。说到底，应试教育注重培养和训练的只不过是再现老师教给的知识和推导方法的重复能力与模仿能力。而所谓口才，是人们运用自己的话语解决实际问题的能力。我们都知道，在口才交际过程中，由于话题内容、交际对象不同，由于交际双方观点立场差异程度、利害关系冲突程度不同，因而口才交际从内容到形式的显现也就各不相同。也就是说，口才水平的显现在大多数情况下都是个性化的，口才交际水平的提高不可能通过重复或者模仿某种既定的、统一的步骤和程序来完成。进一步来说，虽然我们的大学生已经不仅能运用母语，而且还能运用外语与他人进行交际了，但是，我们应当认识到，“说什么与怎么说”的问题绝大多数是在生活实践中被动地、感性地获得的，我们的学校教育始终没有提供理性的、系统的教学训练方法，也没有引导学生主动地强化自己在这方面的个性化发展。

这方面的欠缺导致了青年人对于口才应用理解的片面性。具体表现就是，一方面将原本属于素质教育（开放）体系的口才训练视同封闭体系的应试教育，常常会提出“多少时间能够完成（训练）”的问题；另一方面，将口才训练的指导书籍视同知识介绍类书籍，以通读训练教材的方式来替代口才训练。

作为一种解决问题的能力，口才训练实际上应当贯穿人们的一生。一个人在运用自己的话语解决生活中的现实问题时，他实际上就是在进行口才交际能力训练。当然，学校的系统教学训练必须表现出一种阶段性、可结束性，但是，这种阶段性、可结束性往往只能针对口才训练中可统一要求、可重复模仿的部分进行（例如，是否达到了朗读、朗诵、说话、演讲的一般要求，是否掌握了交谈、交涉、辩论、交锋的一般方法与技巧等），至于其个人的知识转化应用能力，有时是很难通过考试来检测的。

至于将口才训练的指导书籍视同知识介绍类书籍，以通读训练教材的方式来替代口才训练，则往往在教师和学生两方面都有所表现（教师表现为照本宣科，学生则表现为死记硬背）。严格地说，这种方式可以称为“伪口才训练”（貌似训练了，实际没有训练）。口才训练，只能靠训练出成绩，不可能仅凭看书就“爆出”口才。就好比你买了一本如何训练短跑的书，如果你只是反复阅读教材，却不上跑道严格训练，你的短跑成绩是不可能提高的；再比如你买了一本烹饪大全，如果你只是反复阅读，却从不下厨房操勺实践，你的厨艺也是不可能提高的。这其中的道理是基本相同的。

瓶颈之三

将口才训练看做是一门单纯的、可以游离于个人自身（个性、气质、心胸）之外的技能。时至今日，尽管我们看到，中国人，尤其是广大的青年学生，对于口才交际能力表现出极大的热情，但是，很少有人认识到，个性化色彩非常明显的口才交际能力实际上可以分为两个部分：可学之口才（游离于说话人人格之外的方法与技巧）与不可学之口才（凸显的是说话人的心胸、气度、眼界、视角等与人格魅力有关的个人特质）。

口才交际能力训练的难点实际上在于如何学习“不可学之口才”。所谓的“不可学之口才”是真正具有闪光点的成功的口才显现。之所以说其“不可学”，是因为理想样板的人格魅力水平很难通过阶段训练达到。当然，“不可学”其实又是“可学”的。意思也就是说，如果说话人的人格水平（个性、气质、心胸等）具备了理想样板的水平，那么，他就能够通过训练达到理想样板的口才显现水平。

大家都知道，司马迁的《史记》中有一篇《廉颇蔺相如列传》。其中蔺相如就可以称得上是凭借好口才取得人生事业成功的样板。他从一个地位低下、处于帮闲地位的“舍人”成为赵国的“上卿”，主要靠的就是他的口才显现。但是，如果仔细分析“完璧归赵”、“渑池会”、“将相和”这三个主要风波中蔺相如的表现，我们不能不感受到，蔺相如的成功，与其说取决于他的口才的卓越显现，不如说是得益于他的心胸、气度以及人格魅力的成功展现。正因为如此，司马迁才会在《史记》中夸赞道：“方蔺相如引璧睨柱，及叱秦王左右，势不过诛，然士或怯懦而不敢发。相如一奋其气，威信敌国；退而让颇，名重太山。其处智勇，可谓兼之矣!”（《史记·廉颇蔺相如列传》）在中国古典文学名著《三国演义》中，周瑜则似乎是另一类典型。面对曹军强敌压境，他与诸葛亮同时想到可用火攻破曹，证明其智慧不在诸葛亮之下。但是，他虽能战胜曹操百万大军，却敌不过诸葛亮的交际谋略，最后竟在“既生瑜，何生亮”的悲叹中活活气死，显然根子在于其心胸、气度，总之，就是其人格魅力略逊一筹。如果周瑜坚持如此心胸，他不仅学不来诸葛亮的口才，即使让他去学古人蔺相如，恐怕也只能模仿皮毛，而难以得其真谛。

要想学好口才必须同时学会做人——口才与做人之间是有着极为密切的关联的。

上述三点就是当代大学生接受口才交际能力训练的三大瓶颈。能够突破这三大瓶颈者，其口才能力显现就可以达到上乘水平；不能突破这三大瓶颈者，其口才能力训练恐怕也就难免“捡了芝麻，丢了西瓜”、“买椟还珠”、“东施效颦”的遗憾了。

二、口才交际能力训练中的九大误区

近些年来，口才训练越来越热，培训市场上，金牌大师也接踵而出，然而，只要看看大师们的广告，我们就不难知道其中有多少“伪劣”成分了。本教材著者根据多年来指导训练的经验，对常见的错误理解（或称误区）加以归纳总结。这里，试作剖析如下：

误区一　口才是可以“以不变应万变的”

本教材著者长达二十多年的研究表明，能够以不变应万变的格式固定、程序固定的口才在这个世界上是不存在的。

“口才”二字，虽然人人都在用，都在说，但是每个人的理解都是不同的。有的人认为，能够面对很多人甚至是成千上万的人滔滔不绝地发表演讲叫有口才（这种理解在学生中，尤其是在大学生中较多）；有的人认为，在辩论时（例如在法庭上）能够气势磅礴、语惊四座，使得对方只能聆听而无言以对，叫做有口才；还有的人则把口才理解为“说话中听”，不仅包括说话内容“中听”，还包括声音“好听”，也就是“音色美”。

首先应当承认，上述种种当然都可以视为口才的具体表现，但它们其实都只是口才系统的某一部分或者是形式方面的某一环节的表现，它们并没有凸显口才交际的本质特点。如果坚持认定这某一部分才是口才，别的就不是，或者认为我只学这样的口才，对于其他的应用能力没有兴趣，难免就会犯“瞎子摸象”的错误，甚至难免“捡了芝麻，丢了西瓜”，这样的学习，也就很难取得真正的成功。

本教材对于口才二字的界定，也就是“前言”中已经反复强调的：口才是人们在社会生活中，用话语解决问题的一种能力。从这一角度理解，能力的表现应当是多方面的、多种形式的：既可以是气势磅礴、辉煌壮观的，也可以是咄咄逼人、难以应对的，还可以是悄声细语、朴实无华的。但是，无论形式表现可以怎样的多样化，它们一定要具备一个共同的特点，那就是要能解决实际问题。从这一角度考察，还可以把对口才的界定再扩大一点，那就是，一个人只要自主说话，就可能出现闪现思想亮点的时候，就可能显现口才，从这一点来说，人人都有口才，甚至哑巴也有口才（借助哑语显现），只不过有的人用口才解决问题的成功比例高一些，有的人成功比例低一些罢了。进一步理解，所谓口才显现，也就是人们用话语解决问题的过程中。至于系统化的口才交际能力训练，则是在专家或者专业教师的指导点拨下，一步一步有针对性地自我训练、自我体验并自我优化的训练过程。

误区二　口才是先天生就的

对于这个问题，本教材著者非常负责任地说一句：口才交际能力肯定需要经过后天的训练，而不是先天就能有的。

理由如下：

人的能力大致可以分为两类：一类是先天的，另一类是后天的。所谓先天的能力，表现为与生俱来的适应自然的种种本能，例如，人饿了要吃饭、睡觉，这是人一降临这个世界就先天具有的。所谓后天的能力，主要表现为通过学习而具备的适应社会的种种能力，例如，人们要交流情感，就需要学会说话，而要说话就要先学会某一种语音体系（汉语、英语、法语等）；要学会写字，同样也要先学会某一种符号体系（以汉字为例，繁体字、简化字等）。人们在运用某一种语音文字体系进行交流的过程中，有时候成功，有时候失败，通过对现实生活中成功与失败的不同感受，逐步强化自己“用话语解决问题的能力”。这种实践性非常强的应用过程就决定了一个人的口才必然是后天训练形成的。

那么，为什么仍然有人会产生“口才天生”的感觉呢？

这主要是因为每个人的成长环境、家庭文化背景、生活阅历、文化教养不同，而个人之间则既有内向性格、外向性格的差异，又有在学习、工作中是否经常运用口才交际能力的差异。口才交际具有非常强的社会实践性，一个人只要进入社会生活，那么他每一次与人进行话语交流，无论成功还是失败，实际上就是一次口才交际的实践训练，并不一定非要在课堂里进行训练才叫训练。人们在生活实践中进行口才交际的频率差异导致能够较多借助口才交际取得成功的人被认为“有口才”，这种评价的较多出现使得他们与其他人在口才交际能力显现方面就慢慢拉开了差距。这种差距又因为缺乏进行过专门的系统化训练的标志，因而有时会让人产生“口才天生”的感觉。

换句话说，走出“口才天生”的认识误区，将有助于提升自己运用话语解决问题的信心，有助于提升自己的口才水平。

误区三　口才是学出来的

关于这个问题，首先要明确一点：口才不是学出来的，它是学不出来的，口才一定是在实践的成功与失败中磨炼出来的。所谓系统化训练也一定要贴近求学者个人的具体情况才能有效进行。

为什么这么说呢?

在这里，我们不妨先对“学”与“练”的差异作一番比较。什么叫“学”？在某种意义上，我们可以将其理解为“前面有样板，后面跟着模仿”，例如，学开汽车、学做菜，就叫做“学”。什么叫“练”？“练”就是自己反复演练，当然，演练的内容既可以是别人的，也可以是自己原创的。从宏观角度把握，演练的内容即使是别人的，演练的过程也还是必须结合自己的具体情况，通过演练，将别人的内容转化为自身能够自然表现的思想。跟着别人“学”出来的口才再好也是别人的，只有自己“练”出来的口才才是自己的。从这一角度思考，口才不是学出来的，应当是练出来的。

我们不妨以中国戏剧打个比方。中国戏剧之所以会有流派之称，就因为它过于注重“学”。弟子（学生）学得再好，只要没有超出师父的水平，或者说还没有能突破师父的个性化风格，这些后学者就只能仍然归属于师父一派（往往以师父的姓氏为标志）。一旦后学者超出了师父的水平，或者说虽然总体上没有完成超越，但是在某一方面有了属于自己的独创成果，也就意味着他该自立门派了。口才训练的过程，不应当是形成某一流派的过程（一个师父教出一群弟子的过程），而应当是一个教练如何引导后学者扬己之长、补己之短，最终形成后学者个人风格的“自立门派、百花齐放”的过程。

那么，口才是否能够练得出呢？答案应当是：口才既练得出，又练不出。

所谓口才，是在个人知识水平、个性气质、生活阅历等多方面基础上形成的一种文化素质显现。显然，贴近个人实际水平与发展需求，立足于个人工作、学习、生活环境，在个人已有水平上逐步提高，就可以使自己的文化素质得到优化，这也就是所谓“练得出”。反之，无视个人知识水平、个性气质、生活阅历以及个人发展需求，而去追求一种脱离自身个性气质特点、脱离个人生活实践、绝对化的高水平口才交际能力，恐怕最终难免“东施效颦”，费尽力气而难见效果，这就是所谓“练不出”（这样的人，在大学生中比较常见）。

误区四　口才训练应当有学成的时候

为什么把这种认识也列为误区呢？这应当从两个角度综合分析：一个是宏观角度，另一个是微观角度。

所谓宏观角度，又可以有两个层次的不同理解。一个层次是，口才训练是一个终身学习项目，是一个需要随着个人生活的实践体验不断更新的学习项目，是一个活到老、学到老、用到老的项目。以本教材著者为例，本人全身心投入这个体系的创建研究已经二十多年了，直到现在还是不敢声称自己已经完成体系构建，而且估计自己研究到死也完成不了这一项目。

另一个层次则是系统化训练推进。以本教材著者历时二十多年创建的口才训练体系为例，该体系从小学一二年级开始，逐级提高训练要求，设定训练项目，系统化的训练内容已经延伸至大学本科，而且这套训练体系不主张提前达标或提早完成训练。因此，这套口才交际系统化训练体系至少已经涵盖从小学入学开始的人生十几年时间，至于在生活中的感受认知，则还可以分别向幼儿、中老年两头延伸。

所谓微观角度，也可以有两个理解层次。一个是项目训练层次，例如，设定一个具体的追求目标（例如，朗读、演讲、交谈、辩论），强化训练自己在口才应用某一方面的能力水平。这种单项训练时间表的设定，尽管同样必须结合受训者的文化素质、人生阅历、个性特点，甚至还要结合生活工作的环境以及投入训练的时间进行综合考虑，但一般情况下，三个月到半年即可见明显成效。

另一个层次则是有具体目标的训练。例如，为参加演讲比赛而进行的（以完成某一篇演讲为目标的）训练，为即将开始的某一场高级别的商务谈判而进行的模拟训练等。这样的训练，根据其事关重大程度与时间紧迫程度，少则两三天，多则十天、半个月，就可以完成。

目前社会上办的短训班，以同样的课程内容、同样的训练实践，声称能使文化背景、个性气质等自身条件各不相同的求学者，通过十天八天的训练与学习，迅速提高口才交际能力，其实，这基本上是不可能的。

口才交际能力训练只能是具体情况具体分析，针对学生的具体现状展开个性化的训练。

误区五　口才训练就是语言训练

当前国内英语培训班蓬蓬勃勃、此起彼伏，而且动辄就可以上百人同坐一个教室进行学习。与此等大规模相比，尽管社会对口才训练的需求日渐上升，但是它却难以形成规模气势。其根本原因就在于，它们其实是两种不同的训练。

口才训练作为一种语言应用能力的训练，不同于中国人的外国语言训练与外国人的汉语语言训练。后者主要要求掌握语言的语音规则与语法规则，侧重于语言形式方面的运用能力训练，是一种有着统一标准的共性训练；而前者则是在语音规则与语法规则已经熟练掌握的基础上侧重于对语言内容表述与交流沟通方面的能力的训练，是针对学习者个人展开的扬长补短式的个性化训练。

二者之间的区别在于，语言能力训练主要进行的是以交流形式为主的构成方式与规则的规范性训练。由于任何语言的构成方式与使用规则都是一种共性要求，因此，掌握了某一种语言的有关使用规则以后，无论你走到哪里，只要你依照规则正确使用某种语言，人们就能依照同样的规则判定你所说的话语内容。口才训练则不一样，它主要进行的是以交流内容为主的调适性训练。这就使得一个人的口才显现不仅要遵守所使用的语言的结构方式与交流规则，在表述与交流中不要出现语病，同时还要注意到，口才应用在具体显现时不仅应当恰到好处，而且还要满足说话人所从事的行业、职业与其具体角色的要求，要注意适应语境与场合。这也就告诉我们，没有抽象的不变的口才，只有具体的随机显现的口才，这是口才训练的难点，同时也是口才训练的魅力之所在。

大致分析，这两种训练有以下几点不同：

(1) 口才训练是素质与能力的个性化训练，它必须立足于受训者的个人水平与具体情况；语言训练则是语法规则的共性化训练，在某种意义上，它是一种可以以共性要求为标准来制订教学训练计划的训练。

(2) 口才训练是难以制定标准答案的训练，而语言训练是有标准答案的训练。所以，口才训练难以借助一次考试就做出评价，而语言训练则可以通过一次考试就能作出水平评价。

(3) 口才训练是不可模仿的训练；语言训练是可模仿的训练。例如，我们很难认为，跟在老师后面重复说“姑娘美得像朵鲜花”，可以称为口才训练，而在语言训练中，学生不仅可以跟在老师后面亦步亦趋，而且有时候甚至要学得越像越好。

(4) 口才训练是难以速成的训练，而语言训练则是可以速成的训练。

以上特点决定了口才训练从根本上来说难以展开大班教学训练。在必须以班级形式展开轮训时，往往也只能以小班形式进行，人数以二十至二十五人为宜，人数多了，往往难以面面俱到，效果也就降低了。

所以说，用语言训练的方法代替口才训练是口才训练的又一误区。

误区六　口才训练与知识传授没有什么不同

口才训练既然是训练，就离不开教师的指导，同样，知识传授既然是传授，也离不开教师的传授。在这一点上，二者之间确实存在着一定的共性，但是，二者各自的本质是根本不同的。

关于这个问题，我们不妨打一个比方。知识传授相当于石雕，其价值在于把一批形状各不相同的石头材料雕刻成同一形状的产品（例如石狮子、墓碑、牌坊），把形态各异的个体变成形态相同的成品。口才训练则相当于玉雕，它的价值在于必须关注玉石构成的个性特点，例如纹路走势、色彩对比，进行扬长补短的加工，而越是能扬其特点（包括将瑕疵转变为特点）的玉雕，越有可能成为精品。例如，至今保存在中国台湾台北故宫博物院的两件玉雕作品——白菜蝈蝈、东坡肉，这小小的两块玉石，为什么会成为极品国宝？原因就在于其个性特点得到了堪称完美的张扬，使得这两个不同的个体最终成为不可复制的、特点鲜明的国宝。

那么，为什么把口才训练看成是玉雕呢？就因为口才训练是说话人针对自己的个性特点而进行的扬长补短式的训练。

根据口才显现的总体要求，我们可以设定口才训练针对个人八种能力的目标要求。

(1) 发声（共鸣）能力　　(2) 说话（表意）能力
(3) 思考（辨析）能力　　(4) 记忆（整理）能力
(5) 听话（理解）能力　　(6) 心理（调适）能力
(7) 预测（判断）能力　　(8) 应变（控制）能力

一个人的口才显现过程实际上也就是以上述八种能力水平为主的素质的综合显现过程。由于每个人的上述八种能力综合构成的具体情况都是不同的，而口才训练又往往是针对自己的个性构成而进行的目标明确的训练，因此，每一个人需要接受的口才训练方案其实也是不同的。

为什么要把口才训练与知识传授的混同也认定为一个误区呢？只因为目前国内某些学校开设的“口才与演讲”之类的课程，一直将“口才训练”课程与“知识传授”类课程相混同。其具体表现为将口才训练的指导书籍视同知识介绍类书籍，以讲解知识类教材的方式来替代口才训练。严格地说，这种方式可以称为“伪口才训练”（貌似训练而实际无训练）。口才训练只能靠训练出成绩，不可能仅凭看书或听老师授课就能“爆出”口才。

误区七　口才训练就是口才显现的训练

为什么要把这一点也认定为误区？因为很多想接受口才训练的人往往将这二者混为一谈。

逸事趣闻

我们不妨通过一则民间故事来说明这个问题。有一个有钱人，非常羡慕隔壁邻居新盖的三层楼房，尤其是屋顶的飞檐以及那些栩栩如生的走兽雕刻。于是他也去找来了那几位盖房子的工匠，要他们按照同样的式样给自己盖一座楼房。工匠们答应了，于是开始动工。几天以后，这个有钱人来到工地上，想看看新房子怎么样了，没想到眼前出现的却是一个新挖出来的大坑。这个有钱人一把抓住了工头，责问说："我要你给我盖房子，你为什么给我挖坑?"工头听了觉得奇怪，反问说："不先挖好地基，怎么盖房子?"这个有钱人振振有词地回答："我看中的只是隔壁人家的第三层顶楼，我只要你给我盖第三层顶楼，我也只给第三层顶楼付钱！不要说挖地基，就是第一层楼、第二层楼我也不会付钱的!"

很显然，这里所写的只不过是一个近乎荒唐的笑话，现实生活中这样的事是不可能发生的。但是，这个故事荒唐归荒唐，类似这个有钱人的荒唐思想，在现实生活中却并不罕见。

本教材著者曾经接待过来自全国各地的不同的求学者，北自黑龙江省的黑河，南至珠海、深圳；西自新疆的乌鲁木齐，东至上海、厦门。学员纷纷前来，要求本教材著者当面指导授艺。这些学员，年龄最大的五十有余，最小的只有十六岁，他们不远千里而来，早已下定了苦练的决心。只是在和他们的朝夕相处中，我发现，他们几乎都抱着这样一个念头：希望我能向他们指出一条获得口才的捷径。但我告诉他们，口才训练只能从打基础、练基本功开始，抛开基本功训练来寻找获得口才的秘诀，充其量只能学到一点花架子。况且，我只是进行口才训练指导，并不进行全面的口才传授。尽管我自始至终都是这样强调的，也是这样展开教学训练的，但还是有个别人可能因为没能获得秘诀，没能求到"捷径"而心怀遗憾地离去。

如果我们把寓言故事中三层楼房的屋顶飞檐以及那些栩栩如生的走兽雕刻看成是口才显现的亮点，那么，口才训练的过程就相当于挖地基、和水泥、垒砖、砌墙等的过程。口才显现是富丽堂皇、个性鲜明的，口才训练是泥尘遍地、灰雾漫天的，而干活的人则是成天灰头土脸的，有时还免不了工伤事故，但是，前者是后者努力的结果，后者则是前者成功的基础。系统化的口才交际能力训练也和盖房子一样，必须从打基础开始。基础打得越深、越扎实，口才交际的能力才能越强，口才水平也才越高。但是，很多人在口才训练中却偏偏不愿意挖地基、打基础，老是盼着能直接造第三层楼，直接学口才。

我们不妨看一看这第三层楼。所谓口才显现，是说话人在与别人进行口才交际的过程中，通过具体的交流话题和交流方式所显现的话语水平。此时，口才显现的标准是，说话人的话语中有没有思维的闪光点以及最终是否取得了预期的、与他人进行交际的成功。需要强调指出的是，由于口才交际的过程往往是双方或多方的观点、立场、情感、倾向以及利害关系的发展变化过程，因此，口才显现的过程往往同时也是一个人的综合素质水平的显现过程。

误区八　“疯狂训练”可以快速提高口才水平

关于这个问题，本教材著者的态度是非常明确的。

其一，绝不承认“疯狂口才”的存在。（一个简单的推理：一个人是不是非要进入疯狂状态才能有口才？有口才的人是不是都要成为疯子才行？我们不难明白这个推理的谬误所在。口才显现应当是智慧的闪光，在任何情况下它都必然是一个冷静思考的过程。）

其二，基本上不接受源自国外的卡耐基训练模式。因为每个人的口才显现都要受到传统的民族文化精神的制约。美国是一个以移民为主的、市场经济成熟的国家，中国则是一个宗法制传统悠久、封建专制文化强盛、等级制度鲜明的国家。等级制度在中国人精神文化方面的深深的刻痕，严重制约着中国人口才水平的提高。这个瓶颈不突破，直接照搬卡耐基的那一套是很难成功的。

因此，本教材将一以贯之地坚持以下训练原则。

（1）坚持系统训练，坚持人格训练，凸现思维训练，夯实心理训练。

（2）不重招式传授，注重基础知识的积累。同时，指导说话人利用口才训练，有目标地及时扩充自己的知识储量。简单地说，本教材是针对中国人口才水平提高的难点等具体情况而精心设计的。

（3）不打速成招牌，不做“包教保会”的信口开河之谈，拒绝“立竿见影”的虚假承诺，推却一时虚名，坚持原创思考。

（4）本教材还有一个特点，那就是始终将指导教师定位在“教练—训练指导者”上。其实，任何大师都不可能给求学者提供现成的口才，他只能引导受训者通过训练养成自己的口才。本教材同时提倡：口才训练要坚持终身学习、终身训练。

误区九　跟着名师才能学到口才及其他误区

口才训练中还有一些认识误区，现展示如下。

（1）有人认为，所谓口才训练，只要训练嘴皮子上的功夫就行了。其实，这是认识上的误区之一，是“捡了芝麻，丢了西瓜”的做法。

（2）有人希望能绕开单调枯燥且收效缓慢的基础训练和知识积累，直接接受口才训练，直接使自己的水平获得飞跃提高。这是认识上的又一误区，是想不打地基就直接盖摩天大楼。

（3）有人盼望能够通过某些名人或者大师的“口才报告”或者通过模仿某名人、某大师而将对方的水平转换成自己的水平，甚至希望通过参加一个什么短期速成班来解决这个需要终身学习的个人素质优化的大难题。这是认识上的又一个误区，是想避开“春种”，直接“秋收”。

因此，本教材著者认为有必要提醒读者：如果有人只引导你练发声、正音之类的嘴皮子功夫，并告诉你这就是口才训练，这个人只怕是准备骗你；如果有人抛开基础训练和知识积累的要求，说了一段什么话，然后告诉你这就是口才，这个人只怕也是要骗你；如果有人说，只要你听了他的报告或是授课，从此就会拥有口才，这个人只怕还是准备骗你。

一个人只有具备广博的社会知识与系统的专业知识，才有可能口若悬河、滔滔不绝；只有具备深邃的思考能力与敏锐的观察能力，才可能语惊四座、引人入胜；只有嘴皮子功夫过硬、吐字清晰流畅、语调节奏适中，才可能使人听之入耳、听之入心；只有具备良好的风度仪表和态势动作，只有声情并茂、恰到好处，才可能使人视之舒心、听之动情。方方面面，环环节节，我们只有弄清楚先掌握什么、如何起步，再学习什么、如何提高，最后才能由口才训练的启蒙阶段一步一步地进入口才运用的高水平阶段。在很多人看来，口才学常常像是仙女扔向人间的一团乱麻，我们如果解开它便可以得到宝贝，但是把它捧在手里却又不知从哪里开始才能理出头绪，真是既令人神往，又使人迷茫。

口才训练本质上属于需要终身学习的范畴，生命不终止，提高无尽头；只有提高再提高的持续前进过程，永无学完无须再学的终止之日。身为教练的指导教师在此过程中的作用，主要体现在以下三个方面。

（1）对受训者在训练中的表现进行综合分析，告诉受训者应当注意保持发扬什么，充实完善什么；

（2）为受训者制订出系统的训练计划，同时提出明确的、可实现的近期目标和远期目标；

（3）定期对受训者的训练作出评估和完善性指导，以保证受训者在训练中不走弯路。

口才训练，只能以自己的现实状况为起点，针对自己的现状进行提高和完善。每个人的起点不同、素质不同、投入训练的努力程度也不同，这都导致其水平提高与现实表现也各不相同。所以在口才训练过程中，指导教师必须能够量体裁衣、因材施教，学生在训练中当然应当相互切磋交流，但是在提高时务必“各人自扫门前雪”。

当今社会，口才训练终于开始“热”起来了。对于一个担任训练的教师来说，无论面对什么水平的学生，在两个小时左右的时间里，做一场“优秀人才一定要有好口才”之类的专题报告，或是对名人的口才名篇做一番鉴赏剖析，其实都不难。真正困难的是，教师在面对一个或是一群从没有接受过口才与演讲训练的人（每一个人的文化水平、个性气质、思维特点又都是不相同的）时，在一定长度的时间阶段内，如何能够周密系统地、按部就班地对他们进行有具体针对性的训练，使其成为既有好口才又不失却个性的人。

第二讲　口才交际能力训练的目标设定

提要与思考

1. 本讲对于口才交际能力训练总共提出了十四项目标要求与四项把握原则，这是一个全面性的要求，请谈谈你对目标要求与把握原则之间关系的看法。

2. 根据本讲提出的十四项目标要求与四项把握原则来看，你认为口才交际能力训练的关键在于优化个人哪些方面的素质?

重点问题

1. 具体到每一个人，口才交际能力训练需要解决的问题环节都是不一样的，请认真对照思考，你觉得自己当前最迫切需要解决的问题主要是哪些环节？与同学进行讨论交流，看看自己的判断与周围的评价是否一致。

2. 本讲提出口才显现要注意场合，“该多说时精说、巧说，不该多说时少说、不说”，精说、巧说是不难理解的，然而少说、不说也有助于显现口才吗？找找看生活中有没有这样的实例，然后在小组里与大家讨论。

口才交际具有较强的生活实践性。在某种意义上可以这样说，从牙牙学语开始我们就已经在接受口才交际能力训练了。现实生活中，我们每天都在接受着这样的训练，那么我们还有必要每学期耗费几十节课的时间来专门学习口才交际吗?

仅从字面上理解，以在教室里进行的几十节课而言，未必能使口才交际能力有很大的变化和提高。但是，应当看到，几十节专业课的教学和训练在个人素质和能力方面的推进作用却是不可低估的。

首先，这些教学和训练有助于我们改变过去在生活实践中盲目、被动地学习口才的状况。它借助师生之间、同学之间的互相交流等多种形式，将过去从个人“微观”角度进行的、感性的、消极的被动认知（“吃一堑，长一智”也可以被视为对那种盲目被动状况的形象描绘），一改而为从社会“宏观”角度与个人“微观”角度交叉进行的、融合式的、理性的、自觉的主动掌握。

其次，这些教学和训练将大大提高学生掌握口才交际能力的主动性、积极性，有助于其拓展知识面、开阔胸襟，有助于其从高层次的理论角度自觉地、系统化地把握与运用口才交际能力，进而，更好地适应现代社会人际交往频繁、信息转换加快、口才交际的作用越发重要的趋势，有助于现代人才的成长。

最后，这些教学和训练为口才交际能力的渴求者提供了一个系统化的、既有理论指导又可供仿效的、拥有可操作模式的训练体系。在这个训练体系里，既有可供教学班级展开的教学训练模式，又有可供学习小组内的成员互动的活动形式，更有一个人独居一处，随时随处都可以进行的自我训练方法。这样，就可以使口才交际能力训练从课内走向课外，从传统的按教学计划规定进行的“大一统”的教学模式扩展为按照因材施教原则进行的多样化训练体系，并使按个人文化素质、心理素质进行的有针对性的自我训练与按人生需求进行的自觉的、持之以恒的目标训练达到有机的结合。

一、口才交际能力训练的十四项目标要求

有一句俗话叫做：“一句话让人笑，一句话叫人跳”，意思就是说同样一个话题用不同的话语表述，有时候会产生完全不同的效果。显然，每一个人都希望自己说话能够达到“让人笑”的效果，而不要出现“叫人跳”的不良反应（除非说话者的目的就是想“叫人跳”，例如，激将法、挑拨离间等）。

尽管话语表述的效果可以从总体上划分为“让人笑”、“叫人跳”两大类，但是，导致这两类不同结果的原因或要素却可能是多种多样的。从系统化训练和自觉掌握的角度来看，口才交际的成功至少从十四个方面对训练提出了明晰的要求，这里略作介绍如下。

（一）语音规范

逸事趣闻

据报载，广州市一位市长在其第一次向广州市人民代表大会

作报告时说道："我要自觉接受人大监督"，但是，他那难以改变的粤语发音习惯说出的"普通话"则是："我要拒绝接受人大监督。"

又据报载，浙江某领导向中央汇报工作时，曾说："宁波的改革开放，一是靠警察，二是靠妓女。"一时间听者愕然，后来才总算弄明白了，原来他的本意是要说："宁波的改革开放，一是靠政策，二是靠机遇。"之所以会闹出这样的笑话，原因只在于说话人使用的是当地方言，而听话人却是用普通话的语音体系来理解的，以致出现了音义差异。

上述二例已成为国内在宣传普通话教育重要性时的典型例证。

口才交际要突出其交际功能，就不能不重视对语音规范的严格要求，就不能不强调对普通话的运用。改革开放以来，市场经济的发展已经对普通话的广泛应用产生了较为显著的推动作用，作为专门的训练，口才交际能力训练更应当走在前面，更应当注重对普通话应用水平提高的要求。

《中华人民共和国宪法》明确规定："国家推广全国通用的普通话"；2001年1月1日起实施的《中华人民共和国国家通用语言文字法》，第一次以法律的形式明确了普通话和规范汉字作为国家通用语言的地位；2000年年初教育部颁布的《九年义务教育全日制初级中学语文教学大纲》（以下简称《教学大纲》）中，更是明确规定口才交际要"讲普通话"。

当今中国，每一个人的生存活动空间都在日渐扩大，而一个人说话的语音是否规范，其实已经成了他最终能否走出家门去走南闯北的一个重要条件。一个只能说一口家乡土话的人，如果只在家乡混日子，当然是没有什么问题的，但是，如果他想走出家乡那就难了，他将难以独自面对一个无法交流沟通的外部世界。

（二）吐字畅晰

引经据典

鲁迅先生的小说《阿Q正传》写到阿Q被抓捕后在大堂上

的表现。当时，他一看见“上面坐着一个满头剃得精光的老头子……便知道这人一定有些来历，膝关节立刻自然而然的宽松，便跪了下去了”①，于是，平时说话并不卡壳的阿Q，此时话语立刻变得断断续续，在一片“招罢”的呵斥声中，阿Q说道：“我本来要……来投……”就是这句其实只说了一半的回答，送掉了阿Q的性命。

显然，阿Q的本意是说“我本来要投革命党，可是他们不要我”，这里的“投”是“投靠”的意思。如果他把这句话或者整个过程完整地说了出来，情况可能就会是另外一个样子了。因为既然他未能“入伙”，团伙抢劫案显然就与他无关，何况在他的住处也没有发现任何赃物。但是，他偏偏只说了一半，于是，从审案者的角度来理解，这个“投”字也就成了没有说完整的“投案（自首）”，而且后面他还补了一句“假洋鬼子不准我（投诚）”，审案者按照“想自首却没来”理解，抓他当然是抓对了，后来杀他也就成了顺理成章的事。

通过这个例子我们已不难理解，说话时吐字流畅清晰，不仅能够显现自己的说话水平，而且也是口才交际中让对方准确理解自己说话意图的重要保证。

吐字畅晰的要求主要侧重于发声系统在语言表述时运动的协调性。它不仅要求发声时气息的通畅，更要求吐字共鸣的准确、表述内容句式的完整，要求没有因不合逻辑规则或不合约定俗成的模式的停顿等造成的语病以及歧义理解等不良现象。

简要解释“吐字畅晰”的要求就是说话应当流畅、清晰。尤其是，在自然状态下说话，也就是在事先无准备的状态下，说话更不应当结结巴巴、吞吞吐吐，一句话就可以明确表达的意思，不要断成好几次疙疙瘩瘩地说出来。

“自然状态下”这几个字，其实要求并不低。在训练过程中，常常看到，很多学生平时说话语流顺畅、应对敏捷，在训练中，只要经过事先准备，无论是说话还是演讲，均能达到流畅清晰的水平，但是，如果不给他提供事先准备的时间，就要他登台演讲，那么，在众目睽睽之下，他的话语立刻就变得结结巴巴、疙疙瘩瘩。究其原因就在于，心理上的紧张压抑了他的说话能力。

由此观之，经过事先的准备而达到的“吐字畅晰”，已经多少含有了虚假

① 本书中《阿Q正传》及《故乡》的引文都引自《鲁迅全集》（人民文学出版社1981年版）第1卷。

的成分。要想真正达到无论什么场合均能“吐字畅晰”，其实还要注意克服心理障碍才行。就以阿Q来说吧，凭他在尼姑庵偷萝卜被当场抓住还能抵赖的“口才水平”，如果在公堂上他能克服心理障碍，吐字畅晰地给自己做一番辩解，其命运岂不是就会因此而改变？

（三）语调适中

经典案例

2000年，浙江金华发生了轰动全国的“中学生杀母”案。案件的原因当然得从多方面进行归纳，但是其中有一点是不应当忽视的，那就是做母亲的当天对儿子说话的语调。

这位母亲对儿子的要求是比较严格的。这名中学生在看守所里对中央电视台的记者说：“我期中考试（在班上）只考了第十八名，（母亲）告诉我期末考试必须考进前十名，否则自己看着办。”显然，这样一句话并不足以推动儿子杀死母亲。正如这个早已后悔了的中学生告诉记者的，“我母亲是个好母亲”。对这个中学生来说，母亲对他在“考分和排名”方面的严格要求早已成了一种习惯，从小学开始一直延续到高三，只要他考得不好，就要挨“皮带、木棍”的抽打，这已是家常便饭。那么，为什么儿子突然就杀死了自己的母亲呢？

关键在于做母亲的这次说话的语调。在说了“否则自己看着办”之后，母亲接着又说：“反正你是我生的，打死你也没关系。”这个中学生特地告诉记者，他母亲是“语气强硬地说”的，“因为这次母亲讲话太厉害了，再加上自己这么大了，母亲还打我，侮辱了我的自尊心，我的心里非常难受。”

从这名中学生十几年来的学习成绩不难看出他对母亲的严格要求还是乐意听从的。母亲对儿子的同样要求，当时如果换成另外一种语调进行交流，这一桩惨案也许就不会发生了。由此可见语调适中在口才交际过程中的重要性。

语调适中的要求主要侧重于说话人对声音显现的语调自控能力，其中包括两个方面的要求：其一可谓客观方面，即不同类型的口语应用有不同的语调要求，例如，朗读与朗诵对于语调的要求不同，说话与演讲对于语调的要求不同，交谈与辩论对于语调的要求也不同。说话人要能依照口语类型的要求选定最佳语调，该用朗读语调时，就不要让人觉得是在朗诵；该用说话语调时，就不要让人觉得是在演讲；该用交谈语调时，就不要让人觉得是在辩论。其二可谓主观方面，这一方面的要求是，说话人要学会根据自己的嗓音条件，选定自己的最佳语调，要学会顺着自己的嗓音特点说话。每个人的声带条件都是不同的，有的人声音偏尖细，有的人声音偏低沉。硬性地去模仿别人，哪怕这个“别人”是自己心目中的偶像，也是不可取的。口才交际能力训练不是要将大家都训练成一种风格，而是要使得每个人都能具有自己的风格。“强扭硬别”或是“东施效颦”都可能对语调适中产生负面影响。

（四）节奏合理

逸事趣闻

英国政治家赖白斯在一次伦敦参事会上演讲劳工情况，讲到一半，他突然停下来，拿出手表，站在那儿一声不响地看着听众，达1分12秒之久。参事员们感觉很奇怪，互相看来看去，不知发生了什么事。后来他们一致认为：赖白斯这是忘了演讲词了！就在这时，赖白斯突然大声地讲道：各位刚才感到局促不安的72秒时间就是每个普通工人做出一块砖所用的时间。话音一落，听众顿悟，掌声四起。

口头语言转瞬即逝，其特点主要是一次性显现发生作用，这使得语言的节奏是否合理成为口才交际能否成功的必要保证。节奏是否合理，要受到两方面的检验。

一是口才类型的具体形式对节奏的独特要求。例如，朗诵语言的节奏显现可以是艺术化的，有的音节可以发音饱满，有的音节可以拖长，而交谈语言的节奏显现则应当是生活化的，所谓“生活化”也就是和平时说话没有多大区别的意思。同样是应当生活化的要求，演讲、交谈、辩论又各有其不同的语言节奏的要求。上面的例子中，赖白斯巧妙而夸张地改变了演讲节奏，利用一个逻辑停顿，让参事员感受到了普通工人劳动的辛苦，突出了演讲的主题。从这里不难看出，不同的口才类型对于节奏合理的要求其实各有不同的评价标准。

二是交际对象的接受理解能力对节奏合理的具体要求。节奏合理，不仅包括适应口才类型的具体形式对于节奏的要求，而且还应当考虑到听话人的具体情况。听话人文化程度比较高、理解能力比较强或者对说话人要说的内容比较熟悉，那么说话人就可以说得快一些；反之，就应当说得慢一点。无论是快一点，还是慢一点，其实在应用时又都有着一定的限制，节奏过快或过慢都会对说话的效果产生负面影响。

上述两个方面的有机融合，可以构成“节奏合理”的具体形式。

（五）表意准确

逸事趣闻

刘翔飞所著的《社交口才兵法》一书中，曾谈到这样一个例子：有位男士赴宴迟到，匆匆就座后发现桌子上一只烤乳猪正巧就在自己面前，这位先生有点喜出望外，脱口说道：“好啊，我正好坐在烤乳猪旁边。”话刚出口，他就发现旁边坐着的胖女士收起了笑容，对他怒目而视。他顿时明白了自己刚才的话没有说明白，情急之下，他忙向胖女士赔着笑脸又说了一句：“对不起，我是说那只烤熟了的。”

在这个例子中，如果说这位男士之所以说第一句话是因为他“只见乳猪未见人”，所以尽管胖女士不高兴，但他其实是情有可原，那么他的第二句话可就是明显地表意有失准确了。尤其是，他使用了本不该使用的“那只烤熟了的”修饰语。他的本意也许是想表达“我是说乳猪，不是说你”的意思，但是一旦加上“那只烤熟了的”这一修饰语，那么不管你有此意还是无此意，话语中都暗含了对方是“一只未烤熟的乳猪”的意思。在口才交际中，除非是出自“故意如此”的目的，否则以这样的表意手段与人交流，肯定会出问题的。

简单地说，所谓表意准确就是把自己要说的话准确地表达出来。在训练中，这一要求主要侧重于对事物的形态与外表的描绘，对事件的性质与程度的介绍，对事物与事件的发生、发展、起因、过程、结局的认识理解，以及对于结果的总结，对于未来的预测等方面的准确展示。是什么样子就说成什么样子，到了什么程度就介绍到什么程度。借助自己的话语使对方准确感知，而不是似是而非、含混不清。

此外，还应当看到，口头表述与书面文字表述其实并无本质区别。它同样也有议论、叙事、抒情、说明等分类形式，同样也要求论证的周密、叙事的生动、抒情的贴切、说明的清晰。在这些方面，性质的把握、程度的判断等诸多方面无不与说话人的用词、造句密切相关。因而，在某种意义上，我们可以说，表意准确的要求，实际上就是对于说话人遣词造句的水平与能力的要求。

将这两个方面综合起来，我们可以统称为表意准确。在这一要求下，表述训练务必从起步时就严格要求，不仅要防止似是而非、名实不符的现象，而且还要力戒词不达意、隔靴搔痒等不良现象。

（六）措辞贴切

逸事趣闻

在欧洲，有一则流传久远的口才名段。据说，古代马其顿国王菲力浦准备起兵攻打斯巴达人。他派人先去下了战书，说：“如果我们攻破你的城，我们就放火把它夷为平地。”斯巴达国王的回信只有一个单词：“如果”。

这封回信的绝妙之处在于，它紧紧地扣住了对方思路的“薄弱”点：对方“如果”以后的话语其实全部都是一相情愿的假设，都是需要经过事实证明的想象。仅从“如果”这一思考角度延伸开去，它至少可以从敌我两个方面原样回一封信。例如，“如果你们没有攻破呢……”“如果我们把你们打垮了呢……”，但是，不管写多长的回信，斯巴达国王所做的同样也只是假设，是一相情愿的假设，都是需要经过事实证明的想象。所以，斯巴达国王干脆就不再多写，只以“如果”作答，这实际上既点出了对方威胁的虚幻性，同时又警告对方注意“如果”背后潜藏的另一种可能。真可谓言简意赅，有理有力，不软不硬，不卑不亢。

措辞贴切的要求，通俗地理解，就是所说的话应当恰如其分。这就好比我们穿衣服，身体大而衣服小，别人就会说这衣服穿得不合身；身体小而衣服大，别人也会有同样的议论。如果把我们要说的事物或事件比喻成我们的身体，那么我们描绘这些事物或事件的话语，就好比是衣服。措辞贴切，也就是不要因为用词不当而使事物或事件夸大或者缩小，以致与事实不符。

有时，措辞贴切还表现为精确与模糊的辩证统一。在具体应用中它们又各有其不同的标准与侧重点。例如，在叙事和议论中，一方面人们常常要求对事物特点、行为性质进行明确的界定；但另一方面，明确贴切又不是唯一的判断标准。例如，为了推动交际对象改正错误或不良行为，我们在对某些不好的行为进行定性时会有意识地选择程度偏轻的词，而对于某些良好的行为苗头，在对其予以肯定时，用语又有意识地适当“拔高”，这些情况其实也仍然属于措辞贴切的范围。

也就是说，措辞贴切应当是因时、因事、因人、因地制宜，而不能无视时机、场合、地点、对象的改变，以“自以为是”的主观表述去“以不变应万变”。

（七）构想周密

逸事趣闻

据说，美国著名的讽刺作家马克·吐温有一次在对新闻界发表谈话时，脱口说了一句：“美国国会议员中，有些人是狗婊子养的。”不难想象，这句话一经新闻界向社会发布，立刻就掀起了轩然大波。许多议员强烈要求他赔礼道歉，不然的话，他们将诉诸法律。马克·吐温答应赔礼道歉。不久，他果然在报纸上发表了一则“赔礼道歉”的声明。除了“赔礼道歉”之类的话语外，声明中还出现了这样一句话，“经过反复考虑，我把我说过的话修改如下：美国国会议员中，有些人不是狗婊子养的。”

如果只从口才交际的角度进行考察，马克·吐温的这个小故事简直就可以作为构想周密的经典范例。因为，只从形式上看，马克·吐温不但完全按照对方的要求赔了礼道了歉，而且还对原话作了由“是”到“不是”的重大修改。然而，从逻辑角度看，“有些人是”和“有些人不是”其实是完全相同的意思。一个周密的构想就这样帮助马克·吐温轻轻松松地摆脱了一场眼看就要爆发的纠纷。

构想周密的要求主要侧重于强化对话题的思考能力。

口才交际能力训练与日常生活中的口才交际区别之一就在于，前者更注重对话题的全面深刻的理解。训练中一般不允许不懂装懂、东拉西扯、信口开河，以至于出现漏洞，经不起别人的追问和推敲。同时，在训练中一旦开口说话，就要求说话人能够为维护自己的立场观点坚持到底，不宜轻易就做出观点立场的修正。这就要求说话人在正式表述前对话题的构想应当务求周密。对这个要求加以通俗理解，也就是要三思而后行，想好了再说，至少也要边想边说。

在表述与交流的过程中，还要注重辩证思考。一个观点的对与错，其实有时候是相对的。即使是正确的观点，里面也难免会有不够正确的成分；同样，即使是错误的观点，其中也可能包含着正确的因素。因此，在口才交际过程中，对于自己不同意的观点，尤其是那些被一致认为是错误的观点，我们更应当能够从中发现合理的成分，进而有效地孤立其不合理的成分。这样往往更有利于对方改正错误；同时，用这种思考方式来完善、发展自己一方的原观点，就会使其立于更为周密，同时也更为坚实的理论基础上。

（八）详略得当

引经据典

我国古典名著《镜花缘》里有这样一则故事：林之洋、唐敖几个人在淑士国一家酒楼喝酒。酒保错把一壶醋给了他们。林之洋喝了一口，酸得口水直流，忙喊：“酒保，错了，把醋拿来了。”这时，旁坐的一个老儒生连连摆手，示意他不要喊。接着说道：“今以酒醋论之，酒价贱之，醋价贵之。因何贱之？为甚贵之？其所分之，在其味之。酒味淡之，故而贱之；醋味厚之，所以贵之。人皆买之，谁不知之。他今错之，必无心之。先生得之，乐何如之！——弟既饮之，不该言之。不独言之，而谓误之。他若闻之，岂无语之？苟如语之，价必增之。先生增之，乃自讨之；你自讨之，谁来管之。但你饮之，即我饮之；饮既类之，增应同之。向你讨之，必我讨之；你既增之，我安免之？苟亦增之，岂非累之？既要累之，你替与之？你不与之，他安肯之？既不肯之，必寻我之。我纵辩之，他岂听之？他不听之，势必闹之，倘闹急之，我唯跑之——跑之，跑之，看你怎么了之。”

这一大堆“之、之、之”，其实只说明了一个问题：原来这个淑士国醋比酒贵，老儒生告诉林之洋，喝醋占了便宜就不要声张了。明明两三句话就能说清楚的道理，他非要兜这么大一个圈子，说这么一大篇话，反而模糊了要表达的主要意思。口才交际中要是碰上这样一个老儒生，岂不让人头疼？

详略得当主要侧重于对说话人的逻辑建构能力的训练。在某种意义上，口才交际能力训练和写作训练有着相同的要求。作文，尤其是考试时的作文，常常是在试卷上印好规定的字数，考生能够以规定的容量恰到好处地完成作文，是其获得“优等”的标准之一。写得太少，难得高分，写得超过规定字数，同样也难得高分。这就要求学生在规定的字数总量里把握好写什么与怎么写的关系，以符合详略得当的要求。口才交际能力训练其实也有着同样的要求，它体现在时间的规定上。例如，规定讲述一件事情或表明态度看法的时间为五到七分钟，少于五分钟的要扣分，七分钟以上的也同样要降等。教师应当以这种时间规定来训练学生把握好说什么与怎么说的关系，学生则应当训练自己以规定的时间量恰到好处地完成训练话题的能力。

口才表述训练与日常口才交际一样，有时一个话题就可以分解出好几个不同的子话题或层次，而训练中常有的时限要求则规定了表述者的语言必须精练，不能胡子眉毛一把抓。当详细则详细，该简略则简略，力求重点突出、层次分明，以保证口才交际的效果：说者，清楚明白；听者，理解无误。

（九）角度新颖

逸事趣闻

电视连续剧《宰相刘罗锅》曾经轰动全国。在刘罗锅的传说中，有这样一件逸事。据说，有一次，乾隆皇帝不知从哪儿弄来一道怪题目，想难倒刘罗锅。他问道："京师九门每天出去多少人？进来多少人？"

刘罗锅一伸两个手指头："两人儿！"

乾隆皇帝不解地问："怎么只两人儿？"

刘罗锅说："万岁，我说的不是两个人，是两种人：一种是男人，一种是女人——这不两人儿吗？"

乾隆皇帝又问："那你再告诉我，全国一年生死各多少人？"

刘罗锅答："启奏万岁，全大清国，一年生一人，死十二人。"

乾隆皇帝问道："照此下去，岂不是没人了吗？"

刘罗锅说："我是按照属相说的。比方说，今年是马年，无论生一千、一万，还是十万、百万，都属马，所以说一年只生一人。而一年当中，所有的属相都有人死掉，不管死多少，总是在十二属相之内，所以我说一年死十二人。"

刘罗锅之所以这样回答乾隆皇帝，是因为乾隆问的问题，其实是谁也没有办法马上就能回答的。但是皇帝既然问了，也就不能不回答，所以刘罗锅就采取"你歪问，我歪答"的方法，既回答了皇帝的提问，又充分地展示了自己的才华。

"角度新颖"的要求侧重于引导和训练受训者对于话题的思考不落俗套、不落窠臼。口才交际的主要功能之一在于相互之间的信息交流，而且它更注重有价值的新信息的交流。口语技能不宜以重复模仿的形式展开训练，因为它并不是教那些还不会运用某种语言的人学习如何运用该种语言，而是指导已经可以熟练运用某种语言的人在实践应用中把话说得更好、更恰当，因而也更有效。

在日常口才交际中，角度新颖，也就是观点与众不同，总是比较容易引人注目，而角度陈旧，甚至观点庸俗陈腐，是不会受到欢迎的。同样，一个人如果一开口说话，就只能是人云亦云，也肯定不会受到欢迎。因此，表述训练初始就应当严格要求，务必注意以思维的不落俗套和立论的新颖别致取胜。具体地说，也就是别人说过的话自己不要再说，力求能说出别人还没有发现的或者还没有说出的新的见解。即使自己想说的话被别人说了出来，那么在表述相同的观点、看法时，也应当力求在形式上有所变化，不要简单重复。

（十）见解深刻

逸事趣闻

美国18世纪的法律规定，一个人必须首先是有一定财产的富人，才拥有进入议会的被选举权。

当时，美国著名的政治家、科学家富兰克林对此不以为然，他对这一规定提出了质疑："要当议员，我必须有三十美元。假定我有一头价值三十美元的毛驴，因而我当选为了议员。可是过了一年我的驴死了，我也就不能当议员了。试问，到底谁是议员，是我当，还是毛驴当呢？"

在口才交际过程中，一个人要对某一问题提出不同意见，如果他能够事先发现其疏漏之处，然后针对这一疏漏展开分析，显然就能够使自己的质疑更加有力。

上例中关于进入国家管理阶层的人是否首先必须是拥有一定数量财产的富人，人类历史上一直有着不同的看法。只有富人才能进入国家管理阶层的理论依据之一是穷人必须分出相当的精力去为自己的生计而忙碌，因而不能全心全意地为国家服务。其理论依据的薄弱环节是：一个人有没有财富与一个人有没有管理能力不能简单画等号，而且财富实际上是一个可变因素，今天是巨富，明天可能是乞丐。把国家管理人员的选择条件确定在一个可变因素上，显然有其不合理之处。

富兰克林抓住财富是可变因素这一点，以毛驴指代财富，直接攻击这一规定，他强调指出，“我”当议员，是因为“我”有毛驴，那么，选“我”也就是选驴，因而，是驴子有资格当议员，而不是“我”有资格当议员。其见解是深刻的，其质疑也是相当有力的。

见解深刻的要求与角度新颖的要求其实是不能分开的。如前所述，口才交际能否成功，关键在于是否进行了有价值的信息交流。这就要求我们在表述训练中，一方面要力求角度新颖，另一方面，要防止和杜绝看起来好像角度新颖，其实是故作惊人之语的哗众取宠，要防止和杜绝那种貌似新颖而实质毫无价值的标新立异，力求以立论新颖、见解深刻的观点去取得口才交际的成功。

“见解深刻”这一要求，既难以做到又不难做到。说它“难以做到”，是因为它首先要求说话人对问题的看法应当比别人更深、更透，当然也就更难。说它“不难做到”，是因为见解深刻的要求，其实是相对的。在一场谈话中，你的见解能够比别人多闪现一点思考的火花，就可以说是见解深刻，而不一定非要引经据典、滔滔不绝。此外，见解深刻的要求不一定非要面面俱到，你在某一个问题的某一方面能够比对方的理解更深、更透，哪怕其他方面的理解比对方肤浅，这也就可以说是见解深刻了。

当然，不论是从难以做到的角度理解，还是从不难做到的角度理解，见解深刻都要求说话人应当学会用自己的脑子来思考。自己所说的话，应当是自己思考的结果，而不是从某处抄来的或者听来的话语的简单重复。

（十一）反应敏捷

逸事趣闻

传闻一次乾隆皇帝想测试纪晓岚的机智。于是，他把纪晓岚找来，问他：“何为忠孝？”纪晓岚说：“君叫臣死，臣不得不死，为忠；父叫子亡，子不得不亡，为孝。”乾隆说：“好！朕赐你一死。”纪晓岚当时就愣了：这从哪里说起？怎么突然赐我一死？但是皇帝金口玉言，说啥就是啥，纪晓岚只好叩谢皇恩，然后走了。乾隆心想：这纪晓岚可怎么办呢？不死，回来就是欺君之罪；死了真可惜，毕竟是手下一个栋梁之材。但同时又想：都说纪晓岚反应敏捷，能言善辩，看看他今天怎么办！

大概半炷香的工夫，纪晓岚气喘吁吁地跑了回来。乾隆问：“大胆纪晓岚！朕不是赐你一死吗？你为什么又回来了？”纪晓岚说：“皇上，臣是去死了，我准备跳河自杀。我正要跳河，屈原突然从河里出来了，他怒气冲冲地说：你小子真混蛋，想当年我投汨罗江自杀的时候，是因为楚怀王昏庸无道；想当今皇上皇恩浩荡，贤明豁达，你怎么能死呢?！我一听，就回来了。”乾隆听了，不得不解嘲地说：“好一个纪晓岚，你真是能言善辩啊！”

反应敏捷主要侧重于对思维反应的要求。反应敏捷有两个方面的含义。一是在单向表述中对话题完成思考和建构的迅速，以及由中枢神经向发声器官进行信息传导的快捷。简单地说，就是自己想说什么事情或是想对什么问题发表看法，能够很快地打好“腹稿”，想好该说什么和怎么说，并且能够通过话语将自己的思考予以准确、明确地完整显现，而不是“三棍子敲不出一个屁来”，吭哧吭哧地憋了半天，还是不知道自己该说什么和该怎么说。这一要求注重训练思考与表述的“接近同步”，也就是能够边说边想，或者是边想边说。它注重改变那种非要完全想好了，甚至是不但稿子写好了，而且自己还要背熟了才敢说话的不良表现，改变那种“茶壶里煮饺子——有嘴倒不出”的情况。

二是在双向交流过程中，对对方表述的内容反应敏捷。它又有两层含义：一是对对方表述内容的主旨的准确把握，也就是说，对方的话一说完，你就已经完整、准确地把握了他的目的意图；二是对对方的表述迅速作出或赞成，或反对，或委婉回避等快捷的反应，而不是听完以后，老半天都不知道该怎么回答。

故事中纪晓岚应对乾隆皇帝时的表现，可谓反应敏捷，既保全了自己的性命，又给了皇帝面子，还体现了自己的忠孝。

（十二）紧扣题旨

逸事趣闻

1959年，时任美国副总统的尼克松飞往莫斯科，与当时的苏联领导人赫鲁晓夫进行一次高级会晤。在尼克松出访前，美国国会通过了一项所谓“被奴役国家周”的决议，对当时的苏联和东欧社会主义国家进行攻击，这就给两个大国领导人的这场会晤投下了浓重的对抗色彩。会晤一开始，赫鲁晓夫便摆出一种强硬的对抗态势，说道：“我不知道你们国家会在这么重要的一次国事访问前夕通过这种决议。这使我想起了俄国农民的一句谚语：‘不要在茅房吃饭’。”说到这里，赫鲁晓夫怒气冲冲地说道：“这个决议臭极了，臭得像刚拉下来的马粪，没有比马粪更臭的东西了！”

两个大国领导人之间的高级会晤，竟然以这种泼妇骂街似的话语开场，确实有点超出尼克松的思想准备。赫鲁晓夫正是想以这种迅雷不及掩耳的方式打对方一个措手不及，进而获取谈判中的优势。尼克松不愧是一个大国的副总统，他迅速地判明赫鲁晓夫的意图，立刻开始反击。他知道赫鲁晓夫年轻时放过猪，于是，他直视着赫鲁晓夫的眼睛，用非常平和的语调说道：“我想主席先生大概说错了，比马粪更臭的东西是有的，那就是猪粪。”赫鲁晓夫立即哑口无言。

从字面上看，双方是在争论马粪和猪粪哪一种更臭的问题，实际上，双方是在借“马粪和猪粪”捍卫自己国家的政治立场。这也就是在口才交际中，应当时时注意紧扣题旨的要求。

在此，“题旨”与“题目”、“题意”的内涵有所不同。后者往往是指口才交际双方的共同的话题（例如，赫鲁晓夫和尼克松原本要进行的政治谈判），如果没有这个共同的话题，口才交际是无法进行的。另外，“题目”与“题意”往往不仅可以事先准备，而且对双方的要求都是相同的，双方都必须围绕题目、题意进行准备，否则，你说东，我说西，你扯冬瓜，我拔萝卜，口才交际是无法进行的。“题旨”是指双方在同一话题下的各自的立场、观点。紧扣题旨，则是指双方在口才交际过程中，应当紧扣自己的立场、观点，围绕自己的立场、观点组织话语，为维护自己一方的立场、观点而与对方进行多种形式的交流。

由于在口才交际过程中，不同的人在立场、观点、利害关系等方面可能也各有不同，这就导致了双方在投入同一话题的口才交际时，一方实施进攻，另一方可能就得有针对性地防守或者反击；一方得理不饶人，步步向前紧逼，另一方可能就得将主要精力放在如何防守、如何撤退或者是否承认放弃等方面。因而，关于紧扣题旨的要求，在具体的口才交际过程中，双方的表现实际上是不同的。

口才显现的过程，并非只表现为如何战胜对方，还表现为怎样使自己虽败犹荣。总体上说，口才显现的过程就表现为说话人如何使自己的话语成功地紧扣题旨的过程。

（十三）表情自然

逸事趣闻

战国时，齐桓公与管仲商量攻打卫国。退朝后齐桓公回宫见到卫姬，卫姬上前向他施礼，问他卫国国君有什么过错。齐桓公闻听此言非常惊讶，忙追问她如何知道自己打算攻打卫国。卫姬回答说："我见大王进宫来，步子很大，气度强悍，表现出要攻打某个国家的样子。看到了我，大王的脸色突然就变了。毫无疑问，大王是要攻打卫国了。"第二天早朝，齐桓公招管仲上前，管仲问："大王不打卫国了吧？"齐桓公问："你怎么知道的？"管仲说："大王早朝时深深地作揖，说话的声音也很随和，见到我时面带愧色，我因此就知道了。"

看来齐桓公是一个性格外向的人，他的一喜一怒皆在脸上，因而别人只要观察他的面部表情，就可以清楚地知道他心里在想什么，他想要干什么。

齐桓公的这个例子恰恰可以说明，人的面部表情和身体的动作态势其实都是一种语言。这种语言和通过嘴巴说出来的语言有所不同，有声语言往往是人们有日的、有意识地发出来的，而面部表情和动作态势虽然也可以有意识地进行控制，但是，在更多的情况下，它们是无意识地表现出来的。

表情自然的要求主要侧重于面部表情和眼神在口才交际中的有机配合训练。在口才交际过程中，人们总是自觉不自觉地调度着面部表情和眼神，以配合话语表述，增强感染力。这一点，无论你是否接受过训练，在口才交际中的表现，其实都是一样的。表情自然训练在这方面的要求，则是要强化表情控制的自觉性。

所谓自觉性包含两方面的内容。一方面，要学会控制自己的眼神。例如，和别人说话时不要盯着天花板看，或者是盯着窗外看，盯着脚下看，更不要使眼光在天花板、窗外、脚下等处乱转，眼睛应当正视听话人，这样有助于显示自己的真诚。再如，表情的变化应当与话语的内容发展显现出一种同步性，该微笑的时候微笑，该严肃的时候严肃，不要该微笑的时候表情呆板，该严肃的时候却嬉皮笑脸。

另一方面，要训练自己在说话过程中合理地调度自己的表情、眼神，也就是要掌握一个"度"。例如，该微笑的时候，就要控制自己，不要大笑；在诉说一般性的不满时，就不要面带愤怒，因为那样会使对方觉得你莫名其妙。

表情自然对于口才交际的成功有十分明显的影响，表情训练也是口才交际系统训练中的重要环节。

（十四）态势得体

逸事趣闻

时任苏联总统的戈尔巴乔夫有一次在与英国前首相撒切尔夫人会谈时，见撒切尔夫人佩戴了一副大方别致的耳环，就向她打听了卖这种耳环的商店。在休息时间，他去了那家商店给自己的夫人赖莎也买了一副。此举令撒切尔夫人极为感动，因为还从来没有人以这种方式夸赞"铁娘子"的审美观呢。就这样，戈尔巴乔夫一下子获得了撒切尔夫人极大的好感。

上面这一则世界名人逸事有力地说明了这样一个道理，那就是，在口才交际过程中，适当地运用动作、态势等，对于推动口才交际目的意图的实现，有时确实可以产生"无声胜有声"的效果。

考察日常口才交际，我们不难发现，即使是没有受过系统训练的人，在口才交际过程中，也常常会自觉不自觉地选择合适的位置和身姿，并辅以适当的手势动作。对这一方面的要求可称为态势得体。

这一要求与上一要求可谓互为一体。态势动作和面部表情、眼神一样，在口才交际中，都是强化语言表述效果的非语言因素的重要构成部分。

态势得体的要求也可一分而为两个方面。一方面，要能理解态势动作的含义。语言学家有时候会把态势动作在交际过程中的显现称为态势语，也就是说，态势动作所表达的意思尽管不像话语表达得那么具体明确，但是，其内涵也是丰富多变的。理解态势动作在交际过程中的规律性的变化，有助于我们在口才交际时更为自觉地运用态势动作辅助我们的话语表达。

另一方面，表述中态势得体要把握两个“度”。例如，人们的喜、怒、哀、乐，其实各有程度不同的差异，态势动作也是一样。态势动作的训练要求我们自觉地掌握态势动作的情感度与话语内容的情感度配合显现的技能。

口才交际能力训练从上述十四个基本方面提出了明确的目标要求。从根本上说，口才交际能力训练也就是为了追求这十四项目标要求的实现。反过来说，凡是有助于实现这十四项目标要求的训练模式就都是成功的口才交际能力训练模式。

二、口才交际能力训练的四项原则把握

我们在看到口才交际能力训练对受训者有十四项目标要求的同时，还应当认识到，汉语口才交际能力训练从本质上说并不是教不会说汉语的人学会如何说汉语，而是指导能够熟练运用汉语的人如何在口才显现中有更好的表现。因而，仅仅在训练中指导受训者如何把话说得流利、规范、深刻、精彩是不够的，为了提高口才交际的应用水平，还必须在口才训练的同时注意培养“交际意识”。由于在口才交际中有着具体的交际对象，而且其他交际对象随时都可能介入交流，因而，说话人就不能单方面地、一相情愿地只考虑自己如何把话说好，而应当更多地将重心放到应对口才交际中可能出现的情况与变化上，并尽量事先做好应对的准备。

所谓的“四项原则把握”的具体内容是：把握交际对象，把握交际话题，把握交际语境，把握交际场合。这里，就如何进行把握逐一阐释如下。

（一）努力把握交际对象

首先应当强调指出的是，在口才交际过程中，把握交际对象并不是要把交际对象置于自己的控制之下，也不是要将其置于某种压力之下，或是将其置于某种被愚弄的状态之中，而是要在交际对象与说话人处于平等地位的情况下，使交际对象在自觉、理智的状态下，对说话人的观点、立场、态度、情感、要求、主张以及目标要求表示理解、赞同、赞颂，及至支持、配合、参与。

口才交际的作用对象是人，因而，在准备进行口才交际之前，首先要把

握的对象当然应该是交际对象。即使是“陌生结识口语训练”中的打听道路，有时也有如何把握问路对象的要求，否则难免会出现对方不开口甚至是愚弄你的情况。如何把握交际对象的思考基础应该是自己与交际对象的关系（陌生还是熟悉，亲近还是疏远等）以及对方的年龄、身份、文化学识、思想境界、脾气性格、近期心情等诸多方面。有些话题比较重要或重大的口才交际，还应事先想好交际对象不予配合时的对策。

在口才交际的实际推进中，除了会出现把握住交际对象或者把握不住交际对象（交际对象不予合作）等情况之外，至少还存在一种交际对象的反把握（反过来说服你）的情况。此时，在不具有某种压力或“利诱”的情况下，口才交际就可能转化为交际双方口才能力的一种较量。口才交际能力训练的目的，正在于强化受训者对口才的理性自控能力，提高其口才交际的应用能力，以使其更好地在口才交际过程中实现对交际对象的把握。

（二）努力把握交际话题

口才的具体显现，无不是以话题为纽带来维系的。因而，如何把握话题，在交际过程中能否把握住话题的主控权，就成了口才显现能否成功的关键。把握交际话题可以具体地分为两个环节：一为话题类型把握，二为话题性质把握。

正如本编第四讲“双向交流类口才交际主干类型及应用要求”中介绍的，仅从交谈的角度分类，口才交际可分为聊天式、迎合式、求助式、求合式、劝服式、预设式、肯定式、否定式等类型。在这八种类型的交谈中，交际对象都有可能因为某种原因而作出不予合作的反应，而说话人与对方进行口才交际的目的正在于求得合作，因而，在口才交际教学训练中，学习如何辨析交际类型并将具体类型的应用原则转化为具体的言行指导，是一项重要的训练内容。

关于话题的性质则主要是从利害关系的角度来辨析并予以协调的。诸如，关于“利”的分配，关于“害”的补偿，以及是否损人利己，是否损己而利人，是否对人只有小损而对自己却有大利，是否无损于人而可以利己等。同时，还应当看到，与利害关系并存的，还有一种“情、理、法”的辩证统一关系。交际话题的多样性，在应用中有时还表现为合情合理合法、合情不合理、合理不合法、合法不合情等多样化的性质。如何准确地把握具体的交际话题的特定性质，以有针对性地、适度地与对方进行交际，也就成了如何把握交际话题的一项很重要的训练内容。

（三）努力把握交际语境

何谓语境？简单地说，就是口才交际发生时的环境。

《辞海》关于语境的解释是："语境，即语言环境。(1) 说话的现实情境，即运用语言进行交际的具体场合，一般应包括社会环境、自然环境、时间地点、听读对象、作者心境、词句的上下文等项因素，为人们进行修辞活动的依据。(2) 专指某个语言出现的'上下文'。"①

《辞海》的解释过于概念化，本教材著者拟以多年来的训练实践为基础，将语境理解为四类要素的有机合成。这四类要素分别是：人境类要素、心境类要素、情境类要素和物境类要素。

所谓人境类要素，是指以社会影响和人生经历为基础的、在话语的内容表述中并没有公开显现，却对口才交际发生影响甚至是主控影响的因素在口才交际参加者身上的个性化凝结，这些因素包括时代特点、社会性质、文化习俗、观念意识等诸多方面。

所谓心境类要素，是指说话人以其独特个性和固有气质融合而成的、能在口才交际过程中予以显现并对口才交际直接发生影响的特定心态。

所谓情境类要素，是指口才交际双方以历史关系为基础，在具体的口才交际过程中形成的情感交融度的特定显现。

所谓物境类要素，是指口才交际进行时的具体环境或背景构成。在具体的口才交际过程中，物境类要素可大可小。大者如天地山水，小者如花鸟鱼虫，无一不可进入口才交际并成为物境类要素。

成功的口才显现与语言环境之间具有两种关系形式：对合适的语境的利用和对不合适的语境的改变。细析之，这两种关系形式又可以分解为四层内涵，分别为：对合适环境的选择，对合适氛围的利用，对不合适的环境的改造，对不合适的氛围的转换。这四层内涵又可以合而为一，其目的就是最大限度地利用语境的潜在作用，使得口才显现的效果更臻完美。

（四）努力把握交际场合

这里所谓的场合，与上一段的语境有某种相通或相似之处，或者说，场合就是口才显现时的具体的语言环境。在这里，之所以仍然对其予以分别阐释，就是因为通过对语境与场合的把握角度进行具体的分析，还是不难看出

---

① 《辞海》编辑委员会：《辞海》（缩印本），447页，上海，上海辞书出版社，1989。

两者要求是有所不同的。

把握交际场合注重训练对口才交际场合性质的认定与对其理性自觉的把握。关于交际场合的性质类型，一般可以归纳为十二种场合及六组对应关系，具体排列为：公开场合与非公开场合，正式场合与非正式场合，职业场合与非职业场合，交际场合与非交际场合，高雅场合与通俗场合，友情场合与亲情场合。

通过对这六组对应场合的性质辨析，我们已不难理解，口才与演讲训练的目标要求，已不仅仅是"立论新颖、见解深刻、表意准确、反应敏捷"等十四项标准所要求的"如何达标"与"如何自然显现"了，而更表现为一种有着具体针对性的自觉控制。这一目标要求尤其反对事无巨细，反对在口才显现时以不变应万变，只管自说自话，只管显现自己的所谓水平与能力，而不时时关注交际对象的反应，因为这样的口才显现在实际应用中是必然失败的。

三、口才交际能力训练的风格要求

本节文字共计提出了十四项目标要求和四项把握原则，凡是有助于实现这十四项目标要求，有助于提升把握这四项原则的能力的口才训练就是成功的口才训练。

在上述要求的基础上，我们已不难理解，本教材所述之口才交际，一般并不主张唇枪舌剑式的锋芒毕露，而更倾向于一种在语用风格上融情寓理的、含蓄委婉的表达。它反对过于强调"有什么，说什么"的主观抒发，更注重一种对交际对象的具体适应。

因此，在口才交际能力训练中，务须贯彻以下几条风格要求。

(1) 坚持说普通话与巧用方言的辩证统一。

(2) 语调节奏因人因事而有所不同的辩证统一。

(3) 在口才显现过程中，适度说话与有效听话的辩证统一。

由此，我们不难明白口才交际能力训练的目标要求应当是训练人们在大脑的控制之下运用口头语言解决多种实际问题的能力。因而，要把口才显现从表演的舞台上解放出来，使之成为人们自身拥有的、走向人生和事业成功的得力工具。口才显现的训练要求是到什么山唱什么歌，对什么人说什么话，该多说时要精说、巧说，不该多说时要少说、不说。因此，口才交际能力训练必须落实在能解决问题的目标上，背离了这一点，口才能力就成了耍贫嘴，这种口才训练也就成了耍贫嘴训练。

第三讲　单向表述类口才交际主干类型及应用要求

提要与思考

1. 本讲对于口才交际应用的主干项目进行了分类界定，其中有一个区分标准就是“单向表述与双向交流”，认真思考这种区分标准的价值与意义。

2. 认真思考本讲提出的口才交际应用的主干项目是否已经涵盖了口才显现的各种形式，有没有遗漏的？你能不能提出一种新的主干项目分类界定标准？

重点问题

1. 口才交际能力训练的目的不外两个方面：一是个人素质、能力全面优化提升的“扬长补短”，二是使个人的口才交际能力更好地适应自己的工作、学习与生活的应用需求。以此目的需求为原则，结合本讲列出的主干项目，设定一份个人的训练计划，并付诸实施。

2. 在任何一个系统化训练中，训练都应当是有主有次、循序渐进地展开的。有的项目可以在较短的时间内立竿见影，显现训练实效，有的则需要较长一段时间的“潜心修炼”，即使是口才交际的个人自我训练也应当如此。根据本讲列出的训练主干项目，有目标地选定几个项目，作为近期训练提高的主要目标，制订训练计划，有序进行训练。

口才交际能力训练的理论构建应当服从一个总体的目标要求，即要有利于读者从训练操作的角度逐步达到对口才交际的全面系统的把握。换句话说，一个训练体系的构建，首先要有可操作性。

为了便于读者从口才交际这团纷繁复杂、常常使初学者不知如何着手的乱麻中明晰地理出主从分明的头绪来，作者在此将口才交际能力训练浓缩为“朗读、演讲、交谈、辩论”等四种类型的训练项目，以期能从训练操作的微观角度有效地统领发声训练、心理素质训练等诸项基础训练环节，进而获得纲举目张的明显效果。

为了便于从宏观角度更为全面地把握口才交际的系统化训练，这里再从单向表述与双向交流这两个不同的角度对口才的应用分类进行系统划分。

关于单向表述与双向交流，这里略作解释。

单向表述与双向交流，作为有着对应关系的一对概念，是从理论阐释与训练应用的角度进行区分的。

从理论阐释的角度来看，所谓单向表述是指口才交际过程中，“说”与“听”双方一般都有着明确的身份限定，“说”方以自己说为主，“听”方以听人说为主，双方的这种既定身份，一般不作改换，或不宜多作改换；所谓双向交流是指交流双方一般不作“听”与“说”的身份限定，双方身份可以互换，而且这种互换有时还是即时的、快捷的。单向表述类以朗读、演讲为其主干项目，双向交流类以交谈、辩论为其主干项目。

单向表述侧重训练自我的口才表述，努力提高自己的水平，而双向交流则侧重训练自我与他人进行成功的交流的能力。

在现实生活中，单向表述与双向交流之间虽然有区别，却无法截然分开。双向交流必然以单向表述为有机构成，没有单向表述，双向交流也就不存在了；单向表述又必然以双向交流为应用目标，失去交流目标的单向表述，也就失去了现实的存在价值。这就告诉我们，“朗读、演讲”与“交谈、辩论”在口才的应用实践中，其实常常是交叉互容的。

这里，还有必要对交谈与辩论在口才交际中的作用加以辨析。

同为双向交流类的口语主干类型，在应用过程中，二者有着共同的目标追求，它们都是为了使与自己在观点、认识、立场、态度等方面存在分歧或对抗的交流对象能向自己的观点、认识、立场、态度方面转移，并力求最终达到统一。

二者之间的差异主要体现在交际的风格上。这种风格差异总体上可以认定为一柔一刚。交谈为柔，在口才交际过程中，交谈的双方（或其中的一方）力求以有助于淡化双方对立的手段来使双方最终达成一致；辩论为刚，在口才交际过程中，辩论的双方力求以强化双方对立的手段来使自己一方的观点、认识、立场、态度得到认同或被确立。

二者之间的这种差异，在实践应用中常常表现为一种交叉互换，表现为能柔则柔、可刚则刚、刚柔并济或先柔后刚、先刚后柔等多种形式。以法庭审理案件为例，在激烈的法庭辩论之后，法庭判决之前，往往还有一个征得原被告双方同意后才进行的法庭调解过程。并且，即使是在法庭辩论过程中，双方也并不始终都是唇枪舌剑的；而即使是在法庭调解过程中，双方也并非始终都是和风细雨的。

这就提醒我们，在理论学习与能力训练之外还存在一个如何联系实践应用的问题。只有经过长期的反复训练，我们才能使口才交际（不论是单向表述类的朗读、演讲，还是双向交流类的交谈、辩论）逐步达到适时、适事而用且应用自如的水平。

口才交际，虽然只是凭一张嘴说话，但却因话题内容、显现形式等各方面因素的影响而形成多种应用类型。

这里试将单向表述类口才交际的主干类型（见图 3—1）与目标要求展示如下。

- 单向表述类口才交际的主干类型
  - 诵读
    - 念读
    - 朗读
    - 朗诵
  - 复述
    - 压缩式复述
    - 扩展式复述
    - 变体式复述
  - 诠释
    - 解释
    - 讲解
    - 解说
  - 主持
    - 节目礼仪主持
    - 研究探讨主持
    - 方案决策主持
  - 演讲
    - 理想情操演讲
    - 模范事迹演讲
    - 宣传鼓动演讲
  - 报告
    - 形势分析报告
    - 工作总结报告
    - 发展规划报告

图 3—1　单向表述类口才交际的主干类型

一、诵　读

所谓诵读是指将书面文字的内容逐词、逐句、逐段地转换成口头语言的一种应用类型。根据转换过程中的不同表现形式，又可将其大致分为念读、朗读、朗诵三种基本形式。

（一）念读

念读可以解释为一般化的有声诵读。之所以将其界定为“一般化”，是因为这一形式几乎没有什么特定的要求，念读人只要认识所读的文字，并将其正确地转换成有声语言，又不至于使听者出现理解偏差，就可以说完成了念读。至于念读时用的是普通话还是方言，一般并无限定；念读时的断句及声调抑扬是否符合语法规则和民族使用习惯，要求也相对比较低。念读的内容极为宽泛，只要是书面文字，无论是家信、通知，还是试题、广告，都可以作为念读的材料。

（二）朗读

朗读可以解释为规范化的有声诵读。之所以将其界定为“规范化”，是因为在朗读过程中，朗读者应当注意使自己的语言在语调、节奏以及停顿、抑扬顿挫等方面都符合语法规范和民族使用习惯，朗读时最好使用普通话，以免产生歧义。可供朗读的材料，其范围基本上和念读一致，只要是书面文字，皆可作为朗读材料。但是，细细比较，二者还是有区别的。例如，替人代读家信，念读也可，朗读也行；但是，播送新闻、宣读文件，一般的念读显然不妥，而应以规范化的朗读为应用形式。

（三）朗诵

朗诵可以解释为艺术化的有声诵读。之所以将其界定为“艺术化”，是因为在朗诵过程中，朗诵者不仅应注意保持规范化的要求，还应在对朗诵材料充分理解的基础上，从语调、节奏以及停顿、抑扬顿挫等方面对语言再现进行个性化的艺术处理。由于并不是所有的文字都适宜进行艺术化处理，所以可供朗诵的材料范围较小，一般以散文、诗歌为主。

念读、朗读、朗诵三种语言诵读形式在实际应用中各有其不同的目标要求。其中，念读以能正确再现原文内容，并使听者的理解基本无偏差为成功；朗读则不仅要正确再现原文内容，还要能有效防止听者理解上的曲解、误解，它所使用的标准语音应当具有一定的示范作用；朗诵则是在认读正确、语音规范的基础上，以具有个性化、艺术化的表现形式，使听者受到一定的艺术感染。

二、复　述

所谓复述是指将已有的材料内容重新予以表现的口语应用类型。需要指出的是，复述的最基本形式是一字不改地重新表述。这种形式一般只要经过多遍简单重复至熟练后即可完成（例如背诵），这里不拟多作阐述，而将重点放在压缩式复述、扩展式复述和变体式复述等另外三种基本形式上。

（一）压缩式复述

这是对已有的材料从篇幅和内容的角度进行压缩，使其既能基本再现材料全貌，又能符合新的要求限定的一种复述形式。例如，看了一场电影或一部小说之后，用简略的语言向他人作内容介绍，就属于压缩式复述。压缩式复述大致相当于写作中的缩写，其指导原则可以用十六个字来概括：把握主脉、勿漏要点、删略细枝、重现全篇。其操作程序为：首先要把握住原材料的主脉，然后删剪省略与主脉关系不大的细枝末节。删略时不要遗漏要点，以便压缩后仍能重现全篇的主题要旨。

（二）扩展式复述

这是对已有的文字材料或语言材料从内容角度进行扩展，使其既保持原材料的主脉，又比原文更为充实丰满的一种复述形式。扩展式复述大致相当于写作中的扩写，例如，有的说话人仅仅手持一张备忘的纸条，上面也不过了了数字，或者只有一些自己才能看得懂的符号，就可以作长篇大论的会议发言、法庭辩论，这种语言表述形式就属于扩展式复述。扩展式复述的指导原则也可以用十六个字来概括：完备要素、丰满场景、充实细枝、融情注理。其操作程序是：首先完备时间、地点、人物等事件的相关要素，同时丰满场景，力求完整地再现场面，继而充实事态（话题）进程中的细节，并进行必要的旁枝扩展，同时以夹叙夹议的形式进行适度的抒情与议论，这样，扩展式复述就可以逐步完成。

（三）变体式复述

这是对已有文字材料或语言材料的表述角度、形式与体裁加以改变，以一种新的角度和形式使话题重现的复述形式。变体式复述在生活中的应用也较为普遍，例如，在法庭辩论中，当事人双方就所发生的事件进行陈述，即使双方都忠实于事实，毫无增删，但是由于视角与感受的不同，双方所复述内容也会大不一样，后一个复述者的表述相对于前一个复述者的表述而言，就属于变体式复述。再以训练为例，以第三人称的形式讲述了“东郭先生和狼”以后，再转而分别从“东郭先生”和“狼”的立场进行事件复述，就是一种变体式复述。变体式复述的指导原则也可以用十六个字来概括：转换角度、改变人称、重新体验、再度挖掘。需要说明的是，这十六字原则一般是针对由同一人作变体式复述而言的。由于在原表述完成之后再作变体式复述，复述者首先就要考虑如何转换表述角度，如何改变人称关系，因而这就会对同一话题的复述者提出不同的要求，从而复述者也就需要再度挖掘其深层次的内涵，也只有这样，变体式复述的意义和价值才能凸现出来。

三种复述形式中，变体式复述的难度最大。前两种复述对原话题材料表现出明显的依附性，不论是压缩式复述，还是扩展式复述，其复述内容都必须忠实于原材料，它们可以对原内容有所增删，却不可以改变原材料。变体式复述对原材料的依附则相对要少得多，而且它还要求对内容与观点的重新体验和挖掘。这种复述形式使原话题材料不再处于复述内容的主脉地位而只是复述的依据。

三、诠　释

诠释也是实用性很强、应用范围较广的口语形式。不管是教师、律师、政工干部、主管领导，还是营业员、推销员，甚至是家庭主妇都免不了要向他人作诠释性表述。

诠释可分为解释、讲解、解说三种具体应用形式。关于三者之间的区别，目前还找不到明确的理论界定。《现代汉语词典》将“解释”界定为“分析阐明；说明含义、原因、理由等”，将“讲解”界定为“解释；解说”，将“解说”界定为“解释说明”。三者之间其实已出现了“循环式互证”的现象。

尽管如此，根据上述三词在实践中的不同应用，我们还是可以大致勾勒出三者之间的异同点。

（一）解释

《现代汉语词典》对“解释”的界定是“分析阐明；说明含义、原因、理由等”。从其在实践中的具体应用可知，“解释”一词往往注重对某一点的诠释。例如，在学校考试中经常出现这样的题型：请解释下题中的加点字（词），在生活中常听到有人说：“关于这一点（这个问题，这件事），请听我解释一下。”由此又可知，“解释”带有较为显明的说明性。“解释”追求的是以点带面，追求的是听话人对由关键点至话题全貌的准确认识，因此，进行解释时务必要把握关键，要言不烦，不要东拉西扯，脱离正题。

（二）讲解

《现代汉语词典》对“讲解”的界定是“解释；解说”。从其在实践中的具体应用可知，“讲解”一词往往注重对面的诠释。例如，教师讲解课文，科学家讲解某一原理等。“讲解”往往具有较为显明的剖析性，注重由浅入深，且能深入浅出。它追求的是使听话人达到对话题的本质的把握。因而，“讲解”要求说话人在诠释时务必要把握层次，分清主次，切忌看似面面俱到，实则繁杂啰唆。

（三）解说

《现代汉语词典》对“解说”的界定是“解释说明”。从其在实践中的应用可知，“解说”往往注重立体诠释，即点面结合，多角度、多层次、全方位地把握。例如，电影、电视剧中的旁白，展览会上、旅游景点里导游员的引导解说等。由此又可知，“解说”往往具有较为显明的介绍性，它融讲解、说明于一体，追求听话人对话题内容的整体把握和深刻理解。

在实际应用中，上述三者具有一种通用性，似乎难以对其进行明确区分。不过，从建立学科体系的理论要求角度来看，三者之间依次存在一种包含与被包含的关系。“讲解”中包含“解释”（面包含点），“讲解”要求能由点及面、点面结合；“解说”中又包含着面的“讲解”和点的“解释”，要求能以立体透视的方式，多角度、全方位地对话题进行诠释。

四、主　持

《现代汉语词典》中对“主持”的注解是“负责掌握或处理”。由此可知，“主持”原来并不只是一种口才应用形式。不过，这里要研究的主要是主持行为中的口才应用。虽然现实生活中有形形色色的主持行为，但是这里着重介绍节目礼仪主持、研究探讨主持、方案决策主持三种形式。

（一）节目礼仪主持

节目礼仪主持并不是近几年才出现的，而是古已有之，只是称呼不同罢了。例如，过去在文艺演出中，主持人被称作报幕员；在婚庆丧葬仪式上，主持人被称做司仪。虽然当今主持人的地位和作用比过去的报幕员、司仪有了很大改变，但其主体功能并未根本改变。一般来说，节目礼仪主持人的根本任务是：串接散珠，调节情绪，即将一个个风格内容各不相同的节目、活动巧妙地串接成既能有机联系又跌宕起伏的整体（此为串接散珠）；同时还要注意调控全场的情绪，情绪偏冷，则煽情使之热，情绪偏热，则制控使之温。节目礼仪主持人的语言要具有一种动情性，这就犹如厨师手中的油盐酱醋等作料一般，不可没有，又不可过度。这又提示我们，节目礼仪主持人的语言风格应当是宜妙语联缀，不宜妙语连珠；宜文采闪烁，不宜文采四溢。那些一登场就自我表现，乃至喧宾夺主的人，是成不了好的主持人的。

（二）研究探讨主持

研究探讨活动涉及的范围很广，例如科学研究探讨、教学研究探讨、由某部门主办的某种专题研讨等。再如，中央电视台的“实话实说”节目，实际上也带有各抒己见式的研究探讨色彩。各种研究探讨活动对主持人有着基本一致的要求。首先，它要求主持人能串接散珠，在各种不同的看法、观点之间建立起一定的联系。这种串接更多的是利用不同的思维模式与结果之间的内在逻辑关系。其次，它也需要主持人能调节情绪，但这种调节追求的不是表面的热烈与火爆，而是全体参加者的热情投入。研究探讨主持的语言要具有一种含而不露的内在启发性，要能循序渐进，逐步引导，将研究探讨引向深入。

（三）方案决策主持

方案决策主持更多地出现在企事业单位和部门的日常工作中。例如，在某方案尚未决定，正当众说纷纭、莫衷一是之际；或者方案虽已基本确定，但还需广泛听取意见之时。方案决策主持人往往是具有领导身份和主管权力的人，他所面对的又往往是一群具有平等权利的说话人。此时的主持应表现出这样一种气质：既使在场的众人意识到主持人的领导与主管身份，又不使他们因此而感到压抑。使众人意识到主持人的领导身份，是要提示说话人注意围绕决策方案的主题谈出自己的看法；不使他们感到压抑，意在引导他们畅所欲言，使他们不至于因为担心自己的意见与上司相悖而有所顾忌。

这三种主持形式的目标要求大致相同，而风格特点则各异。节目礼仪主持宜以情、趣为主导，追求全场情绪调控的热烈有度；研究探讨主持宜以智、理为主导，追求启发全体思考的全面深刻；方案决策主持宜以求同存异为主导，寻求最终实现决策的正确。

五、演　讲

演讲自20世纪80年代中期在中华大地上复兴以来，至今已可谓遍及城乡。但是，演讲活动在“热”的表象之下，还存在着另一面——演讲应用的“冷”。现阶段的“演讲热”主要表现在演讲爱好者群集的舞台上。要想使演讲走下表演台，使其成为追逐成功的得力工具，看来还需要一个漫长的过程。

这里，我们将演讲从活动与应用两个方面分为理想情操演讲、模范事迹演讲、宣传鼓动演讲三种类型。

（一）理想情操演讲

顾名思义，理想情操演讲是以理想情操为主题的。通过十几年的发展，目前此类演讲的参加者已由教育家、理论家以及社会文化名流逐步转向了平民百姓，尤其是青年一代。此类演讲既然以理想情操为主题，自然要追求使听众信服。要想能够宣传鼓动听众，就务必以真情贯穿演讲，也就是说，这种理想情操必须真的是演讲者所追求并付诸实践的。那种理念与行为脱节的心口不一的演讲，甚至是那种由他人代写讲稿，自己上台去作一番拿腔拿调的表演的演讲，本质上都属于伪演讲，是应当摈弃的。

（二）模范事迹演讲

模范事迹演讲以自己或他人的模范事迹为演讲主题，具有较强的真实性，因而也容易产生较强的感染力。在进行此类演讲时，有两点需要注意：一是在演讲中宣传模范事迹，尤其是他人的模范事迹时，要务求平实，切忌拔高；二是此类演讲往往一连几场，几十场，甚至几百场地接连进行，而演讲是一种充满激情的语言表述形式，这就有一个在连续多场演讲之后，如何防止程式化和如何保持激情的问题。此类演讲一旦形成了固定模式，其生命力和魅力就会消失殆尽。

（三）宣传鼓动演讲

宣传鼓动演讲以宣传某种政治观念为主题，其目标是使听众接受这种政治观念。这种演讲的难点在于它追求的是一种宣传鼓动性与挑战征服性的统一。例如，关于有神论与无神论的演讲，如果只是面对与自己观点相同的听众演讲，难度当然要小得多，如果转向持对立观点的听众进行演讲，并想使对方信服，则在宣传鼓动难度大增的同时，还会产生一种挑战与征服听众的要求，只有勇于挑战并能征服听众的演讲，才能取得宣传鼓动的成功。

各种演讲不论存在多少差异，总体上都有着鲜明的共性，即演讲必须以感情、思想的“真”和立意、角度的“新”以及“摆事实、讲道理”来说服、感染听众，并以说理性、动情性、鼓动性三性合一为特点的演讲去宣传、教育、鼓动听众。如果不具有上述特点，即使贴着演讲的标签，也不能算作真正的演讲。

六、报　告

报告是一种主要作用于单位、部门内部的与其工作、生产有着密切联系的职务口语应用形式。各种报告，话题各异，从内容上看主要可分为形势分析报告、工作总结报告、发展规划报告三种基本形式。当然，很多报告的内容构成，常常是上述三方面内容的综合，但仔细分析，它们还是会因为侧重点不同而显现出差异。

（一）形势分析报告

形势一词在这里，可有大、小之分。大者如国内外的（政治、经济、文化、科技）形势，小者如本单位、本部门各方面的现状。形势分析报告，应注意以透辟准确的综合分析来求得成功。形势分析报告能否达到透辟准确的程度，要以能否完成科学严密的综合分析为基础；要搞好综合分析，就必须注重多角度、多层次的立体交叉对比。例如，历史成因、现实状况与未来发展的交叉对比，同一类型之间不同方面的交叉对比，不同类型之间相同方面的交叉对比等。立体交叉对比越翔实，综合分析越透辟，所得的结论也就越准确，形势分析报告也就越成功。

（二）工作总结报告

工作总结报告应以全面翔实且纲目清晰为成功的标志。任何单位、部门的工作，都是既有主次之分，又要各部分同时进行的，因此，工作总结报告应贴近工作实况，尽可能如实地反映全貌。工作总结报告的要旨在于总结成绩，发现不足，增强大家的信心和凝聚力，以促进工作的顺利开展。因此，报告的全面翔实尤为重要，即使挂万漏一，也应努力避免；否则，就有可能在这

"漏一"处，引发信心减退、凝聚力涣散的负面作用。

（三）发展规划报告

发展规划报告应以规划的具体实在与真实可信为成功的标志。处于发展之中的各单位、各部门无不有其规划目标，但目标的定位原则各有不同。目标定得过低，不利于鼓舞士气；定得过高，对士气同样会有伤害。随着规划目标的逐渐明确，还应有具体的行动方案。发展规划报告的另一重要任务是在展示规划目标的同时，使有关方面明确实现目标的措施、步骤。

在主持、演讲、报告三种口才表述形式中，报告与生产工作的关系最为密切，例如，国务院的政府工作报告就会对国家的政治、经济、文化、科技的发展以及人民生活水平的提高产生较大的影响。由于报告的主体内容具有事务性特点，又由于报告文稿往往是一个单位或部门的领导班子集体研究的产物，而报告人只是这个班子的代言人等多方面的原因，因而，与主持、演讲相比，报告的个人风格往往不太明显。正因为如此，至今我们对作报告的技巧研究都还很不够，即使是经常作报告的领导，也很少研究怎样才能作好报告这个问题。

第四讲　双向交流类口才交际主干类型及应用要求

提要与思考

1. 认真思考本讲提出的双向交流类口才交际主干类型，这种分类是否全面，有遗漏的吗？试试看，你能否提出一种新的主干项目分类界定标准？

2. 本教材以两讲的篇幅对口才交际应用的主干项目进行了分类界定，试从这种分类界定的涵盖面思考，将该项素质优化和能力培养课程命名为“口才交际”有没有可能产生误导？

重点问题

1. 从本讲对口才交际双向交流类项目的分类思考：交谈与辩论在应用风格上有什么差异？这种差异可能导致什么样的不同结果？

2. 试对本教材中“交谈与辩论”的分类进行重新总结，然后对这种分类界定的形式发表评价性意见：这种分类形式是否科学合理，是否有失严谨？

双向交流类口才交际的主干类型，如图 4—1 所示。

一、交谈应用形式分类

交谈形式分类取双重标准合成，一为外在形式标准（参加者的人数多少），一为内在形式标准（话题交流的形式差异），这里逐一阐释如下。

（一）主动性交谈和被动性交谈

虽然诸种交谈同为双向交流，但是细析之，这种双向交流又可分为主动性交谈和被动性交谈。所谓主动性交谈是指交谈双方都有与对方交流的愿望和热情。例如，处于热恋中的男女双方常常有说不完的话；日常交谈中，一朝“酒逢知己”，在彻夜长谈之后仍难免“相见恨晚”之憾。在这类主动性交

- 双向交流类口才交际的主干类型
  - 交谈
    - 应用形式分类
      - 主动性交谈和被动性交谈
      - 单个交谈和群体交谈
      - 多种选择交谈和单一抉择交谈
    - 应用功能分类
      - 聊天式交谈
      - 迎合式交谈
      - 求助式交谈
      - 求合式交谈
      - 劝服式交谈
      - 预设式交谈
      - 肯定式交谈
      - 否定式交谈
  - 辩论
    - 交锋方法分类
      - 雄辩
      - 诡辩
      - 悖论
    - 交锋形式分类
      - 雄辩　迎战　雄辩
      - 事实　迎战　诡辩
      - 雄辩　迎战　诡辩
      - 诡辩　迎战　诡辩
      - 诡辩　迎战　雄辩

图 4—1　双向交流类口才交际的主干类型

谈中，人们往往不需要在如何启发对方开口方面多花精力，而将精力集中于如何准确完整地把自己的意思表述出来（这就需要研究在交谈中“说什么”的问题）。所谓被动性交谈是指在交谈中，由于某种原因，交谈的一方畏惧或是懒于与对方交谈。例如，在司法交谈中，罪犯与管教对象往往害怕司法人员提审、训话；在疗护交谈中，某些医生、护士懒于对病人的疑问多作解释等。在这种情况下，希望交谈的一方必须努力去打开与对方情感联系的通道，诱发对方参与交谈的主动性（这就需要研究交谈的技巧，也就是研究“怎样说”的问题）。

（二）单个交谈和群体交谈

从参加交谈双方的人数划分，交谈又可分为单个交谈和群体交谈。所谓单个交谈是指交谈双方各有一人的交谈。由于话语交流只在二者之间进行，所以交谈的构成因素相对比较单纯。例如，教师找学生个别谈话，一对情人在公园角落里窃窃私语，此时，双方可以将主要精力集中于交谈，而对其他方面的情况视而不见、听而不闻（对此类交谈的研究也可由此而分为两类：说的技巧和听的技巧）。所谓群体交谈则是指交谈双方或其中一方以群体形式出现所进行的交谈，如，某一方面的领导与某一部分群众（或群众代表）交谈；外交会谈中，双方各派出多人组成代表团，举行会谈或谈判。这时，由于话语交流形式比较复杂，因而对于参加者来说，除了会受到自身听与说的技巧的影响之外，还会受到环境因素，包括色彩、光线、气味、座位安排等的影响，这些因素对于交谈能否成功各有其程度不同的影响力（这就要求在说和听的技巧之外，还要研究交谈中的非话语因素）。

（三）多种选择交谈和单一抉择交谈

从结局考察，交谈又可分为多种选择交谈和单一抉择交谈。所谓多种选择交谈，是指双方就某一问题进行交谈时，一方为另一方列举出可供选择的种种决定，并对这多种决定的后果逐一加以分析，以供另一方在“多种取一”时参考。如，在日常交谈中，做父母的常常要与即将高中毕业的子女就毕业后的出路选择进行谈话：是继续升学，还是去参军；是去考招工，还是干个体。在这种交谈里，做父母的一般都会将每种出路的利与弊加以全面剖析，有的还同时提出主导性意见。但是，对子女来说，所有的谈话内容（包括附加的父母意见）都只是其选择时的参考。再如，在司法交谈中，在调解离婚时，司法人员多是就当事人离婚还是不离婚这两种选择作利与弊的分析，而最后的决定，一般都是由当事人自己作出的，不能由司法人员越俎代庖。这就是由一方列出方案，由对方作出“多种取一”的选择交谈。所谓单一抉择交谈，是指双方在就某一问题进行交谈时，一方只向对方提供一种抉择（伴之以分析），或是虽提出数种方案，但通过对比分析，最终只肯定其中一种，并力争获得对方的认同。例如，情爱交谈中，一方向另一方的求婚，司法交谈中，敦促案犯坦白罪行，争取从宽处理等都属于此类。

多种选择交谈与单一抉择交谈，尽管都是由一方说出方案，供对方采用，但二者是有明显的差别的，不宜混为一谈。多种选择交谈与单一抉择交谈相比，后者往往具有某种或明显、或不明显的压力。如果应当用多种选择交谈，却用了单一抉择交谈，往往就会在有意无意中破坏交谈的平等、协商的特点，就可能引起对方的反感，导致交谈的失败。例如，做父母的与即将高中毕业的子女就其出路进行交谈时，如果父母选择单一抉择式的交谈，子女往往会觉得父母专制，感觉自己受到了压制，就会在心理上产生抵触情绪（在某种意义上，这正是逆反心理产生的基础），严重的还可能发生矛盾和冲突。反之亦然，如果应当选择单一抉择式而使用了多种选择式，对交谈也会产生副作用。例如，一方向另一方求婚，爱情的排他性一般都会促使求婚者在交谈中强调自己的优势和情感的坚定，并通过对比，有意无意地否定其他的求婚者。如果有谁在求婚时，把自己与其他求婚者放在同等的地位上，认为“我挺好，另一位也不错”，摆出一副“同意还是不同意，由你自己看着办”的架势，对方就难免会对其爱情是否真诚热烈产生怀疑，就会产生不满，甚至是反感。

此外，即使在多种选择交谈和单一抉择交谈的内部，也会因交谈内容和双方关系的不同而显现出种种差别。以多种选择交谈为例，在医疗护理交谈中，当医护人员将数种治疗方案告知病人家属，由其选定时，对家属而言，这种交谈是有压力的。在这种情况下，医护人员往往只能侧重于单方面的告知，不宜再通过其他话语向对方施加“非怎么不可”的压力。在同属单一抉择交谈的法庭审理和劳改劳教管理交谈中，司法人员作为国家专政机器的代表，无论曾怎样为对方作设身处地的分析和考虑，但他们最后一句“究竟怎么办，你自己考虑吧”看似将主动权交给了对方，其实“非此不可”的压力还是明显存在的。

二、交谈应用功能分类

交谈应用功能分类是依照参加交谈的其中一方或双方的目标追求的性质而定的，这里逐一阐释如下。

（一）聊天式交谈

聊天式交谈的特点是以无具体目标追求的闲聊为形式，通过较为轻松的口语交流，最终实现与交流对象联络感情、增进友谊的目的。聊天式交谈，不仅应注重“聊”，即双方要有“说”有“接”，有“应”有“答”，而且还应注重聊的内容是“天”，即双方所谈应海阔天空，无拘无束。这些看似无内在逻辑的闲聊闲扯，是借助思维逻辑进行有机串接的。

随着对聊天式交谈的特点的逐步认识，我们不难理解，在此类交谈中，广博的知识和风趣的谈吐不仅有助于自己在此类交谈中获得成功，而且也易于使自己成为受人欢迎的交谈对象。

由此，我们又可以总结出此类交谈中的三种不良现象。

(1)“自我中心”式。此种现象的具体表现为，在聊天时，对自己感兴趣的话题，一开口就滔滔不绝，而对自己没有兴趣的话题，则既不“接”也不

“答”；或者是，在聊天时，只能由他来当说话人，他说完了，别人接过来说时，他可能连招呼也不打就走掉了。

(2)“抢夺话题”式。此类现象与“自我中心”式的相似之处在于，说话人在聊天时只能处于中心地位。其不同之处则表现为，“自我中心”式聊天者，对自己不感兴趣的话题，不仅不想说，而且连听的兴趣都没有；“抢夺话题”式的聊天者则是不论大家正在谈论什么话题，只要他一到场，很快就会“抢”过话题由他主讲，似乎天下没有他不能开口的话题。

(3)“人云亦云”式。此类现象表现为说话人在聊天过程中，只能或是对某种观点表示附和，或是重复他人说过的话，几乎从不提出，也提不出什么带有标新立异性质的一家之言。

上述三种现象的“不良”性质，主要表现在违背了聊天式交谈的本质特点与功能需求。其中，“自我中心”式与“抢夺话题”式破坏了“大家无拘无束地自由交流”的特点，使得聊天成了作报告、讲故事；“人云亦云”式，虽然形式上仍保留了双方交流的特点，但对方所获得的只不过是一些没有什么实际意义的附和，无助于实现聊天的目的。

（二）迎合式交谈

所谓迎合式交谈，是指在交谈过程中，其中一方以迎合对方为自己的表述原则，不仅在话语上表示迎合，而且行动上往往也同时表现出迎合。此类交谈在生活中并不少见，如热恋中的男女在交谈中一方对另一方的迎合即可划入此类。

值得注意的是，此类交谈也较为普遍地存在于某些职业行为的交谈中。例如，在工商企业的公关活动中，在餐饮服务类的行业行为中，“客户是上帝”、“顾客永远是对的”几乎成为该行业人员进行职业交谈时的基本原则。

由此，我们也可以总结出此类交谈中的三种不良现象。

(1)“有褒有贬”式。迎合式交谈中的迎合，应当是全方位的、无保留的，不允许出现对对方的某一方面表示否定的话语。例如，在餐饮服务过程中，服务人员即使面对有洁癖的顾客，也不宜直言否定其洁癖；公关洽谈过程中，即使面对挑剔过甚的客户，也不宜公开表现出自己的不满。即使不得不就某事发表意见，也应当使用褒奖的话语，非常委婉地表达自己的看法。

(2)“迷失目标”式。此类现象有时会显现出一种“为迎合而迎合”的特点，有的甚至还表现为口是心非的虚假迎合。从交谈的目标追求角度分析，迎合对方在本质上只是手段，而实现本方的目标追求才是目的。例如，在餐饮服务中，服务人员迎合对方的目的是为了更好地招徕顾客，公关洽谈中迎合对方的目的是为了达成合作意向。“为迎合而迎合”显然丧失了此类交谈的本质功能。

(3)“喧宾夺主”式。此类现象表现为，在迎合过程中，说话人接过对方的话题就滔滔不绝，使对方由说话人主体降为听众客体，严重的还会使得对方不得不反过来表示迎合。消除此类现象的具体做法是，迎合时要把握好话语的量，以略少于对方的话语量为佳。

受传统观念的制约，迎合式交谈在实际应用时，往往会受到“拍马屁”之类的贬斥。应当指出的是，二者之间虽然在形式或者表象方面有某些相似之处，但其本质却是完全不同的。“拍马屁”所表现出的对对方的迎合，虽然也是无条件的，但这种无条件却是以放弃本方应有的原则与立场为代价和标志的。迎合式的交谈，在面对对方损害本方原则立场的话题时，虽然不宜正面否定其话语，但可以以“沉默”或“岔开话题”来委婉地表示自己的态度，也就是说，维护本方的原则与立场这一点是不可动摇的。

(三) 求助式交谈

顾名思义，求助式交谈是一方以求得对方帮助为目标而进行的交谈。在生活中，求助式交谈大致可分为两类：一类是向熟识的人求助，另一类是向陌生人求助。向熟人求助比较容易，成功率一般也比较高，难点在于向陌生人求助。

在某些场合下，向陌生人求助的难度似乎越来越大，究其原因其实也并不在于什么“道德滑坡”，而在于“否定性思维”、“周密性思维”水平的提高。好比一个孩子，在幼童时代一般是不具备鉴别真话与谎言的能力的，而自少年至青年，至中年，即使对亲人、长辈，甚至是老师、权威的话，也难免要推敲推敲。很显然，否定性思维是一种进步，而不能简单地斥之为倒退。

向陌生人求助，首先面临着对方的三重“心理阻隔”。

(1)“与己无关”心理。现代生活节奏的加快，使得人们无暇顾及与自己的工作、生活关联不大的事情，而陌生人的求助，往往更是与自己关系不大。因而，面对求助者，人们有时连过问的想法都没有，更不要说出手相助了。

(2)“害怕受骗”心理。对于陌生人的求助，人们首先想到的往往是，我并不了解真实情况，怎么知道这是不是在骗我。因而，与其等受骗后再去懊恼，不如干脆不过问。

(3)“害怕陷入”心理。陷入与受骗相比，其性质要严重得多。受骗往往是一次性的，“上一次当，学一次乖”，下次吸取教训即可，而陷入往往是一种长期的，有时甚至是不见尽头的麻烦。

面对对方心理上存在的这三重阻隔，求助人无法绕开，只能设法突破。这种突破，又可以分解为两步。

第一步是使对方相信你确实需要帮助。对于真正的求助者，一般来说，人们还是愿意帮助的。即使是那些心中存有上述三重阻隔的人，我们也不能简单地就此断定此人已无助人之心。

第二步是说服对方付诸行动，此为求助成功的关键。面对三重阻隔对人们的助人心理的压抑，求助式交谈的具体目标就在于瓦解这三重阻隔。瓦解的可行性方案是在自己求助的总量中，将请求对方付出的量减少，减少到接近对方的承受限度，甚至是无关紧要的程度，这样，求助成功的可能性就会增大。

(四) 求合式交谈

求合式交谈与求助式交谈在形式上有相似之处，但是其追求目标有异。求助式交谈追求的是对方对自己的帮助，而对方并不介入自己的目标追求过程，求合式交谈的目标则是谋求使对方成为自己的目标追求的合作伙伴。

目前，求合式交谈随着我国经济体制中多元化现象（如合作制、股份制、招工、应聘等）的发展而不断增加。

求合式交谈的特点是全方位地亮出自己多方面的能力或优势，满足对方的“求合”标准，进而实现自己与对方共同需求的合作目标。这种满足需求有时几乎是无条件的，对方的要求即使已近乎苛求，也要尽力满足。

在这种交谈中，需要注意以下三种不良倾向。

(1)“以势斥人”。求合式交谈以亮出自己的全部优势为手段，以求得与对方的合作为目的。因而，这种“亮优”，有时需要审时度势。这种审时度势，首先要力求优势互补，当一方的优势项恰好是对方的劣势项，而对方的优势项恰好是这一方的劣势项时，往往比较易于构成最佳组合；如果双方优势项相同，则容易产生相斥心理，不易于“求合”。此外，还应力求准确判断对方对你的优势的心理承受与反应。这里，既有性格、心理的因素，也有观念、立场的因素，要防止出现“越是亮出自己的优势，对方越是失去合作兴趣”的现象。例如，青年男女之间的求爱交谈，其实也属于求合式交谈，如果一方只顾显现自身的优势，以致对方出现了排斥心理自己都还不知道，从而，这种求合式交谈也就难以成功了。

（2）“以傲逼人”。在此类交谈中，一方具有较强的优势，当然是求合成功的有利条件，但是越是在这种情况下，越要注意自己说话的谦虚、平等。求合式交谈的根本目的是为了追求双方未来的合作，在现实生活中，谁也不愿意与一个盛气凌人、傲气十足的人长期合作。因此，能否在具有较强优势的条件下，表现出自己能够也愿意以谦虚的态度与对方平等合作，对于求合式交谈往往具有决定性的影响。

（3）“以假诱人”。所谓以假诱人，就是以虚假的、虚构的优势来向对方求合。“以假诱人”者虽然往往都能在求合式交谈中取得相当的成功，但最终总是难免会出现与求合目标相背离的反面结局。因而，求合式交谈崇尚务实、不浮夸，有一是一，有二是二，对于自己难以符合对方要求的事要坦言相告，如果对方也有求合诚意，那么他自会理解，也应当能理解。以这种态度进行求合式交谈，所达成的合作往往最具有稳定性。

（五）劝服式交谈

劝服式交谈是以劝诱的方式向对方进行说服的交谈。此类交谈较多见于思想教育交谈、司法民事调解等过程中，其表现的总模式为：如果将对方的原观点立场分解为“是”与“非”两部分，那么说话人常常要以向对方原观点中的“是”表示肯定为劝服的出发点，引导对方最终主动地认识到自己的“非”之所在，并开始由“非”向“是”进行转换的努力。

此类交谈中往往也会出现三种不良倾向。

（1）“以逼代劝”式。所谓“逼”，就是劝说人话语中有“非如此不可”的逼迫。交谈的本质特点之一是双方在不受外部因素干扰的情况下平等地交流，话语中一旦出现逼迫的成分，无论其语调高还是低、音量大或是小，交谈的本质特点都已被破坏了。此时，口才交际就可能变成了具有讨价还价性质的谈判或是辩论等其他交流形式，而不再是交谈了。

（2）“以压代劝”式。所谓“压”，就是劝说人的话语中含有与话题本身关系不大的外部压力，其语言总体模式为“如不这样，就将如何如何”。这里的“压”与上文的“逼”本质是相同的，都是迫使对方放弃原观点、原立场，但它们在表现上有所区别。所谓“逼”，是直接迫使对方就范，不允许对方作其他方面的选择，也不与对方就“如何选择”作言语交流；而“压”则是就对方的选择，从后果角度施加压力，从而迫使对方放弃原选择或原观点立场。

需要指出的是，就对方的观点、立场作后果分析，以显现尚未成为现实的不良后果的方式来说服对方改变，原本就是劝服式交谈的主体模式之一，那么，如何将其主体模式与“以压代劝”相区别呢？这里试举例比较如下。

例如，法院调解某离婚案，在劝说诉讼请求方放弃诉讼请求时指出，如果离了婚，孩子、老人等一系列问题都会接踵而至，由于这些问题都是离婚后必然会连带发生的问题，因而以此作后果分析进行劝服，是符合劝服式交谈的模式特点的；如果法院告知一方说，另一方坚决不同意离婚，如果法院判决离婚他（她）就跳楼，因而法院希望诉讼请求撤销，这就是“以压代劝”了。要求离婚原本就是当事人的合法权利，即使被判离婚另一方就真的去跳楼，也不能将其视作离婚的必然结果，不宜以此为由撤销诉讼请求。

(3)“以哄代劝”式。所谓“哄”，就是轻言承诺，并不准备真的兑现，或是虽然信誓旦旦，但其实根本就是哄骗。其目的在于诱使对方放弃原观点立场。哄骗成分的介入，使得交谈徒具形式而已，其本质已改，其后果自不必赘述。它同样也是劝服式交谈中应当加以消除的现象。

（六）预设式交谈

所谓预设式交谈，是指说话人借助闲聊之类的语言交流形式，将预先设定的、具有探问性质的话语不露痕迹地插入交流语言之中，在对方并不知晓的情况下，从对方的应答交流中获取自己所需要的信息。

预设式交谈，在生活中其实并不罕见。例如，与多年前的老同学聚会，对方与你热情交谈，而你却忘记了对方的姓名，此时显然不便于直问或向其他老同学打听，这时，在热烈的交谈中，你可以看似很自然地说出一句：“以后和您怎么联系？”于是，借交换名片或互留地址的机会，在对方完全不知道你已忘记了他姓名的情况下，你已得到了自己所需要的信息。

在某些职业口才应用实践中，预设性交谈也有较为广泛的应用。例如，在审讯中司法人员与不肯如实交代的犯罪嫌疑人交谈，通过与其在看似随意进行的闲聊中插入预设性话语来诱使其吐出真情。再如，对不肯如实介绍病因、病情的病人，医护人员借助看似随意进行的闲聊，诱使其吐露出病因、病情，也属于预设式交谈。

从语言交流的形式看，闲聊是“主”，预设的话题是“宾”，而实质上，闲聊是手段，是“宾”，借助预设话题获取信息才是目的，是“主”。

在预设式交谈中，也可见到三种不良的表现形式。

(1)“硬性插入”式。预设式交谈的特点为即使在说话人向对方提出预设话题时，也应当保持看似漫不经心、随意问起的闲聊特点，以有机融入的方式来诱使对方于无意之中作出实答。硬性插入则是虽然将问题夹在了闲聊话语之中，但其提出方式却很突兀，这种做法不仅可能会将前段话语交流中培养起来的坦诚轻松的气氛破坏殆尽，而且也可能会使对方因一时摸不着头脑而备生戒心，因而很难实现预设目的。

（2）“追逼插入”式。此类现象往往出现在这样的状况之下，即预设性话题已经提出，而对方由于某种原因未能作出回答，此时说话人忍耐不住，插入直白的话语追逼对方作答。此类追逼因违逆了对方的思维定式与心理态式，往往难以奏效，而且也会破坏原有的良好交谈气氛。

（3）“机械插入”式。此类插入方式多是由说话人先行自我设计，然后按照程序提出问题。此类插入方式可能会因为事先设计合理而成功，但是更容易因为不能根据对方的反应随机应变、即时调整而失败。

（七）肯定式交谈

所谓肯定式交谈，就是说话人以某种带有夸赞性、褒奖性的语言，对对方的某种言行表示肯定，以鼓励其有更好的表现的交谈。

肯定式交谈有时接近于表扬，但与表扬还是有所不同的。表扬当然也可以在两个人之间进行，但一般来说还是当众公开进行的。肯定式交谈往往是在两个人之间进行的，尽管其话语中有着与表扬相同的成分，但不公开与公开的差异，就使得它与表扬之间显现了某种不同一性。此外，表扬固然可以由人及事，但在很多场合下，表扬的重点在事而不在人，即表扬常常是就事论事的；同样为由人及事，肯定式交谈的重点则往往在人而不在事，即此类谈话常常不是就事论事，而是借事来阐发对“人”的评价。

由此可知，作肯定式交谈时，说话人尤应注意，自己所持的肯定性结论，与对方在具体事件中的表现以及其为人的一贯表现之间的内在逻辑性。这种内在的逻辑性越是显明，肯定的力度就越强，交谈成功的比率也就越高。

从上述阐释中，我们又可以大致归纳出肯定式交谈中的三种不良表现。

（1）“不着边际”式。此类表现的主要特点是，话语中有“人”而无“事”，只有对人的夸赞，却缺乏事实的依托。这种泛泛而谈的夸赞其实只能属于恭维，话语自身未必具有多少鼓动力量，因为它往往使得对方摸不着头脑，两人之间也就难以形成真正的交流。

（2）“言过其实”式。此种表现中，说话人所持的评价语言与对方的实际情况不吻合，且说话人有过于拔高的倾向。这种拔高，有时会使对方自己也难以接受，交谈自然也就不会产生多大的鼓动力量，其负面效应还可能导致对方对你的信任度降低。

(3)“言不由衷”式。此种表现中，说话人内心深处并不真想向对方表示夸赞，但是出自某种目的不得不违心地向对方作出表示。由于言不由衷往往具有一定的隐蔽性，因而，言不由衷的肯定式交谈有时也可以达到鼓励、鼓动对方的效果。然而，“言不由衷”式从本质上违反了交谈的必要条件，即双方应坦诚相见。欺骗，虽可成功一时，可是一旦暴露，最终结局只怕是适得其反。

(八) 否定式交谈

所谓否定式交谈，是指说话人以某种带有批评性、贬斥性的话语，对对方的某种言行表示否定，希望其加以改变的交谈。

否定式交谈有时接近于批评，但与批评也同样有所不同。首先，与批评相比，否定式交谈更具有一种委婉性。批评注重就事论事，有时，为了加强批评的分量，还会将“事”与“人”进行对比，以突出对“事情不该发生却发生了”的严重性的强调；否定性交谈虽然有时也进行对比，但往往是加重对“事”的性质评价，然后再通过对“人”的某种肯定予以缓和，以增强其改变现状的主动性。其次，批评，尤其是公开批评，往往注重惩戒、警告；否定式交谈的目的却是为了转换对方坚持原言行的心理定式，并非只是为了否定。例如，生活中，有时某领导在当众批评了某人之后，又将批评对象找去进行单独谈话，此时，谈话无论是比之前的批评语气更重，还是分量变轻，话语中往往会或多或少地融入对被批评者个人的某种肯定，其目的正是为了更好地转换被批评者的心理定式，增强其改变原言行的主动性。

因此，否定式交谈在应用时有两点尤其要注意：一是在交谈中要边说话边注意对方的反应，并且，要随着对方的反应调整话语内容与措辞，以尽量避免对方因难以接受而产生对立情绪；二是当双方情绪对立，对方表示拒绝接受时，说话人要设法转换角度，以肯定式交谈的话语向对方表示一些不失原则立场的迎合，以淡化其对立情绪。

由此，我们又可以大致总结出否定式交谈中的三种不良现象。

(1)“全盘否定”式。在交谈中，如果一方对另一方持以全盘否定的态度，即使没有引发对方的当场辩驳，也会导致对方自信心的降低，进而使其失去改变现状的主动性，这显然不利于实现交谈的目标追求。

(2)“简单否定”式。简单否定式交谈的特点是话语中缺乏对对方观点立场与定性结论之间的内在逻辑的分析。这种只是给对方扣上否定性结论的帽子的做法，实际上无助于对方深刻反思自己的原言行，因而也就不利于增强对方改变其原言行（观点立场）的主动性。

（3）“硬性否定”式。硬性否定的形式特点表现为说话人拒绝听取对方的辩解，或者只是在行为上作出了“听”的姿态，而思想上并没有接受，更没有去分析对方的辩解。因此，不论对方作了多么充分翔实的解释，说话人对其否定性评价都不会改变。这种现象同样也不利于对方的思想转换，当然更不利于增强对方改变其原言行的主动性。

与辩论等其他口才形式相比，交谈以其在分类、形式、功能等方面的特点显示了千姿百态的风貌和引人注目的魅力。

三、辩论交锋方法分类

辩论交锋方法可分为雄辩、诡辩以及由两者之中派生出来的悖论。这里，略作介绍。

（一）雄辩

雄辩法在论辩过程中本质上表现为一种论证型方法。其形式特点为，向论争话题的核心步步深入、逼近。在论辩中，它具体显现出如下特点。

（1）论争目标的明确性。是即是，非即非，观点明晰、目标明确，而没有那种或似是而非、含糊其辞，或似此似彼、模棱两可的情况。

（2）论争目标的准确性，即不为事物表象所蒙蔽，能够“透过现象把握本质”，向话题核心逐步深入。

（3）论争过程的稳定性，即思维轨迹发展稳定，始终紧逼话题核心，并且不因外部影响而发生转移。

此外，雄辩法严守形式逻辑的一般规则，要求概念明确、判断准确、推理正确，并要求遵守同一律、排中律、充足理由律等基本规则。

雄辩法还立足于对论争话题的前因、后果、历史、现状与未来的多角度、多层次的全方位分析。雄辩法与论争话题的事实材料之间，本质上表现为一种密不可分的、互相交融印证、互相支持补充的关系，换句话说，雄辩因为立足于事实而具有强大的辩服力量，而事实则借助雄辩展现其全部面貌或过程。雄辩一旦转向与事实的对立或背离，就将失去其雄辩性而演变成诡辩。

由此可以得知，雄辩立论首先要求视野和角度开阔，多层次、多方面冷静地分析，并准确辨析双方分歧的焦点与实质，全面搜集有关材料，尤其要重视不利于自己一方立论的反面材料，重视精选材料，通过全方位审题来确立最佳论辩角度，并根据与论争对手之间的关系来确立表述方式，究竟是先破后立，还是先立后破，是只立不破，还是只破不立。此外，雄辩法还很注重在双方语言交锋过程中，对直言陈述、迂回包抄、欲擒故纵、釜底抽薪等程序性方法和类比法、矛盾法、归谬法、反证法、反讽法等技巧性方法的兼收并用，以强化本方的辩服力量。

综上所述，我们不难得知：雄辩，即是遵循形式逻辑的有关规则，在对话题进行起因与结果、动机与效果、历史根源、现实状况和未来预测等有关方面综合分析的基础上，运用多样化的表述方法和技巧，得出紧扣话题实质的、准确的、强有力的、有说服力的结论的过程。

（二）诡辩

诡辩法在论辩过程中本质上表现为一种回避型方法。在理论上诡辩一直受到众口一词的谴责，至今已逾千年。

从方法论的角度看，诡辩是利用命题的前提、论证等环节中内涵不够明确之处，采用表述形式方面的似是而非、表述内容方面的偷换概念等手段以及对形式逻辑的有关规则、原理的违背，进而达到背离不利于自己一方的原话题的表述过程。由于在实际生活中，谁都难免会遇到话题不利于自己或自己一方需要加以回避而又不宜缄口不言的情况，所以，在语言交际中，就难免会出现诡辩现象。从这一角度看，无论在理论上对其如何斥责，作为一种语言交流手段，诡辩都不会从生活中消失，并将与雄辩共存。

诡辩在生活中确实也具有诸多方面的功能和价值。诸如，当争论双方地位不平等，一方地位或权势较高，另一方难以据理力争时，诡辩有时可以有效地保护地位较低或权势较弱的那一方；再如，诡辩有时不失为战胜胡搅蛮缠和叵测居心的一个有效手段；此外，在日常生活中，人们并非每每与人交际都必须一本正经地恪守逻辑原则，在某些场合，诡辩可以使说话人充分显示智慧的闪光。值得注意的是，甚至在一些重大的政治场合，例如外交场合、国际交往场合，诡辩也不失为一种有效的语言交际手段。

从科学的角度来考察诡辩，也可以发现其价值所在。对于诡辩，黑格尔曾在《哲学史演讲录》中作了全面的评价，肯定了诡辩作为方法论在人类的思维水平、自主意识以及历史、文化和哲学发展史等多方面的价值和意义。列宁在《哲学笔记》中提出，诡辩也应属于辩证法，属于“主观的辩证法”，并深入细致地剖析了它与“客观的辩证法”之间的异同点。

既然诡辩无论从日常生活方面，还是从严格的科学意义方面来看，都自有其积极的一面（或称之为有价值的一面），那么，我们对它是否也应当持以全面分析的态度，换句话说，是否也应当对它讲一点辩证法呢？

马克思说过，人“是一切社会关系的总和”①。现实世界中的任何一个人都不可能不分场合、不分对象地永远保持某种“单一”的面孔。对朋友，既要热情、正直，也要幽默、睿智；对敌人，既要敢于正面拼搏，也要善于避其锋芒、迂回偷袭。鲁迅先生就曾著文辛辣地嘲讽过那种向敌人招供了革命秘密，却无耻地以“不能说谎”为自己辩护的卑劣者。很难想象一个只知正面冲锋，不会背后偷袭，甚至不会撤退的军人会是一名杰出的军人。同样很难想象一个对诡辩了解甚少，甚至全然无知的人居然能是一位杰出的辩论家。因而，我们既要学会雄辩，也要懂得诡辩。所谓“懂得诡辩”的含义是：我们既要学会战胜诡辩，也要懂得如何运用诡辩。

本教材提出要学习和研究诡辩，具有以下三个方面的含义。

（1）为了更有力地战胜敌人而去研究其惯用伎俩。如果我们不能对诡辩进行从表面现象到实质内核的深入细致的研究，那么一旦坏人用它来为自己不可告人的目的效力，我们就不可能予以有力的反驳，揭穿其反动本质。

（2）向历史学习，以“取其精华，去其糟粕”的态度对思想发展史中一些著名的诡辩论题加以认真的分析研究。纵观历史，我们可以看到，那些著名的诡辩论题往往都是思辨能力极强的人提出来的。有些命题，在今天看来也许不乏可笑之处（如古希腊麦加拉学派的“人头上长角”说），但在历史的当时，它确实显示了思维发展的高水平，并且对于我们来说，至今它们仍不失为有益的历史材料。

（3）学习诡辩的应用技巧。要想自觉掌握诡辩之法，远非易事，更非“以任意的方式”即可完成的。它要求说话人要具有很强的逻辑思维能力和应变能力，要求说话人在谈话时要头脑极其冷静，反应极其敏捷，要能在极短的时间内准确地判断出对方命题的实质和要害，迅速加以回避，同时要准确判定对方命题的模糊之处，不失分秒地及时发动突袭。倘没有深厚的理论基础和丰富的实践经验，是不可能做到这些的。

毫不过分地说，要想全面发展个人的口才能力，就必须在研究、掌握雄辩法的同时，也研究、掌握诡辩，而要想研究并掌握诡辩，又必须以个人全面发展的口才能力为基础——二者之间就是这样一种良性循环关系。同时，要想使人们真正做到“心无余悸”地研究掌握诡辩，就必须彻底改变视诡辩

① 《马克思恩格斯选集》，2 版，第 1 卷，56 页，北京，人民出版社，1995。

为罪恶，谈诡辩即色变的态度，必须认识到诡辩只是一种方法，我们应当对它持以辩证的态度。

（三）悖论

悖论是在论辩过程中从雄辩和诡辩中分别派生出来的、具有共同的形式特点的一种语言现象。它通常是指思维科学和科学史上那些自觉或不自觉产生的，在形式逻辑上自相矛盾的说法、推理、论证与理论，通常被认为是一种无法用普通逻辑方法加以消除的逻辑矛盾。

悖论的这种使对方陷入进退维谷的矛盾境地的特点，在形式逻辑上叫做二难推理。悖论的难以攻破性与形式逻辑方面的二难特点，使得人们常常把一时未能解决的二难推理也“升格”为悖论，这就无形中扩大了悖论的原定义域，实际上其中有相当多的一部分是可以解决的。针对这种现实情况，悖论就存在雄辩式（真）悖论和诡辩式（伪）悖论两种，而后者绝大部分都可以用形式逻辑方法解决。

解决诡辩式悖论可以从形式和内容两个角度着手。从形式角度着手，可以有攻其命题、攻其选言、攻其结论等方法；从内容角度着手，可以有破坏其构成条件、以诡辩式悖论战胜诡辩式悖论、另辟新角度立论等方法。

经典案例

雄辩式悖论二例

说谎者悖论

相传在大约公元前6世纪，古希腊的克里特岛上住着一个名叫厄匹门尼德的人。他幼年时，有一天跑到一个荒凉的小山丘上玩耍，玩累了，在一个山洞里睡着了。不料一觉睡了五十七年，醒来后，他发现自己已经成了一个大学者，熟谙哲学和医学，并能预知将来要发生的种种事件，于是他被人们称作“先知”。一天，在别人讨论关于克里特人是否诚实的问题时，厄匹门尼德断言：“克里特岛上的人都是说谎者。”由于厄匹门尼德本人就是一个克里特岛人，所以这句话就具有二难推理的特点，即，如果厄匹门尼德说的是真话，那么他这句话的内容无疑是谎言，由其真而可推出其内容为假，既然是谎言，那么，“克里特岛上的人就不是说谎者”，而这一句话恰恰认定了不是说谎者为说谎者，这就构成了自相矛盾。厄匹门尼德的这句断言后来被麦加拉学派的欧布里德改成了：

“一个人承认自己说谎”。或是“我说的这句话是谎话”。

于是，这句话就显现了如下的特点：如果认定它是真的，那么它就成了假的；如果认定它是假的，那么它就成了真的。

如何给这句话定性，曾使许多希腊人大伤脑筋，久思而不得其解。据说，斯多亚学派的奠基人克吕西波为此写了六本教材，仍未能解决这一问题。希腊曾有一位著名诗人菲勒忒斯，身体十分瘦弱，他的鞋中常压着些铅块，以免自己被大风吹跑，据说他由于潜心研究这一问题，最后竟一命呜呼。

理发师悖论

1919年，英国著名的数学家和逻辑学家罗素曾提出了这样一个问题：由于圣诞节将近，奥卡姆村的理发师亨利·奥卡姆过于繁忙，于是，一天，他在店门口贴出了一张告示：“由于本店人手不够，即日起只给而且一定给村里那些不给自己刮胡子的人刮胡子。”告示贴出后，业务的紧张情况缓解了。一天晚上，他发现自己的胡子也长了，就决定给自己刮胡子。正当一切就绪，准备刮时，他八岁的儿子小亨利突然跑到门口，取下了告示，拿来给爸爸看，并说：“你不能给自己刮胡子，因为告示上说，你只给村里那些不给自己刮胡子的人刮胡子，如果你现在自己给自己刮胡子的话，那么你就属于给自己刮胡子的那一类人，按照告示上的规定，你是不能给这些人——包括你自己刮胡子的。”亨利想了想，觉得儿子说得有道理，他不能破坏自己立的规定，就决定不刮了。正当他解脖子上的毛巾时，儿子又说话了：“等一等，爸爸，你也不能不给自己刮呀。因为如果你不给自己刮胡子的话，你就属于不给自己刮胡子的那类人中的一个了，按照你自己的规定，你是应该给他们刮的，也就是说，如果你不给自己刮胡子的话，你也破坏了自己的规定。”亨利张口结舌，进退两难，他没有想到，自己作的规定竟作弄了自己，无论他给不给自己刮胡子，都得破坏自己的规定。

无论是在生活、工作中，还是在学习、科研中，能提出一个经得起推敲的雄辩式悖论是非常不容易的。迄今为止，以“说谎者悖论”和“理发师悖论”为代表的雄辩式悖论，数量之少，仍屈指可数，而且其提出者差不多都是大哲学家、大科学家。

四、辩论交锋形式分类

综观辩论的种种现象，上自联合国论坛，下至村妇口角，大大小小，形形色色，无所不有、无时不有、无处不有。这里，试将五类辩论形式分别陈述如下。

（一）雄辩迎战雄辩

雄辩迎战雄辩辩论的特点是，辩论双方都认为自己是掌握真理的一方（并且也确实都各自掌握了部分真理或道理），在辩论之初、之中都发自内心地认为自己必胜，因而双方都不回避问题实质，都以雄辩方法论为辩论手段，都抓住论题的条件、手段、目的、起因、过程、后果等方面的应当明确而未能明确的部分作为自己进攻对方的突破口，双方都力求用丰富内涵以缩小外延的基本手法，使命题的概念、判断、推理越来越趋于完备、周密，直至最后，一方以技高一筹而获胜。这类辩论较多地出现在学术论争、案件分析等场合。

引经据典

莎士比亚著名的喜剧《威尼斯商人》中的“法庭辩论”一场，就堪称“雄辩迎战雄辩”的范例。犹太商人夏洛克为报夙怨，趁安东尼奥急需用钱之际，立了一张借据。上面写明，三个月期限一到，倘若安东尼奥还不出所借之三千元，则从他身上割下一磅肉作为赔偿。夏洛克也可谓精明人，深知在人体的不同部位，一磅肉意义是不同的。他用丰富内涵、缩小外延的方法，在契约上明确规定割肉的部位是安东尼奥的胸部附近，也就是心口的所在。倘若真的履行条约，安东尼奥可谓必死无疑。但是，仔细推敲这份合同，还可发现“应当明确而未能明确”的地方，例如，流血怎么办？救护问题怎么解决？当然，应当看到，这些模糊部分对辩论双方原来都是同等不利的：既然条约上没有明确，那么在执行条约过程中，既可以准许流血，也可以不准流血；既可以准许安排救护，也可以不准安排救护。在法庭上，鲍西娅比夏洛克技高一筹，她先承认夏洛克的要求合法，使其麻痹（夏洛克要求兑现合同，也确实有其合法性，唯其不合情理而已），继而以退为进—— 以代求情的口吻请夏洛克发善心，做善事。报复心过于迫切的夏洛克自以为大功告成，以合同上没写明为理由无情地拒绝了这一要求。这实际上是对原合同作了补充修改，使其外延进一步缩小，把原来既可以“此”也可以“彼”的模糊部分变成“只要是合同上没写的就都不可以”的“修正规定”。于是，鲍西娅开始反攻：合同上没写流血——不可以流血；合同上规定一刀割下一磅肉——一刀下去，多于或少于一磅都是违反合同的。结果，夏洛克虽已磨刀霍霍，最终却只能步步后退，直至彻底惨败。

对比夏、鲍二人的辩论方法，我们可以发现其本质实际上是一样的。虽然鲍是以退为进，兜了圈子，绕了弯子，而夏则是直言陈述，正面进攻，但他们在进攻时针对的都是契约中“应当明确而未能明确的部分”，双方的话语中都没有出现似是而非、偷换命题、回避辩争等诡辩的常见特点，因此，两人的辩论方法都是雄辩。

再如，《演讲与口才》中曾延及将近两年的、由施真强和孙其昂二人进行的关于“该不该说假话”的争论，也可看做 场“雄辩迎战雄辩”类的辩论。我们不妨先对其内容作一番简单的回顾。

论争是由施真强的《该说的假话》一文引起的。施在文中提出，生活中现实地存在着该说的假话，比如，在对敌斗争中，以假材料、假情报、假地址等愚弄敌人；在生活中，有时以假话暂时掩饰自己或对方的某种巨大痛苦（亲人病故、病重等）。故而施文提出：“可见，话的好坏之标准，并不是‘真’与‘假’的问题，而是‘当’与‘不当’的问题，不当，真话也可能是丑的、恶的；适当，假话也可以是美的、好的。适当的假话是指从一个良好的愿望出发而又能取得良好的效果的假话，这样的假话就是该说的假话。”[①]

不久，孙其昂发表了与施真强商榷的《划清与假话有关的几个方面》[②] 一文。他认为，所谓假话，就是指违背事实真相的语言。如果对其进一步划分，可分为：对敌斗争中使用的“假话”，称为违背事实真相的策略性语言；劝慰朋友亲人、激励同志、善意地奉承别人等方面所使用的“假话”，称为违背事实真相的假借性语言；认识事物过程中出现的“假话”，称为违背事实真相的认识性语言。这三类所谓的“假话”，完全可以不用“假话”这一名称，而各自归入相应的领域中去。策略性假话归入对敌斗争领域，是对敌斗争语言的研究对象；假借性假话归入生活用语中，属于文明礼貌语言的研究对象；认识性假话则保留了逻辑学中的性质，仍然属于形式逻辑的范畴，它们都不叫假话，都是各自语言领域中的一种语言。与欺诈、虚伪相联系的假话，称为违背事物真相的虚伪性假话，它是假丑恶的统一，它受到人们的唾弃，而讲假话的人则遭到社会舆论的谴责和人们的憎恨。孙文认为，由于施真强没有对假话予以明确的界定，因而造成分析有混乱，理解有困难，甚至结论有错误。

此后，施真强又发表了与孙其昂商榷的《关于〈划清与假话有关的几个方面〉一文的思考》[③]。施文反驳孙文道：不论假话可以分为几种，它的“违背事物真相”的本质特点总是确定的。前三种假话固然可以各自归入相应的领域，可是，这是否就可以改变其“违背事实真相”的性质特点了呢？反之，如果说这三种假话可以进入相应的领域而不再叫假话，那么，所谓“虚伪性假话”是否也可以归入某一相应领域（比如归入不道德行为领域），而不成其为假话了呢？施文更进一步阐述，认为可以将假话分为三种：善意性假话、恶意性假话和无意性假话。善意性假话是指从一个良好的愿望出发，为达到一个良好的目的而说的假话；恶意性假话则指从一个恶劣的愿望出发，为达到一个卑劣的目的而说的假话；无意性假话是指由于对客观事物认识不够，因而不自觉地说出的假话，说话人并无明确的善恶动机。三种假话在生活中经常被运用，但善意性假话运用得当，在生活中能巧妙地起到良好的作用，产生良好的效果，这也就是施氏原先所提出的“该说的假话”。

上述摘引虽未能概括这场论争的全部内容，但也已不难看出，双方追求的目标是共同的，他们都在探求什么是假话以及该不该说假话。目标的一致

① 施真强：《该说的假话》，载《演讲与口才》，1985（12）。
② 孙其昂：《划清与假话有关的几个方面》，载《演讲与口才》，1986（7）。
③ 施真强：《关于〈划清与假话有关的几个方面〉一文的思考》，载《演讲与口才》，1987（5）。

决定了双方论争方法的本质一致，如孙文提出四分法，施文提出三分法，都紧扣命题（什么是假话，该不该说假话），并通过论证使其渐趋明确，这也就是所谓的“真理越辩越明”的情况。

（二）事实迎战诡辩

在辩论交锋中，无论诡辩的前提、推理，还是结论，都有着虚假的成分，只要摆出事实，诡辩往往不攻自破。

经典案例

林肯在就任美国第十六任总统以前当过律师，他曾为这样一个案子做过辩护：一个叫阿姆斯特朗的孩子，被指控谋财原告方面的证人福尔逊提出证据说，10 月 18 日（相当于我国农历九月初八或初九）晚上 11 点钟，他在月光下清楚地看到阿姆斯特朗用枪击毙了死者。

林肯为被告辩护。他问原告：“你真的看清了是阿姆斯特朗吗?”

福尔逊：“是的。”

林肯：“你在草堆后，阿姆斯特朗在大树下，两处相距二三十米，能看清楚吗?”

福尔逊：“看得很清楚，因为月光很亮。”

林肯：“你肯定不是从衣着方面看清楚的吗?”

福尔逊：“不是的，我肯定看清了他的脸，因为月光正照在他脸上。”

林肯：“你能肯定时间在 11 点吗?”

福尔逊：“充分肯定。因为我回屋看了时钟，那时是 11 点一刻。”

林肯：“我不能不告诉大家，这个证人是个彻头彻尾的骗子。上弦月的晚上 11 点，谁看见过那么亮的月亮？月亮早就下山了……”

晚上，只要天晴，一般都有月亮，而福尔逊所指控的时间也是晚上，他是利用这两个“晚上”的表面相似之处，作了诬告。林肯以“10 月 18 日晚上 11 点，月亮早已下山了”的无可辩驳的事实，揭穿了对方以似是而非的、虚假的前提构筑起来的错误结论。

还可举出一例。《纽伦堡：1945 年审判纳粹主要战犯实录》一书的作者艾雷·尼夫，曾参加过纽伦堡国际军事法庭的工作，他以生动的笔调记录了纽伦堡国际军事法庭对希特勒第三帝国二十名活着的纳粹党头目进行审判的情况，其中对德军元帅、德国空军总司令戈林的审讯就很有价值。

经典案例

当盟国检察当局开始审讯戈林时，他已经在证人席上待了一个星期。第一个起诉人是美国方面的罗伯特·杰克逊。审讯开始不到十分钟，杰克逊就陷入了困境，他很快就被文件搞得晕头转向，而戈林则看出了每个问题后面的企图，他甚至用洪亮的声音表示愿意帮助杰克逊。在整个审讯中，戈林越来越主动，而杰克逊则越来越被动，他多次在法庭上出现失态的举动，怒气冲冲地摔耳机，有一次几乎要哭了，而戈林则仿佛仍然是第三帝国的元帅。在这一个斗争回合里，戈林获胜了。他先前在证人席上待了一个星期，对审讯的程序和特点有所了解，也有所准备，同时，他熟悉盟国所缴获的全部文件，知道自己的弱点在什么地方。相比之下，杰克逊对文件没有准确的把握，同时主动权掌握得也不好，不仅没有发挥自己的能力，诱使证人陷入预先设计好的圈套，反而允许他长时间地夸夸其谈。结果，原当以雄辩获胜的杰克逊反而败在了戈林的诡辩之下。（这一个回合其实可以看做是下文将要论及的“以诡辩迎战雄辩”的一个例证。）

在下一个星期天，戈林故技重演。在作证时，戈林坚持说，当五十名英国皇家空军的战俘军官于 1944 年春被枪杀时，他正在休假。此事是对这位前帝国元帅的战争罪行最明确的指控之一，可是他声称，在他们被处死之前，他对此事一无所知。然而，英国的起诉人戴维·马克斯韦尔·法伊夫爵士对材料十分熟悉，他像审讯小偷似的套出了戈林的一个“口供”。戈林声称他是3月29日到达大本营的，这时越狱发生已有五天。法伊夫当即指出，枪杀飞行员是分批进行的，一直持续到4月13日（针锋相对，以事实戳穿谎言），接着他向戈林出示了文件。文件证明，德国空军作战部曾就此事告知他们的总司令戈林（以物证、事实进一步戳穿谎言）。至此，戈林阵脚已乱，而法伊夫则不慌不忙，稳扎稳打，一步一步将其逼进了死胡同。①

戈林是诡辩的老手，而且对盟国掌握的材料又非常熟悉，不难想象，仅凭一般性的审问是难以将其制服的（杰克逊的败北即为一例），但法伊夫凭着对材料的高度熟悉，以戈林难以否认的文件和他自己口供的矛盾最后击败了戈林。

（三）雄辩迎战诡辩

诡辩素来凭借“以假乱真”的“辩”取胜，所以在辩论交锋中光摆事实是不够的，还要讲道理，也即要用更高一筹的雄辩去迎战诡辩。

引经据典

孟子是先秦儒学大师，以辩术高超而著称于世。有一次，他与彭更（后来成为孟子的弟子）辩论士不做工，是否应该得食的问题。彭更问：“带着几部随从车辆、几百名学生，在诸侯中到处接受款待，是不是有点过分?”孟子说：“不合理，一筐饭也不能接受；合理，即使舜从尧那里接受了天下，也没什么过分。你觉得过分吗?”彭更不能反驳，只好把论题转变为“我不是说圣贤，我是说‘士’这类人，不做工，以接受人家的奉养为生，那是不可以的。”孟子答：“如果不实行各做其事、互

① 张昭卿：《审讯戈林实录评点》，载《演讲与口才》，1985（5）。

通有无，农民就会有多余的粮食，织妇就会有多余的布，但别人却无衣无食；如果实行，那么木匠、车工便都能得到食物了。假如有人在家孝父母，在外敬尊长，谨守先王之道，培养后来的学者，却又得不到衣食，你何以如此轻视那些传播仁义的人呢？”彭更又一次转移了话题：“木匠、车工做事的动机就是要混口饭吃，难道君子们传播仁义也是要混饭吃吗？”孟子再次反驳道：“你怎么可以单就动机如何来讨论问题呢？他做的事对你有利，需要奉养就奉养他嘛。你给人饭吃，是根据他的动机，还是根据他做的事是否有益于你呢？这里有一个胡闹的人，他掀去房上的瓦，乱涂画墙壁，其动机就是要混口饭吃，你给吗？”彭更答：“不给。”孟子马上回到原先的问题上来：“那你给人饭吃，就不是根据其动机，而是根据其所做是否有益于你。”

将上述之“事实迎战诡辩”与“雄辩迎战诡辩”作对比分析，不难看出二者之间的异同点。其相同点在于，二者都强调对命题的深入透彻的把握，都要凭辩取胜。即使是“事实战胜诡辩”，也是通过大脑的思维，经过对材料的筛选，才进而战胜对方的。如林肯例中，10 月 18 日晚上 11 点，月亮早已下山了；戈林例中，3 月 24 日（英国飞行员逃跑）、3 月 29 日（戈林到大本营）和 4 月 13 日（五十名飞行员被分批全部枪杀完毕）的时间推断，绝非如囊中探物般容易，而是需要经过缜密的分析。以事实战胜诡辩多表现为公布有利于本方观点的事实材料，且多以正面陈述为主，材料公布后，对方的观点往往不攻自破；而以雄辩战胜诡辩则需要更多地运用判断、推理等逻辑手段以及类比、归谬、矛盾等论证方法来展开内容，以本方观点的雄辩性来进攻对方观点的薄弱环节，摧毁对方的理论。如孟子与彭更一辩中，彭更以似是而非的手段两次偏离原命题，孟子两次都把它拉了回来，继续紧扣原论题立论，因而它的“辩”的色彩更明显。

（四）诡辩迎战诡辩

诡辩迎战诡辩是现实生活中常有的情况，只是，至今它还没有被人们上升到方法论的高度来认识。其实，在现实生活中，人们早已有意无意地对这类辩论作了总结。“以其人之道，还治其人之身”就是这种情况的显著特点之一——当对方以诡辩向自己挑战时，答辩者所用的“其人之道”不是诡辩，又是什么呢？

引经据典

例如，《谐史》中载，丘浚拜谒和尚释珊，珊“见之殊傲”，而对州将子弟则“降阶迎之，甚恭”。丘浚质问和尚：“和尚接浚甚傲，而接州将子弟乃尔恭耶?”珊曰：“接是不接，不接是接。”浚勃然起，杖珊数下曰：“和尚莫怪，打是不打，不打是打。”和尚轻贫重富，还要编出“接是不接，不接是接”的诡辩之词来搪塞。丘浚接过他的话题进行类比组合，以语言结构相同的“打是不打，不打是打”针锋相对地“以其人之道，还治其人之身”，使和尚吃亏而无言以对。

又例如，《孟子》中记有这样一件事：任国有人问屋庐子：“礼和食哪个重要?”答：“礼重要。”又问：“礼和色哪个重要?”答：“礼重要。”问：“如果守礼节，就会饿死；不守礼节，就得到食物，难道还必须守礼节吗？如果按礼节亲自去迎娶，就得不到妻子；反之就能得到妻子，难道一定要按礼节亲迎吗?”屋庐子被难住了，就去求教于孟子。孟子立刻指出：说金子比羽毛重，并非说一个金钩子比一车子羽毛重。任国人的错误在于“取食之重者与礼之轻者而比之”。接着孟子告诉屋庐子：“你可以这样去反驳他：‘扭住哥哥的胳膊抢去他的食物，就能得食；翻过邻居的墙去抱人家的姑娘，就能得到老婆，不去就得不到，你去不去?’”

任国人的一番话语，从形式逻辑的角度来考察是混淆了部分与整体的关系的诡辩，但孟子的发言同样也混淆了部分与整体的关系。只是，任国人“取食之重者与礼之轻者而比之”，孟子则是“取食之轻者与礼之重者而比之”。这种针锋相对的反击使得对方的荒谬不说自明。这也是以诡辩战胜诡辩的例子。

从此例中还可看出一个情况，在孟子这些古代大思想家、大雄辩家身上，诡辩与雄辩并非是绝缘的，它们往往共存于一身，当用雄辩则用雄辩

（如前例中孟子与彭更一辩），当用诡辩则用诡辩（如本例中孟子答任国人一辩）。

（五）诡辩迎战雄辩

纯粹从方法论的角度而言，雄辩战胜诡辩是不言而喻的，因为雄辩立足于事实，立足于事物（命题）的真相或本质，而诡辩则反其道而行之。但是，如果考虑到辩论者的个人因素，情况就不会如此简单了。由于辩论者个人的口才能力以及对辩论方法、技巧运用的能力有强有弱，因而在具体到辩论时，完全可能会出现诡辩战胜雄辩的情况。

前文“事实迎战诡辩”一节中，戈林对杰克逊的一段辩论就可以算作是诡辩战胜雄辩的例子。从杰克逊的公诉人身份来说，他的任务是要将戈林的诸种罪行事实公布于众，并依此给戈林定罪，同时，通过立足于事实真相的雄辩驳倒戈林。他所运用的方法当然只能是雄辩，但是，由于他对材料掌握得不够（相比之下，戈林对这些自己亲身经历的事实要熟悉得多，因而知道如何绕开要害问题，避重就轻），结果公布和辨析事实反而成了他难以克服的困难。

那么，此案能否作为“事实胜于雄辩”的例证呢？当然不能。因为事实对戈林是不利的，所以戈林不会，也不可能以事实真相去反驳杰克逊的进攻，而只能避重就轻、狡辩抵赖。打一个比方，“事实”在这里就好比是一个千头万绪的线团，杰克逊的任务就是从这些纷繁复杂的材料中理出头绪来，以最有力的材料打击对方，但是由于杰克逊准备不足，因而未能解开这个线团；而深知线团一旦解开必将对自己不利的戈林又处处作梗，以至于这个线团越搅越乱，事实越不清楚就越有利于戈林。可是，一旦换了能解开线团的人（如下一个回合中英国的法伊夫爵士），对事实感到害怕的只能是戈林。故而，我们只能认为杰克逊是输在“辩”上，是败给了戈林的诡辩，而不是败给了事实。所以，此例只能算是事实胜于诡辩。

在现实生活中，这类辩论其实也并不少见。尤其是当诡辩一方有着如簧之舌，而雄辩一方偏偏是个俗称的老实头时，诡辩很可能就会占上风，就会战胜理应获胜的雄辩。

值得注意的是，在不注重争辩观点的正误、只注重争辩口才的高下的辩论比赛中，诡辩战胜雄辩的例子就更容易找到了。

经典案例

1986 年亚洲大专辩论会大决赛“发展旅游业利大于弊”的辩论，正方中国香港大学队持“在一定条件下，发展旅游业利弊”的观点，用追加前提法，使原论题趋于明确，强化了本方的立论优势，而反方的立论“盲目的无条件的发展，弊大于利”看似有道理，实际上它割裂了原论题，并回避了该论题的另一半“如果根据时间、环境的具体条件，有计划地发展旅游业，则是利大于弊”。从逻辑角度分析，反方属于“以偏概全”，但是在“辩”的交锋中，正方立论有余而交锋不足，反方立论不足而交锋出色，结果，反方以诡辩战胜了正方的雄辩。

再如，1988 年亚洲大专辩论会大决赛一场“儒家思想可以抵御西方歪风”的辩论，反方复旦大学队的主论点是“综合治理才可以抵御西方歪风”，把原论题“儒家思想能否抵御西方歪风”变为“怎样才能抵御西方歪风”，属于偷换论题。但是，正方中国台湾大学队立论不足，交锋亦不足，而反方立论虽不足但交锋出色，最后，反方以偏离论题的诡辩战胜了正方紧扣论题的雄辩，获得了冠军。

诡辩究竟能否战胜雄辩？很多人对此是持否定态度的。确实，从长远来看，从历史的宏观角度看，由于雄辩立足于事实，立足于命题（或论题）的本质分析，而诡辩往往背离事实，背离命题（或论题）的本质分析，因而，最后胜利者当为雄辩。但是，现实生活中的情况是纷繁复杂的，譬如，雄辩一方对事实（或论题、命题）的熟悉了解程度不及诡辩一方或是雄辩一方口才水平不及诡辩一方，尤其是当诡辩一方具有某种权势和武力时，诡辩往往会战胜雄辩，尽管这种情况只是暂时的、局部的，但却是客观存在的。

这里还可以另举一个例子。1985 年 7 月 30 日，古城西宁出现了万人齐涌街头庆祝经过重审的故意杀人犯杨小民被依法执行死刑的情景。一桩普通的杀人案为什么会牵动千千万万人的心呢？原因就在于：故意杀人犯杨小民是省级干部的儿子，省法院的某些人官官相护，不顾两审定案判处杨小民极刑的判决，不顾被害者家属一次又一次的上告上访，不顾最高人民法院的六次批示，不顾社会舆论的强烈愤慨而枉法改刑！结果凶犯不仅没有得到应有的惩处，反而在监狱里当上了医生，甚至几次被他父亲用小车接回自家居住。不仅如此，杨小民的父亲杨国英还连涨三级工资，连提两级职务，从省委办公厅副主任升为正主任，继而又荣任省委副秘书长。此案前后拖了六年之久，终得依法纠正。在此过程中，暴力与强权一度摧残了善良和真理，握有实权者的诡辩也曾一度战胜了雄辩，使得受害者的姐姐纵有雄辩之才也是有口难辩，以致不得不走上西宁街头，求助于社会舆论。

我们从受害者王强的姐姐王欢茹的街头控诉中，可以找到诡辩战胜雄辩的例证。1979 年 2 月 26 日，十六岁的小王强（和凶手杨小民都住在省委家属大院里）在水房打水，遇到年已二十五岁的杨小民，杨小民借口王强将水溅到了他的裤子上，破口大骂王强，王强据理力辩。第二天，杨小民又去水房，碰到王强上厕所，说王强用眼瞪他，随即回家戴上墨镜、口罩，穿上风雪大衣，手持半尺长的藏刀，闯入王强房内，乘其闭眼躺在床上，当胸就是一刀，接着又不顾王强连呼“哥哥饶命”的讨饶，连连下刀。后经医院检验，王强全身被刺二十一刀，其中伤及内脏的有十四刀，有致命伤十处，左肺被捅穿两个洞，右肺被捅穿一个洞，一块肺叶已经掉了，肠子多处断裂，肾脏被损，王强终因抢救无效而含恨死去。此案证据确凿，西宁市城中区人民法院和西宁市中级人民法院皆判处故意杀人犯死刑，立即执行，但此案被省法院院长杨树芳改判为死缓。当他受到王强家属责问时，杨树芳回答，改判死缓，由他负责。理由有如下几点：(1) 杀人起因是小事；(2) 房子里的事很复杂，谁也说不清楚；(3) 你们说王强死在床上，其实并未死在床上；(4) 你们说王强被捅了二十一刀，其实只有十四刀；(5) 王强表现不好，杨小民表现好。读一读杨树芳的袒护之词，不难看出，没有一句不是诡辩。他的袒护之词共有五大点，既谈了起因，又谈了现场，而且还联系了各人平时的表现；看似面面俱到，实际上回避了最本质也是最重要的一点，即凶手手持藏刀向对方刺去，是知其后果而为之的。

以诡辩战胜雄辩和以暴力（武力）战胜雄辩的区别在于：前者虽有权势或暴力为依凭，但在辩论时仍表现为以辩对辩，并不直接运用权势或暴力（如省法院院长杨树芳仍然是以语言作辩解，并没有直接运用院长的权势对王强的家属有所行动），而后者则往往直接显示权势或暴力，并且辩论语言不多（当年希特勒逼降欧洲诸国时就是这样，在兵临城下的严峻形势下，波兰等国的首脑只能签字宣告投降)。两相比较，暴力以其歹恶而令人恼怒，令人忿恨，而诡辩明明是不讲理却还要摆出讲理的姿态，就难免会蒙上一层虚伪和令人憎恶的色彩了。

中　编

口才交际能力究竟应当怎样训练?

本编所指之口才交际能力训练是有其特定内涵的。

由于社会各界对“口才能力”的需求日渐强烈，各级各类高等院校纷纷开设口才训练课程或讲座。于是，一个早就存在于我国高等教育领域（尤其是文科）的老问题日渐浮现，那就是，能不能针对专科与本科对学生的不同要求，编撰出界限相对分明的“口才交际能力训练”的教材。

本教材著者曾先后在专科、本科两个层次的教学领域任教，教授欧美文学。其时就曾经面临这样的问题：怎样从教材编撰的角度明确专、本科之间的不同要求与水平差异？在这一点上，似乎很多学科都做得并不成功。

因为一个特殊的缘故，本教材著者曾经以非著名高校的非著名教授的身份入列由北京大学中文系主编、由北京大学出版社出版的“名家通识讲座书系”《口才训练十五讲》。该教材虽然明显是面对本科学生的，但是就作者本身来说，其实并未能划清本、专科之间的界限。

为了明确本科与专科之间的界限，故而本教材在结构上下了很大一番工夫。著者大胆删除了自己极为珍惜的、从来都舍不得删除的发声正音训练、念读朗读训练、自然说话训练、朗诵演讲训练等环节，因为这些环节虽已经过多年的精心锤炼，但对成年人来说往往会事倍功半，甚至事倍功无。本教材只保留了其中的心理素质优化训练、思维模式优化训练以及听话训练等需终身学习训练的环节。同时，针对本科生相对成熟的情况，本教材加强了对阅读理解方面的要求。

希望这次的尝试是将口才交际能力对本科和专科的不同要求进行明确划分的成功的一步。

第五讲　口才交际能力训练与心理素质优化

提要与思考

1. 作为一项系统化训练体系的构成部分，心理素质优化训练至关重要，这一点是不言而喻的。这一环节在口才交际过程中的任何瑕疵都可能使说话人的精心努力付之东流，因此，通过口才交际能力训练优化个人心理素质是推动人生走向成功的一个有效环节。

2. 由于我们这个民族在精神文化上把人分为三六九等，因而国人在话语交流过程中，在面对比自己地位低的交流对象时，往往懒得说话；在见到比自己地位高的人时，往往又不敢说话。这是影响口才交际取得成功的潜在的干扰因素。因此，在其他民族可能根本不成问题的“和陌生人说话”、“和大人物说话”，在我们这个民族却成了难以轻松跨越的一道门槛。

重点问题

1. 优化自身心理素质的第一步在于准确把握自己的心理素质特点，然后对症下药，借助口才交际能力训练实践有效地扬长补短，优化心理素质，进而推动人生不断取得成功。

2. 训练自己逐步养成快速对交际对象进行心理状态分析的习惯。正确地分析交际对象的心理状态是口才交际过程中成功把握交际对象，进而取得口才交际成功的重要一步。掌握了这一步，将会大大地提高自己与对方进行成功的心理沟通的机会。

口才交际对人的心理素质方面的要求，贯穿了从发声训练开始直至说话与交流完成的各个环节。

一、心理素质训练目标要求

口才交际能力训练对人的心理素质要求是通过以下几个方面来体现的：

单向表述类口才应用中的心理障碍克服及其训练，心理自控及其训练；双向交流类口才交际中的心理沟通及其训练，运用心理学原理进行心理分析的训练等。现逐一分析如下。

（一）单向表述类口才应用中的心理障碍克服

如果从纯生理的角度来考察，一个人只要听、说器官发育正常，那么，在同一个文化层次上，每个人的说话能力都应当是一样的，或是基本近似的，但是实际上远非如此。析其原因，往往既不在其发声器官运动能力的差异，也不在其大脑反应灵敏度的差异，而在于有的人口语表述时无心理障碍，有的人有心理障碍，有的人心理障碍轻，有的人心理障碍重。

心理障碍其实也是由多方面的因素构成的。如初次当众进行口语表述时，怕万一表述不成功而当众“坍台”，怕表述内容会引发不同的看法和非议，怕在公众面前自身“形象不佳”等。种种因素虽有不同，但其实质是一样的：引发心理障碍。心理障碍起源于表述者自身的心理活动，是对表述成功自信心不强的必然产物，是人们自己给自己设下的一道障碍，进一步来说，因心理障碍导致的口语表述不成功，其实是表述者自己造成的失败，或者说，是表述者自己打垮了自己。

正如一个人因为心理障碍（比如“害怕”）不敢乘坐飞机，要克服此心理障碍只能通过乘坐飞机来完成一样，口才应用中的心理障碍，也只有在口才应用的训练实践中才能逐步消除。

逸事趣闻

据报载，在距离日本东京不远的富士宫市有一所经理学校，该校以对学生进行严格而系统的训练著称于世。其中有一项训练十分有意思，即学校要求每个学生都必须不怕“当众出丑”，都要做几件看起来十分尴尬的事。在此要求下，有些学生西装革履地肃立在富士宫市火车站前的人行道上，放声高唱该校校歌，并且按照规定，其歌声还必须要使几十米以外的教师听到。

这种训练方法看起来有点怪，但仔细想想却有一定的科学道理。这其实是克服心理障碍的一个有效的训练方法。试想，如果一个人能在大街上放声高歌而无所顾忌，那么，再让他当众进行口语表述，他还会有心理障碍吗?

当然，我们在进行克服心理障碍的训练时，也不一定非要“东施效颦”，我们可以借鉴其原理。要想克服口语表述中的心理障碍，只能多做实践训练，尤其是在公开场合的“朗声表述训练”。只有下定了不怕当众出丑的决心，才能通过逐步的实践训练达到不会当众出丑的目的，才有可能最终消除心理障碍，成为口语应用方面的佼佼者。

（二）单向表述类口才应用中的心理自控

每个人心理素质的构成都可以看做是一个小系统，在这个小系统里，每个人都有自己独有的长处与不足。单向表述类口才应用中的心理自控训练主要表现在两个方面：一是如何在口才应用过程中“扬长避短”，以使自己达到现时的最佳水平；二是如何通过对自己的心理素质系统的认知和“扬长避短”的训练，扩大自己的口才适应面。

传统心理学将人从气质方面分为多血质、黏液质、胆汁质和抑郁质四种类型。从口才应用的角度来看，这四种类型各有其优缺点。多血质型在口才交际中思维活跃、反应敏捷，但往往以一己为中心，导致“一言堂”；黏液质型在口才交际中沉着、镇静，有自制力，但在口才交际中有时难免不够敏捷，而且表述话语中往往缺少应有的热情；胆汁质型在口才交际中能给人以强烈的热情感染，但易激动的特点又使他们稍不注意就会显得热情过分；抑郁质型在口才交际中表现得敏感而随和，富有同情心，但有时会表现得热情不足，易给人以压抑感。

心理自控的前提是对自身心理素质的冷静而理智的辩证认识。这种认识并非是按照理论书籍去“对号入座”，而是借助理论对自己已有的交际实践进行反思、总结，并结合社会评价对自己进行全面的认识。在这个前提之下，自觉地“扬长避短”。如多血质型的优点是反应敏捷，缺点是容易以自我为中心，因而在口才交际中要多听取他人的意见，变“一言堂”为“群言堂”；黏液质型的优点是沉着、镇静，但要注意在口才交际中情感的“投入性”，以免使人产生冷漠感；胆汁质型要学会克制自己的情绪，以免热情过分；抑郁质型则要有意识地多参加口才交际活动，以外在的行动改善自己气质方面显得“压抑”的不利因素。

一方面，我们要通过心理自控训练“完善”自己的心理素质，但另一方面我们又必须认识到，心理素质在某种程度上具有“天生如此”的生理特性。也就是说，心理自控训练强调的是对自身心理素质的自觉把握，避免因自身心理素质的缺点在交际中产生的不良影响。我们并不奢望通过训练彻底改变一个人的心理素质，更不赞成借助某种训练形式去强行改变一个人的心理素质。心理自控训练是一个长期的、渐进的过程，想一蹴而就、立竿见影是不可能的。

（三）双向交流类口才交际中的心理沟通

在双向交流类口才交际过程中，通过对交际双方的心理态势进行分析，我们可以看出，交际双方的心理态势不外两种情况：心理相容与心理不相容。进一步分析又不难发现，这两种心理态势分析指的是双方话语已经展开或全部展开后的心理状态分析。那么，在双方话语展开的前期（尚未进入话题或尚未全部进入话题之时），在对双方的心理态势是相容还是不相容尚属未知时，交际双方如何才能借助心理学原理，借助语言表述来实现双方的心理相容呢？这里又可以细分为两个环节：一是在对双方心理态势尚且不知时，为求得双方心理相容而进行的心理沟通；二是双方心理出现“不相容”，但实际情况又不宜进行“心理不相容”式的辩论来征服对方时，借助“心理转换”，变双方的“心理不相容”为“心理相容”。

这里先谈谈双向交流类口才交际中的心理沟通问题。

心理沟通话语具有探测性、多样性与多次合成性等特点。

探测性是指在对对方心理尚未知之时，为探测对方心理，运用话语所作的由远及近的、由与对方无关而逐渐向与对方有关的话题的延伸。它通常是指了解、打听有关的情况，借助双方共知的人和事挑起话头，向对方嘘寒问暖等，其目的在于为对方敞开心扉制造氛围。

多样性是指在心理沟通过程中，话语在表述形式方面的多样性。如询问、打听相关情况可以有多种表述方式，或开门见山，或迂回曲折，或以退为进，或以守为攻等，它们多用于一方较“冷”（不愿意进行口才交际）的情况，其目的在于设法使对方接过话题，进而实现“心理相容”。

多次合成性是指出于某种原因，仅凭一次话语交流难以实现双方的心理沟通（如一方对另一方有陌生感与戒备心理，有不信任感与防范心理等），因而有时要通过两次乃至多次交谈才能实现心理沟通。

心理沟通话语的上述三个特点决定了在心理沟通过程中表述者自始至终都离不开对对方心理的剖析与掌握。比如，针对对方的具体情况，表述者选择什么样的探测性话语才能促使对方敞开心扉；选择哪一种表述方式，更有可能使对方接过话题而不是避而不答；一次交谈没能实现心理沟通，怎样才能留下话头，并被对方接受，以便下一次交谈时能有所进展，而不是“原地踏步”等。这些又构成了成功的心理沟通语言的另一个基本特点：对对方心理的贴近性了解与掌握。

（四）双向交流类口才交际中的心理转换

心理转换首先作用于以心理不相容为特点之一的辩论。

在任何一场辩论与争执中，表述者的目的都在于改变双方心理不相容的状态，都在于争取对方观点、立场和对抗心理的转变。由心理不相容到心理相容的转变，主要靠的是摆事实、讲道理，以理服人。当双方心理转为相容时，争辩的目的就接近于实现了，争辩本身也就可以结束了。

然而，心理转换又不仅出现于辩论过程中。以交谈而论，一般而言，其时双方的心理常常是相容的，那么是否就因此而不需要“转换”了呢？恐怕未必如此。譬如在交谈中，一方向另一方谈理想、谈抱负，另一方也赞成，但就是不想作出应有的反应。从双方心理态势来分析，他们的心理虽然相容，但其中的一方反应显得消极、被动。双方既然展开交谈，根本目的就是要说服对方，提高对方，因而，在交谈中也存在着一个使对方的心理态势由消极被动向积极主动转换的问题。

我们不妨再来考察一下单向表述类口才显现。同样，不论是作演讲，还是作报告，目的总在于说服他人，使其原有的心态发生转变，使其思想认识得到提高。因此，在成功的单向表述类口才显现中，双方心理态势的总体发展趋势应该是：（开始时）心理相容或不相容→（借助）心理沟通→（实现）心理转换。

如此观之，无论是单向表述还是双向交流，在应用时都面临着同样的一个问题：如何通过话语表述，使对方的心理态势发生变化，进而使其观点发生转变，并最终实现思想认识上的共同提高和美的升华。

既然心理转换是成功的口才交际中常有的而且也是应有的变化，那么，顺理可推知，以下两种倾向是应当加以改正的。

（1）始终站在对方或听众一边（或者严格地说，始终站在其一般认识的水平上），或受制于其情绪，或投其所好，故作惊人之语，甚至哗众取宠。这种表述有时固然也能获得廉价的赞赏，但很难取得真正的成功，因为这种表述中有价值的信息含量太少，不能引发对方出现“提高和升华”的心理转换。

（2）完全不顾及对方或听众的心理状态，始终以居高临下的尊者面目与人交际，强迫对方接受自己，结果不仅不能诱使对方发生心理转换，反而可能会引起其反感，致使交际失败。

二、心理素质训练方法

（一）自我心理分析训练

训练营地

训练目标：

掌握心理分析的基本方法。

克服心理障碍对口才表述的干扰。

训练模式：

（1）要求学生以自己为对象，写一篇心理分析报告。

（2）分析要求：学生选择自己的某一个性特点为侧重点（如不爱说话、不爱与异性同学交往等），或作深入剖析式，或作上溯寻源式的心理分析，并写成文字表述稿。

（3）教师按点名册要求学生逐一上台，将此心理分析话题转换成口语表述形式，当众对自己的个性特点进行分析。

训练说明：

（1）每一同学的表述时间不得少于五分钟，不得多于七分钟，超时由教师中止，并酌情降等。

（2）心理分析是口才训练的一个基本环节，它是对自己与他人进行心理透视与鉴别、对交流双方的心态进行剖析与鉴别以及实现心理转换的基础。

（3）心理分析要求对理论的有针对性的灵活运用，要求能解决口才交际中的实际问题，反对教条式地、贴标签式地生搬硬套理论。

（4）心理分析要求能由现象至本质，再由本质返回现象；能由现实向历史溯源求因，再由历史溯源求因回归现实；能以历史、现实为据作未来预测等。

（5）心理个案分析要求有主有次、有详有略，力求能在某一点或某一方面作深入的分析，而不必面面俱到，眉毛胡子一把抓。

（二）心理沟通与转换训练

训练营地

训练目标：

掌握心理沟通与心理转换的基本方法与技巧。

学会心理分析的基本方法。

训练模式：

该训练分为两个过程——沟通训练与转换训练。

心理沟通训练模式：

（1）教师于课前先拟好几十道题目，每题一纸，折叠后混合，由学生拈阄取题。

（2）同学每两人为一组（一为主动方，一为被动方），自由组合后，推选一人上来取题（取题人为被动方）。

（3）取题后由教师记下题目（序号），再由该学生取回，依照题目内容作“心理模式拟定”。

（4）取题者将写有自己拟定的心理态势的纸条交给指导教师。

（5）指导教师向与取题者同组的另一位同学（主动方）宣读题目内容。

（6）沟通训练开始，主动方同学应当根据题目内容分析出被动方的心理态势。主动方可判断三次，判断正确与否以被动方交给教师的写有拟定心理态势的纸条为准，三次判断过后，由教师当众公布被动方的心理态势。

心理沟通训练说明：

（1）拈阄同学（被动方）的“心理模式拟定”由同学于课后完成。

（2）教师所拟题目可参照下面这种模式，例如，班主任公布了班级“三好学生”名单，全班同学鼓掌通过，但有一人（取题者即“演”此人，也就是被动方）始终无动于衷。

（3）根据题目内容，取题者拟定一种心理模式。如上例，取题者可拟定如下心理态势：不服气（自己没选上），抱不平（选得不公平），或是无所谓（与我无关）等，以作业形式交给老师。心理模式可以拟得刁钻古怪，让人难以捉摸，但要合理，本人要能讲出道理。

（4）被动方同学所取的题目与拟定的心理模式，均须对主动方同学保密。教师在第二次上课时（被动方同学已完成“心理模式拟定”）向主动方同学公布题目，并由其在不知被动方“心理模式”的情况下对被动方的

“心理状态”进行判断。

心理转换训练模式：

（1）判断完成后，主动方同学针对被动方拟定的心理模式开始进行心理转换训练，力图说服对方改变看法，而被动方则要据理力争，拒不转换（造成心理不相容的态势）。

（2）双方在心理不相容的态势下，语言交锋以三个回合为及格（两人各发言一次为一个回合），四个回合为良好，五个回合或以上为优秀。

心理转换训练说明：

（1）双方均须坚持本方立场，不得向对方转移或靠拢。坚持的理由可以虚构，但要合理，不得硬性否定对方。

（2）训练结束后，如果时间允许，或是课后自练时，双方可以互换身份，再从前面的沟通训练开始练习。

第六讲　思维模式优化训练的目标把握

提要与思考

1. 本讲通过对口才交际应用过程中说话人的思维状态以及高水平口才显现思维模式的总结，提出了口才交际能力训练重在思维模式优化训练的理念，引导训练者注意：口才交际能力训练的核心环节就是思维模式优化训练。

2. 思维模式优化训练的系统化展开，应当是多角度、均衡的，应当是逐步提升的。偏重于某一环节，可能比较容易快速见效，快速“出彩”，但是，从可持续发展的角度来看，还是应当全面发展，不可偏废一方。

重点问题

1. 本讲总结了思维运动在口才交际中的四种运动状态，在口才交际中应当避免陷入消极状态，应当至少保持积极状态（哪怕出自实用的需要，表面上仍然表现为消极状态），随时准备进入能动状态，力求达到主控状态。谈谈你对这一训练目标的理解。

2. 有人认为，在口才交际过程中，自己的思维陷入消极状态，固然是需要努力加以避免的，但是，实际生活中，让人觉得自己的思维状态已经处于消极状态，有时候又是难免的。这话对吗？如果你觉得对，试举例证明之；如果觉得错，试举例反驳之。

古今中外无数的口才交际实例，无不在反复地证明着这样一个事实：思维素质好，则口才水平高，口才交际能力训练水平提高得也快；思维素质差，口才水平必然低，口才交际能力训练水平也难以提高。然而，在对口才显现进行个案跟踪调查时，我们发现，即使思维素质好，口才显现也可能会出现不同的情况。例如，思维素质好，而且在口才交际中思维运动处于积极状态，口才水平自然会发挥较好；然而，如果在口才交际中思维运动处于消极状态，那么，即使原本有着良好的思维素质，即使有口才，也难以发挥出水平。

一、思维运动在口才表述过程中的四种状态

思维运动对口才表述的成败优劣具有决定性的影响，其在口才表述中的状态可以归纳为消极状态、积极状态、能动状态、主控状态等四种情况，这里试以实例剖析如下。

（一）消极状态

当思维运动处于消极状态时，其表现特点大致可归纳为：被动、无序、滞塞、迟钝等。思维运动的这种消极状态也会直接影响口才表述，使说话人的语言也带有上述特点。

严格地说，当一个人的思维运动处于消极状态时，其话语表述水平已谈不上什么口才能力不口才能力的了。这里仍以“口才”一词来展开剖析，意在说明思维的即时状态对口才能力的影响并不是无可改变的。只要思维运动的消极状态有所改变，口才显现受到抑制的情况就会立刻得到改变。

这里我们以鲁迅先生笔下的阿 Q、闰土为例，试作剖析如下。

阿 Q 的形象、阿 Q 的故事早已家喻户晓，这里不需要重新细说了，但是阿 Q 的口才能力，只怕还没有什么人注意到。其实，阿 Q 的口才能力原本是蛮不错的，有小说中的文字为证。

阿 Q 口才能力的第一次成功显现是在赵太爷的儿子进了秀才的时候，小说中写道：“锣声镗镗的报到村里来，阿 Q 正喝了两碗黄酒，便手舞足蹈的说，这于他也很光采，因为他和赵太爷原来是本家，细细的排起来他还比秀才长三辈呢。其时几个旁听人倒也肃然的有些起敬了。”

由此段文字不难想象其说话时的场景。阿 Q，一个在未庄从来都是被人瞧不起的小人物，突然语出惊人，而且竟然凭着一番“细细的排起来”的话语，说得旁听的人不但不以其酒话为假，反而信其辈分为真。其话语如果没有几分“言之有据”且“推证可信”、“言简意赅”且“重点突出”，想在酒店这样的场合与氛围下让众人认可他与赵太爷之间的家族渊源关系，进而“肃然的有些起敬”，只怕是不可能的吧。

阿 Q 口才能力的又一次成功表现，是在他进城一趟又回到未庄时。他带回了许多城里的见闻，立刻成了未庄的“新闻中心”。阿 Q 之所以能吸引未庄的人固然是因为未庄人实在是太孤陋寡闻了，但是阿 Q 也确实有几分能够吸引未庄人的“生动形象”的口才能力。例如，他很善于抓住城里和乡下在具

体事物的称谓上的差异来显现自己的见多识广，诸如将“长凳”称为“条凳”之类。其中最精彩的还要数阿Q对未庄人全都不懂而只有假洋鬼子会叉的“麻酱”的介绍，阿Q是三言两语，要言不烦：“城里却连小乌龟子都叉得精熟的。什么假洋鬼子，只要放在城里的十几岁的小乌龟子的手里，也就立刻是‘小鬼见阎王’。”阿Q以城里的最低水平（小乌龟子）与未庄的最高级别（假洋鬼子）作“阎王与小鬼”的类比，一扬一抑，生动形象。这一番语言的直接效果竟是：“听的人都赧然了”——未庄人因为自叹缺少见识而脸红了，而阿Q自然因其“见多识广”在众人心目中身价大增。

最能体现阿Q的口才能力水平的，还要属阿Q向未庄人描绘“杀革命党”的场面的那一次。我们不但可以领略阿Q绘声绘色的表述能力，而且可以看到，在语言的高潮处，他还颇会运用态势动作来强化语言的分量和效果。小说中写道：

“你们可看见过杀头么？”阿Q说，“咳，好看。杀革命党。唉，好看好看……”他摇摇头，将唾沫飞在正对面的赵司晨的脸上。这一节，听的人都凛然了。但阿Q又四面一看，忽然扬起右手，照着伸长脖子听得出神的王胡的后项窝上直劈下去道：

“嚓！”

王胡惊得一跳，同时电光石火似的赶快缩了头，而听的人又都悚然而且欣然了。从此王胡瘟头瘟脑的许多日，并且再不敢走近阿Q的身边；别的人也一样。

阿Q的语言竟有如此强烈的感染效果，我们还能说他没有几分口才能力吗？

综观阿Q的一生，可以说是始终被人瞧不起的一生。然而，他的口才能力却曾不止一次地使他在未庄的地位获得明显的提高。就以他进城一趟回来后向未庄人作的几次绘声绘色的口才表演来说，就使他“获益匪浅”。小说中写道：“阿Q这时在未庄人眼睛里的地位，虽不敢说超过赵太爷，但谓之差不多，大约也就没有什么语病的了。”

由上述文字摘述不难看出，阿Q虽然没有文化，但其口才能力却实在是挺不错的。按理说，当抢劫举人的冤案落到他头上时，如果他能利用自己的口才能力据理力争，这桩冤案其实并不难推翻，因为他确实完全没有参与抢劫，而且官兵在他那儿也没有发现赃物。然而，当阿Q被押上大堂时，他一看上面端坐着一个“满头剃得精光”、“一定有些来历”的老头子，便膝盖松软，跪了下去，口才能力也就随之消失了，不但说话结结巴巴，还答非所问，引起了误解也不分辩（也不敢作分辩），直至最后，别人叫他画圈他便画圈，叫他上刑场他便上刑场，就这么莫名其妙地、稀里糊涂地丢掉了性命。

关于阿Q的死因，自有文学理论家去分析，这里不作赘述。我们只对一个至今尚未引起人们注意的情况略作探讨，那就是阿Q的口才能力在大堂上为什么会突然消失？

不妨作一个不无可能的设想：如果阿Q一看大堂上坐着的，并不是一个有些来历的官老爷，而是王胡或者小D，那么他还会“膝盖松软”地下跪吗？或者换一个设想，如果阿Q在面对有些来历的官老爷时，能像“杨三姐告状”那样地昂头说话，据理力争，凭着他在小说中已有过多次成功表现的口才能力，他还会因为一个完全与他无关的劫案而脑袋落地吗？

通过解剖阿Q这只“麻雀”，我们可以“管中窥豹”，从而对口才能力与思维之间的关系有一个比较准确的认识。从理论角度看，二者之间关系密切，口才是思维运动的主要表现形式，一般情况下，失去了语言的依托，思维运动，即对话题的思考就无法进行。思维运动对口才的构成与表述有着很强的主控作用。以阿Q为例，他面对“见识”不如自己的未庄人，没有精神压力，没有思想负担，思维运动处于积极状态，思维主动、活跃，于是，说话就滔滔不绝、生动形象。可是，见了地位高于自己的官老爷便胆怯害怕，思维运动也随之转入消极状态，思维被动、滞塞，于是，话不成句，且不知所云。这恰好说明，不是阿Q没有口才能力，而是思维的消极状态压抑了他的口才能力。这就好比一只兔子，在和乌龟赛跑时，跑得很潇洒；在和同类赛跑时，跑得很尽力；但一看见天空出现鹞鹰的影子，就全身发抖，一步也跑不动了，甚至“阿Q”式地觉得自己既然碰上了鹞鹰，就不应该再跑了。这其中，思维一直在发挥着主控的决定性作用。当兔子觉得跑也无用时，无论它原先多么擅长奔跑，它都跑不动、跑不快了。口才水平的显现，也是一样的道理，当一个人的思维处于消极状态时，他原本可以发挥得很好的口才水平也就消失了。

口才能力显现受制于思维运动的即时状态，这一点还可以从闰土的身上得到印证。在小说《故乡》中，“我”与闰土共见过两次面。一次是少年时，小闰土与“我”见面不到半日便熟识了。他告诉“我”，怎样在下大雪的天气捕鸟，怎样在夏天去海滩拾贝壳，去瓜地看瓜，怎样刺猹等，小闰土那伶俐的口才曾使得身为城里少爷的“我”感到自惭形秽。小说中曾这样写“我”的感受：“阿！闰土的心里有无穷无尽的希奇的事，都是我往常的朋友所不知道的。他们不知道一些事，闰土在海边时，他们都和我一样只看见院子里高墙上的四角的天空。”然而，三十年后再见到闰土，他不仅外形上苍老、憔悴，而且在和“我”说话时，语言断断续续，神情呆板麻木，内心虽然充满了与儿时的朋友见面的欣喜，语言却几乎完全失却了表达内心情感的功能。小说中写道：“脸上虽然刻着许多皱纹，却全然不动，仿佛石像一般。他大约只是觉得苦，却又形容不出，沉默了片时，便拿起烟管来默默的吸烟了。”

闰土的变化无疑应归因于他的景况：“多子，饥荒，苛税，兵，匪，官，绅，都苦得他像一个木偶人了。”他的语言表达能力的“退化”，无疑与他的木偶人式的麻木（其中，主要是思维的麻木）有很大关系。

从上述二例不难看出，在口才交际中，要想使自己的口才能力得到很好的显现，必须要防止自己的思维进入消极状态。

（二）积极状态

思维运动的积极状态的表现特点大致可以归纳为：主动、有序、快捷、准确。以这种思维状态投入口才交际，其语言也会带有上述特点。换句话说，一个人的口才能力只有在其思维运动处于积极状态时，才能得到正常的发挥与显现，这也是口才能力发挥的必备条件。

口才交际通常是在双方（或多方）分别持有自己关于话题的思维定式的情况下进行的（有时，双方在交际开始前就已对话题做了一定的思考准备）。在这种情况下，一方的成功，不仅取决于交际开始前的更胜一筹的思考准备，也取决于交际过程中对对方思维定式的否定，并力求使得对方放弃自己的思维定式。这就需要说话人对对方的思考模式作出的反应，不仅要快捷，而且要准确。

引经据典

《三国演义》中有这样一个故事：曹操欲伐袁绍，但又恐寡不敌众。正在举棋不定之际，谋士郭嘉前来劝曹操伐绍，他从十个方面展开了胜败对比的分析，说道：“今绍有十败，公有十胜，绍兵虽盛，不足惧也。绍繁礼多仪，公体任自然，此道胜也；绍以逆动，公以顺率，此义胜也；桓、灵以来，政失以宽，绍以宽济，公以猛纠，此治胜也；绍外宽内忌，所任多亲戚，公外简内明，用人惟才，此度胜也；绍多谋少决，公得策辄行，此谋胜也；绍专收名誉，公以至诚待人，此德胜也；绍恤近忽远，公虑无不周，此仁胜也；绍听谗惑乱，公浸润不行，此明胜也；绍是非混淆，公法度严明，此文胜也；绍好为虚势，不知兵要，公以少克众，用兵如神，此武胜也。公有此十胜，于以败绍无难矣。”曹操听了郭嘉的对比分析，信心大增，决计出兵伐绍，结果大获全胜。

这里我们不欲剖析曹操是否真的依此“十胜”击败了袁绍，而只想对郭嘉说服曹操的过程作一番探索。郭嘉欲说服曹操，有如下两点困难：一是郭嘉身为曹操的谋士，是曹操的下级，因而他只有（也必须）使自己的说辞既周密又深刻，才能使曹操心服口服，才可望成功；二是郭嘉进言之前，曹操已在反复考虑此事，虽未作出决断，但心中也有了一定的思维模式（或定式），郭嘉只有使自己的劝说具有闻所未闻的效果，才有可能使曹操耳目一新，主动放弃自己已有的思维定式，接受郭嘉的建议。郭嘉的对比分析，正是在这两点上取得了成功。他从道、义、治、度、谋、德、仁、明、文、武十个方面条分缕析，所述内容涉及双方的为人、用人、施政、用兵等方面，思路清晰，观点明确，且由浅入深、环环相扣。不难看出，郭嘉的这番剖析看似随口说来，其实是经过深思熟虑、精心准备的。这番说辞，与其归入口才交际的上品，莫如归入思维的佳作更为准确。当然，郭嘉在当面陈辞时，无疑既要使所有的道理无一疏漏，又要从容不迫，缓缓道来，只有这样，才可望收到让曹操听之入耳、听之入心的好效果。其中，思维的快捷、准确、生动、有序的积极的运动特点对口才交际的影响也是显而易见的。

如果说上面这则例子可以认定为是说话人事先经过充分准备的样板，那么下面这个例子无疑可以归为无法充分准备，但由于思维运动的积极主动而取得意外成功的典型范例。

逸事趣闻

1671 年 5 月，伦敦发生了一起英国历史上最大的、最著名的刑事罪案。一个以名叫布勒特的人为首的五人犯罪团伙，蒙骗了伦敦塔副总监，混入马丁塔里，抢走了英国的“镇国神器”——英国国王的王冠。然而，这伙罪犯运气不佳，刚刚冲出伦敦塔就被卫队围住，经过一番搏斗，五名罪犯全部被擒。

伦敦塔总监泰尔波特亲自审问这些罪犯，并把他们全部判处死刑，然后上报了英王查理二世。国王对这些目无法纪、胆大包天的歹徒产生了兴趣，决定亲自提审为首的犯罪分子布勒特。在国王审问时，布勒特充分发挥了他的辩才，同国王进行了英国历史上最有趣的一次刑事审判对话。下面就是其中最精彩的片段。

查理二世：“你在克伦威尔手下时诱杀了艾默思，换来了上校和男爵的头衔?”

布勒特：“陛下容禀，我不是长子，所以没有继承权。除了本人的性命之外，别无所有，我得把我的命卖给出价最高的人。”

查理二世：“你还两次企图刺杀奥蒙德公爵，是吗?”

布勒特：“陛下，我只是想看看他是否配得上您赐给他的那个高位。要是他轻而易举地被我打发掉，陛下就能挑选一个更适合的人来接替他。”

查理二世沉吟了一会儿，仔细打量着这个囚徒，觉得他不仅胆子大，而且伶牙俐齿。于是又问道：“你越干胆子越大，这回竟然偷起我的皇冠来了。”

布勒特：“我知道这个举动太狂妄了，可是我只能以此来提醒陛下关心一个生活无着的老兵。”

查理二世：“你不是我的部下，要我关心你什么?”

布勒特：“陛下，我从来不曾对抗过您，英国人互相之间兵刃相见已经很不幸了，现在天下太平，所有的人都是您的臣民，我当然是您的部下。”

查理二世尽管觉得他是个十足的无赖，但还是继续问道：“你自己说吧，该怎么处置你?”

布勒特：“从法律的角度看，我们应当被处死。但是，我们五个人每一位至少有两个亲属会为此落泪，从陛下您的立场看，多十个人赞美您总比多十个人落泪好得多。”

查理二世绝没有想到他如此回答，他几乎感觉不到地点了点头，然后又问："你觉得自己是个勇士还是懦夫?"

布勒特："陛下，自从您的通缉令下达以后，我没有一个地方可以安身，所以去年我在家乡搞了一次假出殡，希望警方相信我已死亡而不再追捕。这不是一个勇士的行为，因此，尽管我在旁人面前是个勇士，但是在您——陛下的权威下只是一个懦夫。"

查理二世对这番回答非常满意，不但免除了布勒特的死刑，还赏给他一笔年金。①

在这段逸事中，布勒特可谓喜从天降，意外成功。从口才交际的角度考虑，布勒特身为一个被当场抓获且已定了死刑的罪犯，无论经过多么周密充分的思考，他都无法预知国王将如何讯问，因而自己也就无从事先准备，更无法预测自己的结局，他只能凭现场应答时思维反应的快捷与准确去听天由命。布勒特的巧妙答辞说明，尽管他处于无法辩解的不利地位，但他当时的大脑思维活动却是非常积极、主动的。他为什么能有这种表现呢？从思维角度分析，可能是他认为自己反正已罪无可宥，与其磕头求饶而不获赦免，还不如借此机会在国王面前"充一次好汉"。于是，他解除了思想负担，其思维活动也就进入了积极状态，因此，他的每一次答话都能作出有利于为自己开脱的解释。他的回答既不激怒国王，又能使国王听得进去，结果，他竟凭着自己的口才使自己意外逃生，因祸得福。

这个结局，尤其值得与阿Q的结局作一个对比。阿Q与布勒特，一个是无辜的农民，一个是被当场抓获的首犯（虽然阿Q是一个虚构的文学形象，但其历史的、本质的真实性却早已得到公认）。一个是面对小小的把总（官位并不高的官老爷）双膝发软，思维瘫痪，丧失了平时并不算差的"口才能力"，结果，无罪却上了断头台；一个是面对声威显赫的国王，有问必辩，思维敏捷，其"铁证如山"的死罪反而获得了开脱。

这里，我们无意于比较两个人的结局何以如此截然相反，只想探讨一下两个人口才表述的优劣根由。从对比中我们不难得出以下这样两点结论。

（1）口才水平的显现，实际上受制于说话人的思维素质以及思维的即时运动状态。思维运动处于消极状态，有口才能力也会变得无口才能力；思维

① 梁军：《一段精彩有趣的审讯对话》，载《演讲与口才》，1987（3）。

运动处于积极状态，即使置身于恶劣或尴尬境地，口才能力也能发挥自如，有时甚至可以取得出乎意料的效果。

(2) 在口才交际过程中，出于多方面的原因，人们对同一话题的思考会有所不同，常常是各有各的思维模式。因而，口才交际虽然形式上表现为双方的语言交流，但是实际上却是双方的思想观点或思维模式的交锋。口才交际能否成功，通常取决于两个方面：一是说话人能否借助口才表述将自己对话题的思考过程进行既全面准确，又扬长避短的充分展现，并最终获得对方的认可或赞同，进而使对方放弃自己的原思维模式；二是说话人能否借助口才表述对对方的思维定式或思考过程进行某种“干扰”，使对方关于话题的原思维模式或暴露出不足，或受到阻碍（例如，布勒特的“狡辩”，实际上就是对国王认定其有罪的思维模式的一种有效的干扰）。

(三) 能动状态

思维的能动状态是一种比积极状态更高一个层次的状态，因为它对说话人的思维素质，尤其是对在事先无准备的状态下的思维宽度、深度和应对反应的敏捷度、准确度以及语言的风格等都提出了更高的要求。

这里先不妨以两个实例展示如下：

引经据典

《庄子·秋水》里记载了庄周与惠施的那场著名的“濠梁之辩”。庄周和惠施有一次在濠水的一座桥上散步，庄周俯视粼粼水波，欣然说道：“你看，鱼儿在水里自由自在地游来游去，多么快乐啊!”惠施笑着调侃道：“你不是鱼，怎么知道鱼究竟快乐不快乐呢?”庄周反唇相讥道：“你不是我，又怎么知道我不知道鱼儿快乐呢?”惠施笑道：“我不是你，当然不知道你究竟怎么样，你不是鱼，也不能知道鱼儿是不是快乐。”庄周也笑着说：“你一开始问我怎么知道鱼儿快乐，可见你已经肯定我知道，所以才问我怎么知道。我怎么知道？因为我在这里游玩快乐，所以才知道鱼儿快乐。”

在这场对话中，庄子与惠施之间的“发难”与“还击”都不可能在对话之前先做准备，双方所能获得的思考时间也就是应对作答的瞬间停顿。这场对话的双方都是青史留名的口才高手，其思维过程的快捷，反应与判断的准确，都是一流的，虽然都只说了一两句话，却给后人留下了一个妙不可言的口才交锋的精品。

需要指出的是，思维的能动状态固然对人的思维素质的要求较高，但也并非绝难达到。只要你具有优秀的思维素质，进入能动状态后，这种闪光往往就会在自然而然之中出现，你也能脱口而出，且妙语惊人。

逸事趣闻

一次，叶惠贤和台湾“光头”明星凌峰搭档即兴主持节目。当凌峰说：“我是六十多岁的身体，五十多岁的外貌，四十多岁的实际年龄，三十多岁的心理，二十多岁的智商”时，叶惠贤即兴补上了一句：“您还有十多岁的童趣!”事后，凌峰夸他：“您这一句添得好，真是一句值千金！我来大陆还没见过像您这样好的即兴主持人。”

当我们通过上述实例领略了思维能动状态对口才能力显现的影响之后，很自然地会想到一个问题，即思维的能动状态与积极状态有什么不同。

这里首先应当强调指出的是，思维的能动状态与积极状态，事实上是难以截然分开的。能动状态中包含着积极状态，失去积极性当然也就失去了能动性；积极状态中也蕴涵着能动状态，失去了能动性，积极性也难免要陷入盲目状态，并且最终将堕入消极状态 。但是，为了适应训练实践的需要，我们还是有必要将它们进行一定的理论界定和实践方面的划分。

从上述诸例。我们已不难看出两种思维状态在口才交际过程中存在着以下几个方面的区别。

(1)“被迫反应”与“主动参与”的区别。

口才表述中的思维积极状态，就其语言的内容和形式而言，往往带有一种“被迫反应”的特点。就布勒特而言，他以罪犯之身，处于受审的地位，而且面对的是国王的发问，这就使得自己不仅处于一个有问必答的被动地位，而且还必须“积极”作答。至于郭嘉，谋士的身份使得他原本就承担着必须对曹操的决策提出参考意见的责任，因而他必须开口 。从这一点来说，思维的积极状态，往往是在一定压力下的被迫反应，是一种与消极状态相对立的参与状态。

思维运动的能动状态则不同，此时，说话人往往并无非开口说话不可的压力。例如，当庄周感叹水中的“鱼之乐”时，惠施是否要接过话题发表看法，接过话题后如何发表看法，主动权完全掌握在他自己手中，他可以开口，也可以不开口，因而其语言更多地显现出一种对话题参与的主动性。此外，能动状态往往还要求能快捷地对对方的话题进行填空式的完善，例如，叶惠贤对凌峰话题的追加补充。其时，可能并无洋洋洒洒的长篇宏论，但画龙点睛般的妙语却往往能收到锦上添花的效果。

(2)“以话题为中心”和“以话题为出发点”的区别。

思维积极状态的被迫反应特点，使得其口才表述往往必须以话题为中心，并且，一般情况下，不允许旁生枝节。如郭嘉向曹操献策，无论其话语展开了多少个方面，也只能是围绕一个中心展开，即究竟“是否向袁绍宣战”。以布勒特而言，无论他多么巧言善辩，也只能是围绕自己的“罪行”进行辩护。思维能动状态的主动参与性，使得口才表述往往具有以话题为出发点的特点，即话题实质上已不再是说话人的中心，而只是一个思维运动（进行思考）的出发点。例如，庄周谈“鱼之乐”，惠施也谈“鱼之乐”；江泽民市长谈“水”，叶惠贤也谈“水”；凌峰谈“年龄”，叶惠贤也谈“年龄”，但双方所谈的实质上已非同一个话题。

(3) 双方思维的“对抗”与“互补”的区别。

在口才交际中，当说话人以思维的积极状态进行语言表述时，他的表达往往与对方的思维状态表现为一种对抗，即对对方观点、立场或思维定式的否定。例如，郭嘉向曹操献策，不论其语言多么和缓、委婉，他都要实现一个目标，即努力否定曹操对袁绍宣战的不良后果的担心。再如布勒特，不论其如何向国王献媚、讨好，他的目标都只是要否定国王对自己罪行的认定。

思维的能动状态则有所不同，其时，无论其语言风格是否尖刻锐利，其目的都并不是真的要否定对方，而是更多地表现为对对方思维状态的补充和完善，即使在指明对方的某种不足时，也多是点到即止，并不展开条分缕析的深入剖析。例如，庄周与惠施二人的互相“发难”，其语言虽然看似尖刻，但其实质却是二人在借“鱼之乐”的话题“斗智”，而非真的在探讨“鱼是否快乐”。叶惠贤对江泽民同志和凌峰先生的即兴发言的评述，也更多地表现为一种锦上添花式的补充与完善，其目的也并不在于探讨“水”与江泽民同志的关系或者是探讨凌峰先生的年龄问题。

(4) 观点交锋的“严肃性”与口才交际的“轻松性”的区别。

思维的积极状态与能动状态的上述三个方面的差异，决定了这两种思维状态在口才交际中实际上各有其不同的适用范围。其中，积极状态的被迫反应特点、以话题为中心的制约以及在交际中双方思维的对抗态势决定了这种思维状态较多地应用于思想观点的交锋（论辩、商榷、讨论等）；能动状态的主动参与特点、以话题为出发点的灵活性以及在交际中双方思维的非对抗态势决定了这种思维状态较多地适用于日常口才交际（交谈、漫谈、讨论等）。

二者适用范围的不同，决定了两种思维运动在语言表述风格方面的差异。尽管思维的积极状态在应用中并不排斥语言的轻松幽默，但其表述的主体风格却是庄重、严肃的，郭嘉对曹操、布勒特对国王查理二世的例子即是如此。思维的能动状态尽管在应用中也并不排斥语言的庄重、严肃，但其表述的主体风格却是轻松、和谐的，惠施对庄周、叶惠贤对凌峰的例子就是如此。需要补充说明的是，思维能动状态下的这种语言风格的轻松、和谐，其实只是一种表象，在这种语言看似随意挥洒的表面现象之下，其实是思维的高度紧张的运动，它要在瞬间作出快捷的反应和准确的判断，其中甚至还包括对话语是否得体恰当的后果预测性判断。从这一方面来看，虽然思维的能动状态与积极状态互有影响与联系，但是以思维素质的要求而言，以思维的宽度、深度和应对的敏捷度、准确度而言，能动状态的要求显然要更高一些，二者之间并不是处在同一个层次上的。

（四）主控状态

口才交际中思维的主控状态，在某种意义上可以说是一种最高层次和最高境界。这种状态要求说话人自始至终都要把握全局，要把主动权与控制权始终牢牢地掌握在自己手中，进退自如，攻守自如，并且最终取得的是全局的成功或是预期目标的完全实现。因而，思维的主控状态更具有确保口才交际取得成功的战略制胜的意义。

思维的主控状态首先表现为对自己所追求的目标和实现目标的步骤的周密性思考。尤为突出的是，它要求通过对双方立场和利害关系等方面的透辟分析准确地预测对方可能采取的态势与立场，并有针对性地做好改变对方思维定式的一系列准备；同时对可能出现的不利变化做好充分的防范准备，以便能临变不惊，镇定从容，并最终诱使（或迫使）对方完全接受本方的立场和观点，达到既定目标的充分的、完全的实现。思维主控状态的这种周密构想与超前预见，使得说话人在口才交际过程中始终都能处于主动地位，始终能有效地控制局面，直至目标实现。

这里，同样也以两个例子来剖析。

引经据典

《战国策·赵策》中记载了“触龙说赵太后”的故事。当时，赵太后在赵国刚刚坐上摄政之位，早有灭赵之心的秦国便趁机发兵攻赵。赵国不得不向齐国求救，而齐国则提出，一定要以赵太后最宠爱的小儿子长安君为人质，才肯出兵。太后舍不得小儿子，执意不肯这么做。

众大臣先后谏议要太后接受齐的要求，不料这竟使太后恼羞成怒，大发脾气说：“谁要是再来谈长安君做人质的事，我老太婆必唾其面！”事态就这样成了僵局。在这种严峻的形势下，左师触龙挺身而出，充分发挥口才思维的主控功能，终于说服赵太后接受了齐国的要求。

触龙见赵太后，首先采取了侧面迂回以避免正面冲突的方法。面对正在气头上的赵太后，他先步履缓慢地走到太后面前问安，并称自己患了脚病，走动不便，接着又从饮食方面开始问候太后的身体状况。这样一来，太后由“盛气”而至“色少解”，由怒容满面变得缓和下来了。

接着，触龙以闲谈的口吻说到了自己的儿子舒祺，谈到自己的身体一天不如一天，希望太后能让舒祺在宫中当一个黑衣卫士，由此激起了太后对“男人对儿子也有爱怜之心吗？”的兴趣和发问。此时，触龙故意抛出一个新话题：“男人爱怜儿子之心远超过妇人”，引发了赵太后的“妇人当然是最爱怜儿子的”不同看法。于是，看似在无意之中，而实质上是在触龙的“主控”之下，双方有了一个共同的话题：“男人与妇人谁更爱怜儿子？”

至此，触龙开始不动声色地"进攻"赵太后了。他说道："我认为您对女儿的爱远远超过对长安君的爱。"赵太后当然不肯承认，此时，触龙正面说服赵太后的时机到了。他说道："父母若真爱子女，应当为他们考虑长远。您对女儿就正是这样，不仅把她嫁到燕国为后，而且逢祭祀必祝祷，希望她不要遇到灾变。这不是为她考虑得很长远，希望她有子孙，子孙世代为王吗？"这一番话，无疑是对太后的夸赞，所以太后答道"是的"。然而，触龙话题一转，问太后："那么，由现在向上推三代，赵国历代国君的子孙受封为侯的，他们的子孙还有能继承爵位的吗？"太后对此问题当然只能回答："没有了"。触龙又问："除了赵国以外，其他诸侯之中还有没有呢？"太后回答："没有听说还有。"至此，触龙才点到正题：各诸侯之后代之所以难以继位，是因为他们都是地位显贵却无功于国家，待遇优厚却很少为国家出力。太后您现在对长安君也正是这样，使他生活舒适而不使他为国家建功立业。可是，一旦将来您去世了，长安君依靠什么在赵国立足呢？所以，我认为，您对儿子的爱怜远没有像对女儿那样，为他考虑得长远。话说到这里，触龙并没有提出以长安君为人质的问题，却已使赵太后心中大悟，她说道："好吧，长安君听从你的派遣吧。"于是触龙备齐装置，送长安君去做人质，齐国也就出兵，救了赵国之危。

还有一例出自《史记·廉颇蔺相如列传》，是关于蔺相如的口才的故事。这个故事可细分为：完璧归赵、渑池会、将相和三个部分。蔺相如在不同的场合均有非同一般的表现，充分显示了他的思维的主控能力。

引经据典

先看"完璧归赵"。故事中，赵惠文王得到了稀世珍宝和氏璧，秦昭王知道后，派人前来提出愿以十五座城交换。这种买方出价过高的交换，显然有阴谋，但赵王又不敢断然拒绝，因为秦国强大，断然拒绝就等于给对方提供出兵攻打赵国的口实，然而就这么顺顺从从地按照对方的骗术行事，又实在不甘心。在这进退两难之际，蔺相如接受了持璧赴秦的重任。临行之际，他作出了“城入赵而璧留秦，城不入赵，则完璧归赵”的保证。

果然，蔺相如向秦王呈上和氏璧后，秦王只顾与群臣和美人当场把玩，不提以城交换之事。这时，胸有成竹的蔺相如走上前去，对秦王说：“璧有点小毛病，让我指给您看。”于是，璧又回到蔺相如手中。随即，蔺相如手持和氏璧，当众痛斥秦王的言而无信，并以自己的头和璧将同时撞碎在柱子上的威胁镇住了秦王及满朝文武。秦王只好当场传人上殿，装模作样地在地图上画了十五座城给赵国。蔺相如见秦王并无交换诚意，又提出，赵王送璧出赵时曾斋戒五日，秦王受璧亦应同礼，斋戒五日后再举行受璧仪式。秦王只好应允，并送蔺相如至馆舍休息。于是，蔺相如派人暗中将璧送回了赵国。五日后，秦王前来取璧，蔺相如转而提出，现在和氏璧已经送回了赵国，秦王如果诚心交换，可先送十五座城给赵国，秦强而赵弱，赵国得到城池后自会再将璧送到秦国来。至于自己将璧送回赵国，已犯了欺君之罪，请秦王处死他。至此，秦王欺骗赵国在前，上蔺相如的当在后，因而，他也只好按照外交礼仪接待了蔺相如，然后又送他回了赵国。“完璧”终于得以“归赵”。

几年后，秦国又开始攻赵，破城杀人之际，秦王遣使赴赵，约定与赵王相会于渑池，共商友好之事。蔺相如在国内作好“以防万一”的准备后，奉命随同赵王前往渑池与秦王相会。果然不出所料，秦王在会见中强令赵王为他演奏乐器，并令史官当场记录下来以羞辱赵王。蔺相如见状，当即上前，请秦王为赵王敲瓦盆。秦王大怒，蔺相如再次请求，并以“如不同意则以死相拼”迫使秦王就范，赵国的史官也当众予以记录。秦国一计挑衅未成，又生二计。秦国群臣提出，要赵国献出十五座城给秦王祝寿。蔺相如当即针锋相对，要秦国献出首都咸阳给赵王祝寿。渑池会上的唇枪舌剑，蔺相如针锋相对，毫不示弱，成功地维护了赵国的尊严。

在外交斗争中立下大功的蔺相如，回国后被赵王提拔为上卿。不料这竟引发了赵国大将廉颇的心理不平衡，他认为自己战功显赫，而蔺相如只不过要了点嘴皮子，就位尊于自己，这显然不公平，于是他屡屡扬言要使蔺相如难堪。蔺相如得知后，不仅不发挥自己的口才能力以“自卫”，而且在公开场合对廉颇也是能避则避，能躲则躲。终于，蔺相如使得廉颇明白了自己以国家利益为重，以团结为重的苦心，进而引出了廉颇“负荆请罪”，与蔺相如“将相和”的动人故事。

蔺相如的这种当刚则刚、当柔则柔、当智则智、当勇则勇的表现，在《史记》中获得高度赞扬，司马迁写道：“相如一奋其气，威信敌国；退而让颇，名重太山。其处智勇，可谓兼之矣！”

从上述二则故事我们可以看出思维的主控能力的高低对于口才交际成功与否的决定性作用。在高水平的口才交际过程中，话语言辞不仅与说话人的动作（如，触龙见赵太后时，步履缓慢地走上前去）、态势（如，蔺相如怒斥秦王时，手捧和氏璧，准备以头撞柱的无畏形象）密切相关，而且，它们本质上都是思维外现的形式之一，是受控于说话人的思维机制的。这也就告诉我们，口才交际能否成功，其实并非仅仅取决于言语是否犀利、话锋是否劲健，更主要的还是取决于说话人对话题所作的思考是否审慎、决策是否正确、计划是否周密。以触龙与蔺相如为例，他们的成功，显然主要取决于他们的思维素质，取决于他们事先所作的缜密思考。事先的缜密思考不仅使得他们可以依计行事，可以从容不迫，而且还可以有效地控制对方，使其只能依照自己一方构想的思路来说话与行动。因此，我们可以这样说，高水平的口才交际，与其说是得力于口才水平的发挥，莫如说是得力于思维达到了“运筹帷幄”的主控水平更为准确。

二、高水平思维素质在口才表述过程中的四种表现

思维素质在口才表述中的举足轻重的地位决定了思维训练在口才交际能力训练系统中的中心位置。但是，在全面的口才思维系统训练之前，还有必要明晰高水平的思维素质在口才表述过程中主要有哪些表现，这样才有助于有针对性地设计和安排口才思维训练的具体模式，才有助于推动口才思维训练在科学理论指导下取得更好的成效。

实践表明，高水平的思维素质在口才表述过程中至少有以下四种表现。

（一）辩证性思考

辩证性思考就是在对话题进行思考时，不是简单地沿用传统的定论与固有的思维模式，而是结合新的条件和要素，对话题从肯定方面、否定方面或是同时从这两个对立方面进行新的思考，并在此基础上形成一个新的辩证统一的完整结论。

由于新的结论往往对传统定论表现出某种否定的倾向，故而又可称之为批判性的辩证思考。

如关于"危机"的认识。近几年来，"危机"一词频频见于报端，诸如信仰危机、情感危机、就业危机、生存危机等，不一而足，也曾不止一次地有人对种种危机的存在忧心忡忡。那么，究竟应当如何看待危机现象呢？

我们可以用溯源方式对危机展开辩证思考。20 世纪五六十年代，国内曾经有一个很响亮的口号，叫做"敌人一天天烂下去，我们一天天好起来"。此口号或此观点的认识基础是：当时，我国正在逐渐摆脱一穷二白的面貌，经济开始蓬勃发展，而西方世界或资本主义世界却在市场经济的激流中苦苦挣扎，并频频遭遇经济危机。这一"我们好，敌人烂"的观念在中国人民心中扎根数十年，可是十一届三中全会以后，我们打开国门一看才发现，西方世界并没有如我们所想象的那样一直"烂下去"，而我们在进入市场经济后，也同样不止一次地被迫面对市场疲软、经济滑坡的困境，于是有人从过去的乐观转入了眼前的悲观。这种转变的原因当然是多方面的，而其中一个很重要的原因就是对危机的认识或思考有误。

什么叫危机？首先应当明确，危机不等于危险，更不等于灭亡。危机在某种意义上说，是一种信号或先兆，是事物在发展过程中由于内容和形式等因素在某一阶段一时难以达到和谐统一而出现的矛盾冲突现象，本质上，它

也是事物发展的一种必然现象。以这一点而言，危机无时不在，无时不有，并且随时都可能出现或爆发。以人的一生而言，从其出生到其长大成人，再至老年，无时无刻不处在疾病、灾祸等随时可至的危机之中；以一个家庭而言，夫妻双方从相识至恋爱，从结婚到共度一生，也时时会受到情感危机的骚扰。从哲学的角度来认识危机，它固然表现出一种否定的属性，但同时它也表现出一种对事物发展的推动作用。这也就是说，如果无法战胜或解决危机（被危机否定），事物固然可能走向灭亡，但如果反过来想，事物也可能在一个新的高度上进入一个新的发展阶段。例如，人在战胜了疾病危机之后，身体会产生免疫力而更加安全；夫妻之间在解决了情感危机之后，家庭结构会更加稳定，夫妻之间的情感也会得到一次质的更新。

从这一点上说，当年我们因为西方国家曾频频爆发经济危机就认定其接近灭亡，其实只是一种一相情愿的判断失误，同样，今天我国在发展经济过程中出现一些波动，有人因此而悲观，也是一种思考上的肤浅。改革开放三十几年来的实践已经表明，在市场经济的长河中，我们正在逐步改变刚下水时频频呛水的不适应状态，正在越游越自如，越游越快。虽然前面路途漫长，还可能会有呛水的危险，但只要有了战胜危机的实力和办法，我们就完全有可能化危机为动力，最终必然会到达理想的彼岸。

再如对“代沟”的认识。近几年来，代沟问题被一些报纸杂志炒得很热。代沟几乎成了近些年来我们社会生活中的一个重大问题，以致某杂志上曾有人直书要填平代沟。

究竟应当怎样看待代沟问题呢？其实，代沟问题与危机问题一样，在人类社会发展过程中是普遍存在的。任何地方，只要有两代或两代以上的人共处，就会有代沟存在。由于他们的生活阅历、生活感受或生活体验等方面都不相同，因而他们对人生与社会诸多问题的看法自然也不相同。这种因为各持己见、各行其是而导致的在情感、认识方面的裂痕，如果上升到理论高度，即可称为“代沟”现象。当然，代沟问题解决不当也可能引发诸多矛盾冲突，但是，这毕竟是解决不当引发的矛盾，而不是代沟自身的内在的必然冲突，也就是说，客观存在的代沟并不是时时处处都必然会引发矛盾冲突。

换一个角度来认识代沟，我们会发现，在某种意义上，它的普遍存在实际上也是社会进步的一个重要标志。试想，如果人们一代复一代地在不变的环境中过着完全一样的生活，因而一代复一代地保持着（或遗传着）对生活的一成不变的看法，那将会是一种什么样的后果？即使有人将这样的环境美其名曰“桃花源”，其中的人类岂不是“虽生犹死”？这样的人生还有什么价值和意义呢？

通过上述的辩证思考我们不难确立对代沟应有的科学态度，那就是：承认它，正视它，分析它，并在此基础上力争架起两代人之间心理沟通的桥梁，而不是谈代沟即色变，见代沟即回避，甚至一相情愿地试图去填平代沟、消灭代沟。

从以上两例不难看出辩证思考能力对口才水平的影响。辩证思考能力强，对话题的思考能够不落俗套，能够从新的角度引出一个更具深刻思想性的结论，并能自圆其说，在口才交际过程中就必然会有与众不同的杰出表现。

（二）纵深性思考

纵深性思考就是在对话题进行思考时，不是表面地、就事论事地人云亦云，而是运用纵深分析方法，透过现象看本质，力求在一个更能表现事物本质特点的高度上推证出新的结论。这种新的结论不仅对传统定论表现出某种批判性，而且在认识上也往往显得更深一层，故而称之为“纵深性思考”。

这里，我们不妨举两种现象试作分析，如下所示。

十几年前，准确地说，是在大学生毕业分配实行“双向选择”以前的几年间，国内高校校园内，“六十分万岁”的口号曾经盛行不衰。据说这句口号还可以具体地演绎成三句话：“五十九分犯罪，六十一分浪费，六十分万岁。”在分析这句口号时，应当看到，这并不是全体大学生的口号，但同时也应当看到，这也不是个别人的口号。时至今日，这一口号虽已不再重提，但是按照这一口号行事的学生并没有绝迹。

这一口号所带来的负面影响是不言而喻的：胸无大志，不求上进，贪图安逸，虚度时光，直至不遵守校规校纪、考试作弊等，不一而足。

为杜绝这一现象，传统的做法是加强思想政治教育，同时严明出勤与考试等方面的纪律。应当承认，当年在教师和辅导员们的辛勤操劳之下，“六十分万岁”的口号与表现确实有所减少，但这种现象并没有得到根本性的转变。为什么呢？就因为这一口号的提出其实有着更为深刻的原因。这一原因就在于学生分配的计划经济模式。在这种模式下，一张志愿表、一张考卷、一张毕业证书就可以将一个学生的一生基本确定。尤其是那时的户籍管理制度，更是使得有些学生即使考试全为一百分，也无法和另一些勉强得“六十分”的学生竞争。此外，某些学科的教学内容陈旧，落后于时代，考分高低并没有什么实质性的区别。学生作为学校里的被管理者，在无力改变现实且只能服从这一现实的情况下，以“六十分万岁”的口号和一些消极的行动来发泄自己的某种情绪，其实是具有某种“合理性”的。

其实，我们的教师又何尝不是“六十分万岁”口号的奉行者呢？例如，评职称前，我们的教师反复计算自己已发表了几篇论文，将可能发表几篇论文，离规定的最低篇数还差几篇，如何去凑够（某些刊物发表论文要由作者自己出版面费，不也正是在这种情况下应运而生的吗？）篇数，而一旦职称到手，就不再提笔，甚至一连好几年都见不到他一篇文章。这难道不也是一种“六十分万岁”的现象吗？

“六十分万岁”的现象其实并非只出现在校园内，社会上的某些部门和领域似乎也普遍地存在着这种现象。例如，在某些机关、部门，一个人只要具有某种资历，那么无论其工作实绩如何，就都可以享受到某种级别的待遇，或者是只要某人进入了某一年龄段，无论其身体状况、工作能力与业绩水平如何，也都将不再受到重视。在这种政策下，“不求有功，但求无过”的现象其实也从未绝迹，所不同的是，人们奉行的不是“六十分万岁”，而是“与世无争”、“知足常乐”之类的看似豁达乐观其实也深含着无奈与自慰的人生观念。

与此同时，我们可以看到的另一种现象却是：无论哪一个领域，哪一个部门，只要有竞争机制在发挥作用，“六十分万岁”的现象就会随之而消失。例如，在体育、文艺方面的竞技中。在商海的沉浮乃至炒股的拼搏中，就看不到“六十分万岁”的奉行者，其原因很简单，在这些领域里，还没有等你下降到“六十分”，你就已经被淘汰了。

由此我们不难认识到，滋生“六十分万岁”现象的根源大致有两种：一是奉行者已经获得了某种具有保护性质的条件或待遇；二是奉行者是否发挥主观能动性作进一步的努力对结局已无甚影响。试想，为什么那些高唱“六十分万岁”的大学生在入学前的高考拼搏时不奉行“六十分万岁”呢？为什么随着大学生就业“双向选择”等竞争机制的引进，“六十分万岁”的口号就一日弱于一日了呢？

顺着这一现象继续向纵深分析，又不难发现，“六十分万岁”口号的产生，根源在于缺乏竞争的计划经济模式，在于论资排辈、熬年头的管理方式。因此，要想在大学校园乃至社会上全面杜绝“六十分万岁”的现象，只寄希望于思想政治工作是不行的，可行的办法应该是引入和健全竞争机制，全面推进改革。

又如，近些年来，在国内一些经济发达的地区，家庭解体、离婚率上升已经引起了社会各界人士的关注。怎样来认识这一现象呢？

以就事论事的角度而言，人们很容易从道德批评的角度对此加以谴责。不可否认，在有些离婚案例中，确实存在着“富贵生淫心”之类的不道德行为，但同时我们也应当看到，毕竟不是所有已经解体或可能解体的家庭都是因为道德方面出了问题。值得注意的是，事实已经表明，道德批评和法规约束其实并不能扭转离婚率上升的趋势。这也就告诉我们，当前国内出现的离婚率上升的趋势有着更为深刻的本质方面的原因的推动。那么，这个原因究竟是什么呢？

早在一百多年前，恩格斯在《家庭、私有制和国家的起源》一书中，就已对一夫一妻制家庭、婚姻的本质特点和发展趋势作出了极为精辟的分析及准确的预见。他从历史发展的高度无可辩驳地指出，在人类文明发展史上，一夫一妻制家庭结构的出现，其根本目的是为了确保对物质财富的占有。这种家庭结构是人类在经历了漫长的蒙昧期（以群婚为婚姻形式）、野蛮期（以对偶婚为婚姻形式），进入文明期以后，“为了保存和继承财产而建立的”①，“其明显的目的就是生育确凿无疑的出自一定父亲的子女；而确定出生自一定的父亲之所以必要，是因为子女将来要以亲生的继承人的资格继承他们父亲的财产”②。这种家庭结构将“随着社会的发展而发展，随着社会的变化而变化”③。恩格斯还指出，在一夫一妻制家庭对经济与财产的依赖性发生变化以后，男女相爱的情感因素就会对家庭结构产生越来越大的影响。当夫妻之间“感情确实已经消失或者已经被新的热烈的爱情所排挤”④ 时，这个家庭就会解体。

恩格斯对人类家庭结构发展变化的原因分析为我们思考当前离婚率升高的课题提供了一把科学的钥匙。由此我们就不难理解为什么经济发达地区的离婚率总是高于经济落后的地区，为什么同一地区的离婚率总是随着经济发展水平的升高而升高，也就不难理解为什么在“先富起来了”的人群中，离婚率总是高于还未富起来的或者说还在为生存与财富而奔波辛劳的人群。由此我们又不难理解，离婚率的上升，在某种意义上，确实可以视为物质文明水平提高的标志，而其中女性主动提出离婚的比率的提高，在某种意义上则还可以视为向男女平等目标的接近。

能够运用历史唯物主义的理论来剖析家庭、婚姻等社会问题，必将使我

① 《马克思恩格斯全集》，中文1版，第21卷，84页，北京，人民出版社，1965。
② 同上书，74页。
③ 同上书，97页。
④ 同上书，96页。

们的口才水平在科学和理论的层次上达到一个新的高度，而不会陷入一味地进行道德谴责却又无可奈何的尴尬境地，更可以防止因道德谴责无效转而归罪于经济发展、改革开放的错误。这一思考形式显然更具有一种透过现象看本质的纵深性或深入性思维的特点。

（三）拓展性思考

拓展性思考就是利用话题与联想物之间在时间与空间上的接近关系、在特点方面的相似与对立关系，在原先并没有有机联系的事物之间建立有机联系，进而使我们对话题的理解达到一个新的高度。

拓展性思考的成功表现在现实生活中并不罕见。例如，人们从《孙子兵法》中悟出了现代企业的经营之道，从《三国演义》中发现了商战谋略，人们将其运用于市场经济的运作之中，并取得了成功。借鉴这一类成功的范例，也可以很好地强化我们自身的拓展性思考能力。

举例为证。世界观的教育怎样才能做到具体生动，一直是思想政治工作（当然也属于口才交际的范畴）中的一个大难题。我们也很难找到一部既能引导读者树立积极上进的人生观又不失生动、形象的读物。但是，如果进行拓展性思考，我们便不难发现，那部家喻户晓的《西游记》其实正可以作为我们引导读者树立积极上进的人生观的形象教材。

《西游记》中，唐僧师徒四人奉如来、观音之命，前往西天极乐世界求取真经。一路上，师徒四人跋山涉水、斩妖除魔，历经九九八十一难，最终到达西天，成功地取得了真经。小说向读者展示的故事情节中并无对读者进行世界观教育的内容，但是如果我们将小说倒过来阅读，便不难发现小说有两大矛盾之处。由此两大矛盾可以引出对《西游记》的新的理解。

矛盾之一，西天并非极乐世界。小说中，当唐僧师徒终于到达了天竺福地时，展现在他们面前的并非极乐世界。这里同样有连旱三年的天灾，同样有强盗打家劫舍的人祸，更有妖精装神弄鬼、向世人敲诈勒索。天竺和尚苦练苦修，心里盼着的却是来世能到中华大地去托生。如此西天，值得唐僧师徒如此跋涉前来吗？

矛盾之二，西天并无真经可取。唐僧师徒在西天曾两次向阿难、伽叶提取真经。第一次因为没有送上“人事”，阿难、伽叶只给了他们一堆白纸，第二次奉上紫金钵盂才算换回了“有字的真经”。如来、观音如此行事，莫非是要存心耍弄唐僧师徒？

小说结尾处的这两大矛盾正是我们领悟《西游记》主题的指南。作者让取经人饱经磨难，最终却又否定取经，其意正在于告诉读者，他写《西游记》的目的并不在于以什么极乐世界来贬低现实世界，也不在于宣扬真有什么来自现实世界之外的治世良方。他在小说中热诚歌颂的是一种入世精神，是以孙悟空为代表的师徒四人那种脚踏实地、战妖斗魔、矢志不渝、百折不挠的精神。这种勇于为事业献身的精神，不正是积极进取的世界观的形象体现吗？借助拓展性思考，《西游记》中所蕴涵的思想底蕴就与我们当代的"世界观教育"之间建立了有机联系。

又如，改革开放使中国发生了翻天覆地的变化，社会各界、各部门都发出了争取人才的呼声。其实，没有正确的人才观为指导，不要说找不到人才，就是人才站在你面前，只怕你也会视而不见的。那么，如何树立正确的人才观呢？仍以《西游记》为例，运用拓展性思考的方法，我们也可以从中获得形象生动而且科学合理的人才观教育。

这种科学合理的人才观是通过对孙悟空的"改造"等一系列情节发展来具体体现的。孙悟空在取经过程中的丰功伟绩人所共知，他最后还被如来佛敕封为"斗战胜佛"，这里不需细说。值得注意的是，他是如何成佛的？是谁发现了他，并安排、引导他走上成佛之路的？

如果从神、佛的正统观念来看，套用今天的一些评价，大闹天宫时的孙悟空离成佛未免显得太远了一点。因为：（1）从神统观念看，孙悟空并无高贵出身（原先不过为一只石猴）；（2）孙悟空历史上有严重的污点，曾犯有大闹天宫等一系列死罪；（3）孙悟空被压在五行山下五百年，其劣性并未改变，刚被放出便又去杀人，以至于不得不给他戴上"紧箍"，由唐僧加以"内控"。这样一个只要不严管便会作乱的神、佛界的异己分子，怎么能是人才呢？

然而，在取经路上，他一点一点地改掉了自己原先那种意气用事、乱打乱杀的蛮横，越来越表现出一种为取真经而一往无前的坚定意志和奋进精神。他不怕艰难困苦，不畏妖魔鬼怪，不计较委屈误解，不计较谣言中伤，始终自觉地承担着取经重任。尤其引人注目的是，取经路上的孙悟空终于彻底放弃了原先那种"以自我为中心"划分敌友的意气用事作风，处处都以取经事业为行动的中心：凡是支持（或参加）取经者，全部团结之，哪怕是正在中伤自己的猪八戒；凡阻挠（或破坏）取经者，一概扫除之，哪怕是原先在魔界结拜的大哥（牛魔王一家）。当然，对孙悟空的改造和转化有过一个曲折的过程，但这改造终于成功了。这一改造的决策人物是如来，是他从断头台上救下了孙悟空，并亲自安排了孙悟空于五百年后在"奉佛上西天"的过程中接受锻炼的成才之路。

如来佛的慧眼识人，不仅表现在他对孙悟空的安排上，也表现在他对其他几位取经人的发现上。例如，沙僧、八戒虽然出身高贵，但一个曾打碎了玉帝的琉璃盏，犯有“行政过失”的错误，一个曾调戏嫦娥，染有“好色”劣迹。从取经开始直至到达西天，唐僧屡屡因为是非混淆且懦弱无能而表现不佳，八戒的懒、馋、贪、占在本质上也并无多大改变，沙僧虽忠厚老实，却未见立功行为，如此对其师徒逐一审查，其中并无“精英”。但就是这么一伙人，在如来的慧眼识人和观音的管理指导下，成功地完成了西天取经的丰功伟绩。

我们重读这部小说，只要借助拓展性思考，就能从中获得对今天来说有着很强的现实意义的新人才观。如果我们能以如来佛的人才观指导我们的工作，还会找不到可用的人才吗？

（四）综合性思考

综合性思考是指在对话题进行思考时，综合运用辩证性思考、纵深性思考和拓展性思考等多种方法，尽可能全面地对话题进行立体化分析，以便在新的认识水平上得出新颖、深刻、全面、透彻的结论。

这里，试以“法制”与“民主”两个话题为例，作综合性思考的剖析。

拿法制来说，首先我们应当看到，法制是人类社会一种特有的现象，是人类所特有的社会属性之一。它一般包括两个方面的内涵：法律制度的建设与法律意识的培养。法律制度的建设主要侧重于对人们的社会行为的规范和制约，是从社会宏观角度向人们强行施加的。法律意识的培养主要侧重于从思想意识的角度约束人们，由人们对自己的行为进行自我制约，是从个人的“微观”角度实施的自我约束。法律制度与法律意识互相补充，互为肱股。法律制度是强制性的，是国家机器运转的力的标志之一，而法律意识是主动性的，是个人主观方面的觉悟水平的显现。法律制度的全面实施必须以全民法律意识的形成为基础，失此基础，法律制度无论制定得多么完备详细，都只能是一纸空文；全民法律意识的形成又必须以法律制度的严格实施为保证，失此保证，全民法律意识的形成，也就成了一句空话。

其次，法制是为了维系人类社会的平衡与发展而出现的。人类社会由于是一个不断由低级阶段向高级阶段发展的渐进过程，因而就需要制定内容与当时的社会发展步骤相适应、相协调的统一法规来制约人们的行为。从这一角度来说，法制建设也表现为一个持续不断的、由低级阶段向高级阶段发展的过程，并且在其条文实施的范围内表现出一种具体针对性。只要人类社会的发展没有终极，法制建设的进程也就没有终极。一般来说，总是先有行为，后有行为法规。例如，人类先发明了电脑，然后才有关于制止利用电脑犯罪的法律条文。从这一点来说，法制建设的总体步伐总是显得落后于犯罪行为的出现。

最后，法制需要借助道德的支撑。由于法律制度具有具体的针对性，因而，任何一部法律，无论其条文多么周密翔实，都不可能是完备无缺的。换句话说，法制建设不是万能的，更不是一劳永逸的。所以，法律制度的实施，不仅需要以全民法律意识的形成为基础，有时还需要借助道德批评的社会影响为其提供支持。

从本质上说，法制与道德是互相支持、互相补充的。但是在具体实施上，法律只能依照其条文从行为角度对不道德行为进行制约，却不能也无法从道德角度对不道德的意识加以制裁。受到法律制裁的行为必然是受到道德谴责的行为，但是受到道德谴责的行为却未必会受到法律的制裁。从这一角度来说，甚至可以这样说，法律只保护遵照其条规行动的人，也就是说，一个坏人，如果其犯罪行为从法律角度检查不出违法之所在，就完全可能逃脱法律的制裁；一个好人，不论其行为的动机是出自何种善意，只要其行为触犯了法律条文，就可能会受到法律的制裁。

又如“民主”问题。首先应当看到民主与法制一样，都是人类社会的一种特有现象，是人类所特有的社会属性之一 。它也包括两个方面的内涵：民主制度的建立与民主意识的培养。民主制度的建立主要侧重于对人们的社会行为的规范和制约，也是从社会角度向人们提出的规范和要求。与法律制度相比，它不太具有强制性。民主意识的培养则主要表现为人们对自己的社会行为的自我规范和约束。二者之间，也同样是互相补充、互为肱股的关系。民主制度必须以全民的民主意识为基础，失去此基础，民主制度必成一纸空文；全民民主意识的形成也必须以民主制度的建立与实施为保证，失去此保证，则全民民主意识的形成，也成了一句空话。

其次，民主也是为了维系人类社会的平衡和发展而出现的。由于人类社会是一个持续不断的、由低级阶段向高级阶段发展的渐进过程，人类在不同的阶段，在不同的政治、经济和文化环境中，对民主的具体要求也会有所不同，因此，民主化也表现为一个持续不断的、由低级阶段向高级阶段发展的渐进过程，并且，只要人类社会没有终结，民主化进程也就没有终极。换一句话说，民主化的实现既不可能脱离具体的环境和条件一蹴而就，也不可能超越具体的环境和条件而走出一条什么捷径。

再次，实施民主时要防止实用主义的错误倾向。民主化的根本目的是为了维系社会的平衡和发展，消除不利于社会的平衡和发展的负面影响。因此，在实施民主的过程中，还要防止一种实用主义的民主，即采纳了我的意见，就是实施了民主，对此我就持支持态度；如果未采纳我的意见，就是不民主，对此我就持反对态度。这种实用主义的本质是无政府主义，是民主化进程的一个毒疮，如果任其发展必然会对民主化进程产生严重的干扰，必须注意加以防范。

最后，在实施民主的过程中，还要认清民主与集中的辩证关系。失去了民主基础的集中，也就不是科学意义上的集中了，就可能导致专制；失去了集中指导的民主，也就不是科学意义上的民主，就可能导致"小团体主义"、"山头主义"等现象的泛滥。因此，为了实现"民主基础上的集中和集中指导下的民主"，并防止诸如"无政府主义"、"小团体主义"、"山头主义"等对民主化进程的干扰和破坏，民主化的建设过程需要法制建设的系统配套与实施保护。

民主化的进程是一个由低级阶段向高级阶段发展的过程。民主化进程越是进入高级阶段，就越是需要以经济与文化的发达为辅助条件，也就是说，在一个经济、文化都很落后的地区，是很难达到民主化进程的高级阶段的。

需要指出的是，上述关于"法制"与"民主"的话题的论述，并不能作为专论的样本，它们只是综合性思考的一种范例。综合性思考要求对同一话题能够从多种角度进行思考，"多种角度"在这里其实含有多多益善的意思（只要这"多种角度"在逐一展开时，各角度之间没有互相排斥、互相否定，且对命题各自具有论证效果即可）。由于在运用时人与人之间有水平高低的差异，因而，各自所能调动的多种角度也必然存在着数量上的（也包括质量上的）差异。这里不宜以某一个具体的角度数目（即规定每一话题一定要有多少种不同的思考角度）来规定该思考是否达到了综合性思考的标准。我们只能这样说：只要是采用了这种多角度的思考方式，能够从两个以上的不同角度对话题进行思考，就可以说是进行了综合性思考，并且，所谓"多种角度"也是没有最高数额限定的。《三国演义》中，谋士郭嘉劝曹操攻打袁绍时，一口气从十个不同的角度将曹操与袁绍进行了综合对比，那么，是不是就不可能再提出第十一个或是第二十一个角度了呢？当然未必。列宁就曾经说过："要真正地认识事物，就必须把握住、研究清楚它的一切方面、一切联系和‘中介’。我们永远也不会完全做到这一点，但是，全面性这一要求可以使我们防止犯错误和防止僵化。”[①] 由此，我们则不难理解，综合性思考也是一种全面性思考，正是这一全面性的要求使得综合性思考具有开放性思考的特点。

① 《列宁全集》，中文2版，第40卷，291页，北京，人民出版社，1986。

第七讲　口才交际能力训练与思维模式优化

提要与思考

1. 表面看起来，思维训练转瞬即逝，很难把握，但是，本教材认为只要说话就必然出现意义点，存在多个意义点就能对思维轨迹进行归纳分析，就能把握思维的特点。本讲提出的逆向思维优化训练、纵深思维优化训练等四种思维模式训练，就是对这一思维轨迹进行把握的总结。

2. 口才交际是一项实践性很强的活动，与其坐而论道，夸夸其谈，莫如大胆实践，从不成功中寻找成功之路。本教材是著者从一贯只注重训练的理念向训练实践与理论阐释并重过渡的一次尝试。如果说其他讲的重点大多是理论阐释，那么，本讲的核心则是对训练实践的总结。这一尝试是否成功？谈谈你的看法。

重点问题

1. 继上一讲对口才交际中说话人的思维状态以及高水平口才显现的思维模式加以总结之后，本讲又提出逆向思维优化训练、纵深思维优化训练等四种不同角度的训练模式。有人总结说，上一讲是静态把握，本讲是动态把握，你觉得这种总结是否准确？请当众发表自己的看法。

2. 有人认为，本讲文字与上一讲文字之间是手段与目标的关系，只有通过持之以恒的逆向思维优化训练、纵深思维优化训练等多项训练，才有可能使自己在与他人的口才交际中保持积极状态，随时进入能动状态，最终可望达到主控状态。你是否同意这种观点？请当众发表你的看法。

思维科学原理告诉我们，人的思维活动是与语言紧密相连的。也就是说，语言既是人们交际的工具，也是人们进行思考的工具。思维与语言之间的不同之处仅在于：思维过程中的语言运动是无声地进行着的。二者之间表现为一种相互依赖且相辅相成的关系。可以这样说，除了有心理障碍者和发声功能方面有生理障碍者外，一般表述者的口才显现与思维活动之间原则上应呈现为一种同步发展的关系，即口才（内容）水平低，其思维能力一般也差；反之，思维水平不高，其口才水平也绝不可能高到哪里去。

由此，我们可确立口才思维优化的训练原则：口才与思维的循环训练，即要求表述者通过对某一命题发表自己的思考与见解，将无声的内心思维语言转换成有声的口头表述语言。这种限定了表述者的思维模式的有声表述，将同时显现表述者的思考过程，即思维轨迹，而思维轨迹的显现又给听众提供了可供检查的具体过程，进而便于双方针对说话人的思维特点、思维模式进行讨论。

口才思维优化训练即是思维优化模式训练，本教材是通过逆向思维优化训练、纵深思维优化训练、发散思维优化训练和联想思维优化训练等多个具体的训练环节来完成的。这里，针对本科学生的思维水平，将诸种思维训练模式逐一介绍如下。

一、逆向思维优化训练

训练营地

训练目标：

培养逆向思考问题的能力以及对传统观念的批判、继承能力。

训练模式：

（1）本训练可以采用当众发表“反弹琵琶”式的演讲的训练方式。

（2）学生可以以一部成语词典为主要对象，从中选出一个成语，针对其中已显得陈旧的观念或传统理解原本就失之准确之处，反其意而立论。

（3）逆向论证由传统释意、情节复述、逆向辨析、新意立论四个部分合成。

训练说明：

高水平的口才应用要求表述者能从一般人认为正确的观点、现象中发现谬误、不足之处，或能从传统认为错误的观点、现象中发现真埋的成分。逆向思维的形成特点表现为对传统思维模式作逆向思考。比如，传统思维模式为由“因”至“果”，逆向思维则表现为由“新因”至“否定旧果”，或由“新果”至“否定旧因”，鲜明地表现出对传统的批判精神。随着“批判”的完成，一个尚未被人们发现的全新的结论往往也就随之而形成了。

逆向思维运动轨迹如图 7—1 所示。

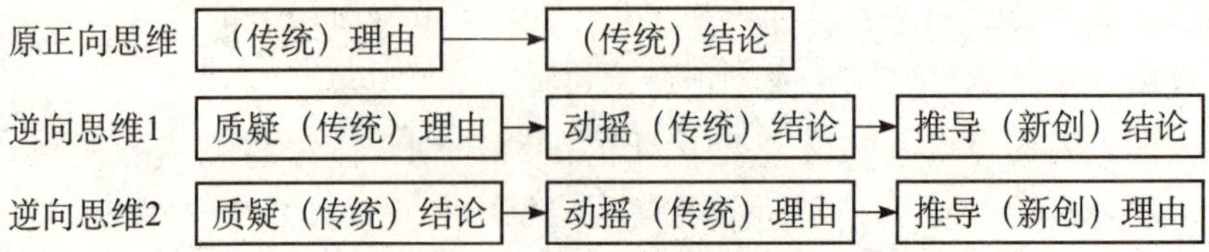

图 7—1　逆向思维运动轨迹图

这里，以两篇学生的训练为例，作一番演示。

例 1　夜郎国君与汉朝君臣，孰为“自大”？

传统释意：

夜郎，古族，国名，是春秋战国至秦汉时期我国西南地区少数民族建立的地方政权。我国汉朝的西南邻国中，夜郎国（在今贵州西部）最大。由于夜郎国的国君没有到过汉朝，所以他在见到汉朝使臣时问道：“汉朝大，还是我们夜郎国大？”后人以“夜郎自大”比喻妄自尊大。

情节复述：（略）

逆向辨析：

（1）在中华文化史上已“遗臭千年”的夜郎国，其实并非如我们所想象的那样是“弹丸之地”。汉朝时，其疆域已广及贵州西部和北部、云南东北部、四川南部和广西北部部分地区。其境内也多巍巍高山与滚滚大江，且兵精将强，地势易守难攻，是当时我国西南一带诸多小国中最强的国家。这样一个国家的君主，与汉朝使臣初次见面，因对汉朝不了解而问一句：“汉孰与我大？”这不是很正常吗？有什么可笑的呢？

（2）夜郎国君的问话，其实表现了他的心胸并不狭隘。作为一国君主，他在面对外国使臣时，坦坦荡荡地发问，而不是不懂装懂，强不知以为知，这有什么可笑的呢？

（3）值得反思的是，汉朝使臣将夜郎国君的问话记下带回，并录入史册，代代相传地加以嘲笑，这种做法反倒表现了记录者与流传者的自大心理。汉朝固然地域广袤，但其皇帝也只是一国之主，夜郎国固然小，其国君也是万民之首。汉朝疆域虽大，其皇帝的心胸却小，连别人打听自己的国家有多大的话都听不得。

新意立论：

这则成语对于我们今天仍然有着很强的现实针对性。成语中这种无谓的“争大小”的心态，至今仍有着一定的市场。其实，大不一定强，小不一定弱。以我们平时不无贬义的对日本的俗称“小日本”来说，我们叫了多少年了？但是，从甲午战争至抗日战争，我们这个“大国”不是一直被这个“小国”侵略吗？时至今日，“小日本”不还是一直在以“大中国”作为它的市场，中国的民族工业不还是一直在遭受着日本工业发展的巨大压力吗？再以亚洲“四小龙”为例，其“小”为世界所公认，但它们的经济发展与实力不是谁都不能“小”看吗？中国虽“大”，如其不“强”，又将如何呢？

让我们早日从“夜郎自大”的心态中解放和警醒，放弃这种对“孰大孰小”的追究吧。我们应当追求的目标是，总有一天，我们也可以骄傲地向世界宣告：中国已进入世界发达国家之列！

例2　“自相矛盾”其实也“并无矛盾”

传统释意：

矛和盾是古代两种作用不同的兵器，矛是用来进攻敌人的，盾是用来保护自己的。自相矛盾，比喻语言、行动前后自相抵触。

情节复述：

这则故事见《韩非子·难一》。说的是，楚国有一个人，既卖矛，又卖盾。他先向人夸赞他的盾，说：“我的盾最坚实，什么样的矛也刺不穿。”接着又夸赞他的矛说：“我的矛最锐利，什么样的盾都能一刺就穿。”旁边有一个人插话说：“用你的矛去刺你的盾，将会怎么样呢？”于是，此人说不出话来了。

从这则寓言故事的字面上，我们可以看到，当这个楚国人同时夸赞自己的矛和盾时，他已将这两种商品置于“最坚实”和“最锐利”的对立状态中，进而使自己陷入了一种“二者必有一错”的两难境地。

但是，换一个角度分析其失误的原因，我们可以看出，他之所以陷入这种狼狈的处境，主要是由于他夸夸其谈，被人钻了空子。他的“说不出话来”与他的商品的质量是否属于“第一流的”之间并未真正建立内在的联系。换句话说，即使他无言以对，也并不能证明他的矛和盾的质量就存在什么问题。这个楚国人之所以陷入狼狈境地，其实是他的思维能力不够强造成的。事实上，即使真的用他的矛去刺他的盾，不论其结果是刺穿了，还是未刺穿，都不能排除“矛确实是最锐利的，盾也确实是最坚实的”的可能性。

逆向辨析：

（1）常识告诉我们，某一事物的性质或功能是否称得上“最”字，只能是在同类事物中作比较，而不应与不同类的事物作比较。矛的锐利与盾的坚实其实属于不同类型的功能性质，二者之间不具有可比性，既不能作同类比较，更不能互相否定。也就是说，以矛而言，它是否最锐利，只能在“矛”类中比较，或者，在所有进行比较的矛中，看看是不是没有比这支矛更锐利的了；以盾而言，它是否最坚实，只能是在“盾”类中比较，或者，在所有进行比较的盾中，看看是不是没有比这张盾更坚实的了。

(2) 当我们取其矛去刺其盾时，即使没有刺穿，也不等于说，这支矛就不是最锐利的矛，因为“同类比较”中还存在着其他多种可能。例如，用别人家出售的矛来刺这张盾，可能就不仅仅是刺不穿的问题了，甚至可能连矛尖头都被撞断了，因此我们可以说，即使这支矛没有刺穿这张盾，也不能排除这支矛是“最锐利的”的可能性。同理，即使盾被刺穿了，也不能说这张盾就不是“最坚实”的，因为“同类比较”中也存在着其他多种可能。例如，这张盾在被这支矛刺穿时，可能只是出现了一个小洞眼，而用这支矛去刺其他的盾，则其他盾可能出现的是大窟窿，甚至被刺裂为两半，因而，这张盾即使被这支矛刺穿，它也可能仍然不失为最坚实的盾。

(3) 由此，我们不难发现，在这则寓言中，卖兵器者与发难者各自的说话角度是不同的。其中，卖兵器者的话题角度是“宏观”式的，而且“矛”和“盾”这两个分话题均各有两层意思。“矛”这个话题的意思是：其一，(在所有的矛中) 我的矛是最锐利的；其二，没有它刺不穿的盾。“盾”这个话题的意思是：其一，(在所有的盾中) 我的盾是最坚实的；其二，没有能刺穿它的矛。发难者的语言角度则是“微观”式的，并且，他避开了卖兵器者话语的第一层意思，只进攻其第二层意思：用你手中的这支矛去刺你手中的这张盾，结局将如何？如此分析则不难看出，发难者实际上已暗中缩小了卖兵器者原话题的范围，攻其一点，不及其余，借助“二者相比较，必有一出错”的可能性结局，达到了对卖兵器者全盘否定的“二者皆出错”的虚假性结局。卖兵器者没能识破这一点或没能预先加以防范，结果使自己陷入了无话可说的窘境。

新意立论：

(1) 如果我们作为假想中的旁观者，不是停留在钻话语空子的水平上，而是进一步从兵器质量本身展开宏观思考便不难发现，这里确实存在着以下两种可能：一是，此矛刺穿了此盾，但是此盾也确实比其他人出售的更坚实，或者说，这支矛也确实是最锐利的；二是，此矛未能刺穿此盾，但此矛确实比其他人出售的矛更锐利，或者说，这支矛确实是最锐利的。

(2) 由于上述这两种非常现实的可能性在这则寓言中并没有被排除，或者说，完全没有被否定，因此，它们的存在也就给卖兵器者提供了“翻案”的机会：“自相矛盾”其实也并无矛盾。

训练指导：

教学实践表明，逆向思维优化训练是学生最欢迎的训练手段之一。训练中，往往是一人登台，其他同学也兴趣盎然，尤其是在遇到立论新颖且有深度的表述时，课堂气氛就更为活跃了。

在逆向思维优化训练中，指导教师一方面要把握好学生在训练中的思维轨迹，要坚持“反弹琵琶”的要求，能对该成语（或俗语）中的传统思维模式作出否定式的逆向论证；另一方面，还要注意把握其思想倾向，即学生的逆向立论应当比原成语（或俗语）的见解更为深刻、更有积极意义。同时还须注意，在进行逆向论证时，应当坚持“分论点合成”的论证方法，即围绕着自己准备确立的观点（话题），应当有多个分论点［分论点即上述诸范例中，逆向辨析环节中所标示的（1）（2）（3）等部分］。分论点既是说话人的立论基础和依据，也是随后“交锋论争训练”展开时围攻者的批驳目标。将交锋论争训练具体落实到各个分论点上展开，有助于提高思维训练的水平，反之，如果只是就观点谈观点地进行逆向思维优化与交锋论争的训练，往往难免失之肤浅，有时甚至会将训练变成一场“抬杠”，这就大大降低了训练的价值。

训练中务必要注意，逆向思维优化训练的重点在其中间环节（如何动摇传统的结论或理由），中间环节的阐释越充分，“动摇”力度越大，前一环节“质疑”的力度也就越大，最后“新创”的结论或理由才能立得更稳，立得更扎实。如果中间环节的阐释不够充分，就难免导致新创结论或理由相对单薄，在这种情况下，硬性立论容易变成“抬杠”，容易导致以标新立异来哗众取宠，训练的价值也就降低了。

本项训练之例 1“夜郎国君与汉朝君臣，孰为‘自大’？”思维模式大致属于逆向思维 2：质疑（传统）结论→动摇（传统）理由→推出（新创）理由。

本项训练之例 2“‘自相矛盾’其实也‘并无矛盾’”思维模式大致属于逆向思维 1：质疑（传统）理由→动摇（传统）结论→推出（新创）结论。

此外，训练中还须防止三种常见的不佳表现。

其一，“曲解”型。逆向思维的特点是注重对传统思维模式作反向运动的思考，也就是说，这一训练的前提是要紧扣传统思维模式。失去了这一点，也就谈不上是逆向思维了，即使表述言之有理，头头是道，也不能视为合格。曾有学生对“瓮中捉鳖”作逆向思维表述，该成语的传统释意是“比喻所欲得者已在掌握之中”，但该同学解释为“利用权势为所欲为”，然后从“任何有权势者都不应为所欲为，也不可能为所欲为”的角度展开论述。显然，这样的表述就失去了逆向思维优化训练的特点。

其二，“抬杠”型，即学生抓住一个成语，硬性“反弹琵琶”，表现出一种“斗嘴争胜”的特点。曾有学生对“善有善报，恶有恶报”进行逆向立论：善有恶报，恶有善报。尽管其表述的内容不能说没有一点道理，但从思维轨迹的角度来看，他们的立论是比较表面化的、浅层次的，不够深刻，不能算是优秀的思考。

其三，“消极”型，即原成语（或俗语）对人生有一定的积极的指导意义，而学生的“反弹琵琶”反倒“退后”了。如有学生选“亡羊补牢，为时未晚”作逆向立论：亡羊补牢，为时已晚，以这种命题发表演讲，其思想倾向的消极性是不言而喻的。

对上述三种表述类型，教师应力求预先防范，训练之前就先讲清。万一仍然出现这种现象，而且教学进度又不允许学生作订正性表述，教师可从其思维轨迹、论证方式等不同角度进行剖析，淡化其消极影响，一般来说，不宜从观点方面作正面的硬性否定。

训练营地 交锋论争训练

训练目标：

训练听话者在听话过程中的快捷反应能力以及与他人进行不同观点的即兴交锋能力。

训练模式：

(1) 该项训练为“逆向思维优化训练”的延续或增补，其形式为，演讲人在讲台上当众就某一成语发表了“反弹琵琶”式的逆向思维演讲后，台下的听众立即作出驳斥。

(2) 驳斥采取“围攻”的形式，即台下的听众以自由发言的形式围攻逆向思维演讲者。

(3) 该项训练是为强化“逆向思维优化训练”的效果而增设的，在教学训练中是否进行该项训练，由指导教师根据训练时间以及学生的具体情况自行决定。

训练说明：

(1) 台下听众在此项训练中如欲发言，只能对演讲者进行“围攻”，不可对演讲的观点表示赞同。

(2) 听众（即“围攻者”）在此项训练中，要学会在演讲人表述的同时，对其表述内容进行快捷分析，力求发现其论证阐述中的不足与疏漏，并在其演讲刚结束时立即发难。

(3) 听众如果一时未能发现演讲者的不足与疏漏之处，可以运用偷换概念、偏离话题等诡辩技巧进行“纠缠式发难”，努力使演讲者难以自圆其说。

(4) 演讲者在“受围攻”的过程中，要努力使自己保持冷静，应答要快捷，语调要平稳。尤其值得注意的是，演讲者即使发现自己的观点确实论证不足，也不可以当众承认，要努力使自己的观点“立得扎实，守得顽强”，要能坚持到指导教师中止论争。

训练提示：

(1) 在该训练环节，攻、守双方都务必注重一个“快”字，快速发难，快速应对。

(2) 指导教师需注意，由于该项训练对拓展思维角度有着明确的要求，因而，当听众因一时思维拓展不开而难以形成辩争场面时，教师要能及时予以启发，提示新的思考角度，以“挑起论争”。如果演讲者为“围攻者”所困，一时“卡壳”，教师也可以对演讲者进行提示、引导，以推动辩争的进行。当此训练出现热烈的场面，台上台下争相说话时，教师则应注意及时规范交锋双方的说话风度。另外，指导教师要把握好时间，及时终止课堂论争，并且注意不要作对错评断，不要提供标准答案，以推动学生将交锋论争引向课后、课外。

二、纵深思维优化训练

训练营地

训练目标：

培养训练者对问题作深入思考的能力，培养其透过现象看本质的能力。

训练模式：

(1) 本训练可以采取由教师规定命题模式、由学生自由命题并登台演讲的方式。

(2) 命题模式为“从××××现象中所想起的”或“关于××××现象的思考”(“××××”现象的具体内容，由学生自由选择)，要求学生能捕捉生活中某一常见的但往往熟视无睹的现象，进行深入分析，并发表演讲。

(3) 纵深思考由现象简述、现象分析、现象纵深分析三个部分合成。

训练说明：

高水平的口才应用，其思维过程还往往表现出向纵深发展的特点。口才水平高的人能从一般人认为不值得一谈的小事或无须再作进一步探讨的定论中发现更深一层的被现象掩盖着的事物的本质。其思维形式的特点为，从现象入手，从一般定论入手作纵深发展式的剖析。

纵深思维的运动轨迹如图 7—2 所示。

本项训练的难点在于，怎样突破根据现象就事论事的表层原因分析，尽量向深层次下潜，挖出该现象之所以得以存在的深层次原因。

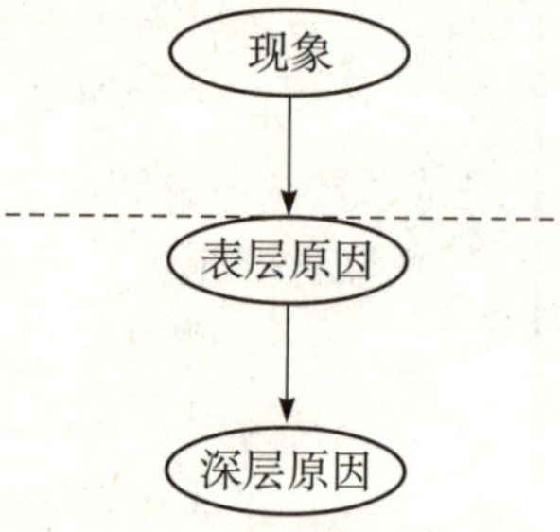

图 7—2　纵深思维运动轨迹图

这里，以两篇学生的训练为例，择其概要，演示如下。

例 1　从“常在河边走，哪能不湿鞋”想到的

现象简述：

据报载，在对有关贪污受贿之类的案件进行调查、审理的过程中，常可听到当事人在表示“早知今日，何必当初”的悔恨的同时，往往会有意无意地发出“常在河边走，哪能不湿鞋”的感慨。

现象分析：

(1)“常在河边走，哪能不湿鞋”是一个普遍的现象，但并不绝对，有事实为证。海瑞、包公等千古流芳的名人、伟人都是“不湿鞋”的光辉典范，从革命先烈方志敏到当代的好干部孔繁森等，也都是“不湿鞋”的典范。

(2)“湿鞋”同样也是一个自古至今客观存在的现象。近几年来，我国的反腐败斗争越来越尖锐，而大案、要案多发生在“常在河边走”的有权者身上，这也说明“湿鞋”已不是个别现象。因而，只进行“常在河边走，能否不湿鞋”的争论已没有什么意义，我们应深入思考产生这种现象的原因。

现象纵深分析：

(1) 从“湿鞋”的结果追根溯源，可能有以下几种情况。一是，初到河边走，因为不熟悉地形，下脚处选择不当，误踩水而湿鞋；二是，见到别人踩在水里走着“舒服”，自己也就跟着“沾水”，甚至“下水”，而不再“避水”了；三是，尝到了“湿鞋”的甜头，于是主动向水里走去，以致不仅湿了鞋，而且连裤腿都湿了。

(2) 脚是长在人身上的，脚往哪里踩，本质上是由大脑来指挥的。如果思想上坚决不愿“湿鞋”，那么即使误踩水中，也会立即调整步伐与路线，并且以后会提高警惕，以防再次“湿鞋”。如果思想上并不坚决，那么误踩水后不仅不会立即上岸，还会继续“踩下去”，甚至主动找“有水”处去踩，主动向“深水”处踩。“常在河边走，哪能不湿鞋”，其表现是行为上的失误，而根源却在指导思想的错误。持“哪能不”的观点，是以外在行为的偶然失误掩饰其思想深处“想湿鞋”的真实动机。

(3) 要想使那些“常在河边走”的人都能保证“不湿鞋”，方法有二。一是严明法纪，使“湿鞋”者绝对得不到“舒服”的实惠；二是加强教育，使其坚定“不湿鞋”的意志。

例 2　面对“边吃肉，边骂娘”的思考

现象简述：

近几年来，报端常见这样一句话“举起筷子吃肉，放下筷子骂娘”，这已成为改革开放进程中带有普遍性的令人感到困惑的现象。

现象分析：

(1) 物价上涨导致人们用同样的钞票买回来的“肉”变小了，因此，“边吃肉，边骂娘”。

(2) 各种不正之风导致社会分配不公平。不劳而获、不劳而大获等不正常现象的存在使得有些人虽然“劳而获肉”，但一想到有人“不劳而获山珍海味”便忍不住“边吃肉，边骂娘”。

(3) 有一部分人，一边享受着改革开放带来的实惠，一边却也在“骂娘”，这就值得重视并加以认真分析了。

现象纵深分析：

(1) 改革开放实行了“让一部分人先富起来”的政策，与长期以来的“大锅饭”形成的社会心态产生对立。某些人不能容忍别人过得比自己好，因而“边吃肉，边骂娘”。

(2) 竞争机制推动分配方式发生了改变，这与传统的“均贫富，等贵贱”、“不患寡而患不均”等观念形成对立，导致人们“边吃肉，边骂娘”。

(3) 市场经济必须以经济效益为行为原则之一，这与传统的“君子喻于义，小人喻于利”等观念形成对立，导致人们“边吃肉，边骂娘”。

(4) 人们在进行社会比较时，使用的方法不当。例如，不同的社会职业，各有其不同的价值取向，教授的社会地位与个体户的万贯财富就不应进行同等比较，因为有得必有失，想二者兼得则难以实现，这也会导致人们“边吃肉，边骂娘”。

(5)“边吃肉，边骂娘”现象的存在，有其积极的一面。它有助于形成一股强大的社会压力，促使有关部门尽快采取有效措施，纠正行业不正之风，纠正分配不合理现象；它可以激发一部分人奋发努力的主观能动性，鼓励他们用自己的劳动去创造自己的新生活。当然，这种现象的存在也有其消极的一面。它不利于改革向纵深发展，甚至会造成对改革进程的阻碍，这一点也是应当引起我们的注意的。

训练指导：

实践证明，纵深思维优化训练不仅有助于思维能力的提高，而且，有助于受训者养成深入分析问题、透过现象看本质的良好的思考习惯。

在这一环节的训练中，指导教师要注意把握受训者表述时的思维运动轨迹，务必引导其完成从表面现象到深层本质的纵深分析的思考过程。与此同时，还要防止他们出现以下几种不佳表现。

（1）"就事论事"型。学生在表述训练中虽然也抓住了某一具体的现象，但其所完成的只是对现象本身的分析。其分析看似头头是道，其实缺乏对表象之下深藏着的本质问题的进一步思考。如，有学生曾以"从美国少年卖报、擦汽车谈起"为题，谈道："当美国少年在风雨中辛勤打工的时候，我们的一些少年正被家长陪着过马路；当美国少年在干脏活累活的时候，我们有些人连手帕也不洗……"。这种对比分析当然不能说没有道理，但是表述者在对比之后，就得出结论："要去掉我们身上的惰性和依赖性"，其演讲到此就结束了。不难看出，该学生的思维轨迹始终在"就事论事"的浅层次上徘徊，没能向纵深处延伸。

（2）"不着边际"型。有的表述为了显现出"纵深"特点，以现象引入正题后即抛开现象大谈本质，大量堆砌看似深刻的词语。如，曾有学生以"由同学带饭想到的"为题，谈到宿舍里有同学为了早晨多睡会懒觉，请同学去食堂代买早餐，并分析了其三大弊端：第一，睡懒觉浪费了早晨的大好时光；第二，不参加早锻炼，影响身体健康；第三，同学带饭容易造成不公平，排队的吃了亏。接着又分析了一通"中国历来被称作礼仪之邦"、"仁者爱人"、"己所不欲，勿施于人"，提出要"克己复礼"、"改弦更张"。最后得出结论：中国需要新的道德观。不难看出，该篇演讲的后一半确实让人感到不着边际。

训练营地 交流讨论训练

训练目标：

训练学生在听话过程中的快捷反应能力以及与他人进行不同观点的交流讨论的能力。

训练模式：

（1）该项训练为"纵深思维优化训练"的延续或增补。其形式为，演讲人在讲台上完成表述后，台下的听众立即参与交流讨论，各抒己见。

(2) 讨论采取“漫谈”的方式，即台下的全体听众以自由发言的形式与演讲人就其观点进行即兴讨论。

(3) 此项训练是为强化“纵深思维优化训练”的效果而增设的，在教学训练中是否进行该项训练，由指导教师根据训练时间以及学生的具体情况自行决定。

训练说明：

(1) 此项训练中，听众（讨论者）可任取赞同或反对的不同立场，但赞同者不可简单地对演讲者表示附和，应当立即针对其思维的不足之处提出具体的完善性意见；反对者也不可取驳斥态度，而应当力求对其演讲进行中肯的分析，“是处为是，不是处为不是”，借助这种发言训练自己友善委婉地发表看法的能力。

(2) 原演讲者须注意，转入此项训练后，身份应有所变化。在原“纵深思维优化训练”中，原演讲者是演讲表述者，转入此项训练后，原演讲者应自行转为主持人，主持以他刚刚发表的演讲为话题的、类似中央电视台“实话实说”节目的讨论。在这一主持过程中，原演讲者也应当对听众的发言作出反应，但主要是站在客观的、旁观的立场上，对听众进行启发、引导和鼓励，对其发言进行评价。此时，他追求的应当是尽量形成众说纷纭的讨论氛围，而不应再保留原演讲的立场与听众进行交流或交锋。

(3) 教师在此项训练中的任务主要是针对双方的思考深度与风度气质作出评价和引导。在双方观点出现对立时，教师要力戒出现辩论式的双方立场公开对抗的状况。

训练提示：

(1) 在该训练环节中，台上台下都务必注意一个“快”字，快速反应，快速应对交流。

(2) 此项训练终结时，由指导教师启发“主持人”，对刚才的讨论作“各取其长，归纳综合”的总结。

三、发散思维优化训练

训练营地

训练目标：

培养学生对问题作多向思考的能力，培养其主动灵活地转换问题的思考角度的能力。

训练模式：

（1）本训练可以采取由教师规定命题模式，由学生自由命题并登台演讲的方式。

（2）发散思维优化训练模式的特点是从同一个信息源引出不同的结论。按照这一思维模式，每个学生从生活中任选一个思维中心点，以"×（即思维中心点A）的遐想（或随想）"为题，进行一定的准备后登台演讲。每一篇中的遐想点B一般不得少于四个（即，须由A引出B_1、B_2、B_3、B_4）。

（3）发散思维优化训练是以思维中心点A和围绕中心点展开表述的、不少于四个独立分话题方向的遐想点B两个部分合成的。

发散思维的运动轨迹如图7—3所示。

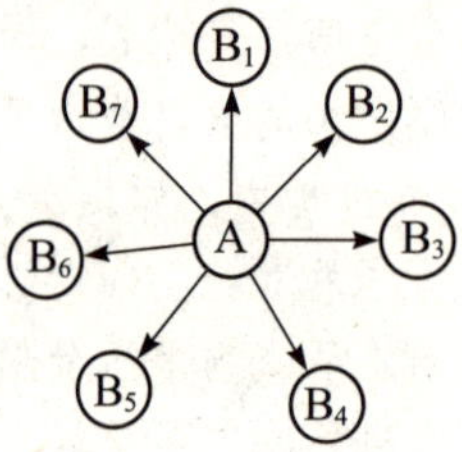

图7—3 发散思维的运动轨迹图

训练说明：

高水平的口才应用，其思维过程的又一特点为思维轨迹的多向发展，即能主动灵活地转换问题的思考方式，从多个角度对话题展开立体分析，在思考问题时，能摆脱传统思维定式的约束。这样，在论证命题的过程中，当别人以单一角度立论时，自己能以多种角度立论；在诸多立论角度中，自己能选择最佳的角度立论。

这里，以两篇学生的训练为例，择其概要，演示如下。

例1 "门"的联想

A——"门"，联想——**B**

B_1 "门"是人类生活在房屋里之后才出现的。门，依附于墙而存在，但一经存在，就比墙更为突出和显赫，尽管它永远也不可能比墙更高、更大。同为门，贵族之家的朱门和普通百姓家的柴门，往往形成鲜明的对比，在这里，"门"成了财富、权势和地位的"有"与"没有"的象征。当房子的主人与外界发生冲突时，处于矛盾第一位并最先遭到破坏的往往也是门，盗贼打劫往往是破门而入，战争中攻城略地也是要先破城门。因此，能否保家卫国，常常要看能否护得住“家门”，守得住“国门”。

B_2 在所有的门中，最难守的门是“国门”，因为它不仅是无形的，而且也是无法真正关闭起来的。20世纪上半叶，我们没能守住自己的国门，帝国主义列强成了中华大地的主人，原主人反而成了奴隶。现在，我们的国门又打开了，不同的是，这一次是我们自己打开的，而且主人与客人之间的关系没有发生错位，也不会再发生错位了。回顾历史，同样是打开国门，这两次有着本质上的不同。只是，为了完成这从“国门被别人打开”到“国门由自己打开”的一大步，我们花去了一百多年的时间，这太长了。

B_3 还有一种无形的门，是心灵之门，每个人都有自己的内心世界，都有一扇隐秘的心灵之门。有人的心灵之门是常年关闭的，别人进不去，他自己也不出来，那里面守着的是他自己的孤独；有人的心灵之门露出一条缝隙，仅能让人看见“一线微光”，就像冰山露出海面的那一个尖角；有人则喜欢将自己的心灵之门敞开，以求得与他人心灵的真诚交流。但是，把心灵之门完全敞开的人几乎是没有的，这就使得每个人实际上都成了别人心灵之门的“门外汉”。

B_4 具有最广泛的社会约束力而事实上并不存在的门，是天堂之门和地狱之门，这是人类心灵永远的归宿，它们用因果报应来告诫人们避恶趋善。天堂之门和地狱之门向每个人敞开，给每个人以充分自主的选择权利。有些人之所以能承受现世的一切苦难和牺牲，原因仅仅在于他想得到一张天堂之门的门票。然而，地狱之门并不能吓退作恶者，它只是向行善者心中注入的一种安慰剂。

例2 “路”的遐想

A——“路”，遐想——B

B_1 路有许多种，既有宽敞平坦的都市柏油马路，也有狭窄崎岖的山间羊肠小道。人们总希望脚下是宽敞的柏油马路，而不会向往崎岖的羊肠小道，但是，如果没有在羊肠小道进行过艰苦的跋涉，老是在柏油马路上行走，那么人也会毫无幸福之感。人生之路也是如此，没有谁的一生是永远红花铺路、一帆风顺的，人生的路上也常常会有风、有雨、有泥泞，甚至会荆棘密布，使走的人举步维艰。面对人生的曲折，我们常常会慨叹命运的不公，有时甚至驻足不前或者走“退回去”的路。其实，此时我们更应当咬紧牙关去承受人生的风吹雨打，因为只要过了这段泥泞路，前面就是一条阳关大道。

B_2 当我们走到一个陌生的十字路口，总难免会犹豫不决，不知道到底应该朝左还是向右，不知道是否一直向前就能到达我们的目的地。在人生途中，我们也会碰到许许多多的十字路口，也要面对各种各样的选择。在行走中遇到十字路口时，若是走错了，还能回过头来重新开始。然而，在人生的十字路口，我们一旦选择失误，就不能再重新来过，因为生命对于我们来说只有一次，我们的人生轨迹一旦在人生中划过，留下的就是一道永不可改变的印痕，它就会刻在我们生命的年轮上。所以，面对人生的十字路口，我们要慎重抉择，千万不可一失足成千古恨。

B_3 鲁迅先生说过："其实地上本没有路，走的人多了，也便成了路。"路是人走出来的，而第一代开路先锋尤其值得人们敬仰。今天，当我们徜徉在繁华闹市的中心大道上，享受着现代文明的幸福与欢乐时，是绝不应该忘记当年的开拓者的。

B_4 改革开放带来了人才的大流动，"孔雀东南飞"又导致国内人才分布的不均衡。其实，不论在哪里，人才一旦过于密集，就难以显现个体自身的优势。不难想象，无论多大的游泳池，无论水平多高的游泳能手，密度过大地挤在一个池子里，优势也就很难自由地发挥了。因此，跨世纪的一代青年，更需要具备一种开拓创新的冒险精神，要勇于闯入"人烟稀少"，甚至是"罕见人迹"的新的领域，开辟新的天地，走出一条人生的新路。由此，有人对鲁迅先生关于"路"的名言从新的角度予以立论："其实地上本来有路，走的人多了，也就没了路。"

训练指导：

在此训练环节中，指导教师应注意把握以下两点。

其一，思维的辐射面（思维宽度），也即 B_1 与 B_2、B_3……B_N 之间虽然在位置上毗邻，但内容上应有一定的跳跃性，每一个 B 都应当是可以独立展开论述的分话题。

有这样一篇题名为《爬山虎》的作业，其表述要点如下。

A——爬山虎

B_1 我喜爱爬山虎（描绘其形态美的语言文字略）。

B_2 我赞美爬山虎（赞叹其生命顽强的语言文字略）。

B_3 有一次，我在大楼一处永远照不到太阳的背阴处发现了茁壮成长的爬山虎，它顽强地一直延伸到楼顶，终于见到了阳光。

B_4 人生途中也常常会遇到难见阳光的曲折和阴暗，每个人都应像爬山虎那样，不屈不挠地超越曲折和阴暗，直至重见阳光。

B_5 我看不起那些因一时困难便畏缩不前者，更鄙视那些因"命运不公平”、“生不逢时”而自暴自弃的人。

B_6　我赞美那些生活中的强者，更钦佩那些击败厄运，取得人生与事业的成功的“硬汉子”。

这篇演讲虽然也洋洋洒洒地讲了好几分钟，其主题也不能说没有新意和深度，但是，从发散思维优化训练的要求来看，其思维运动的轨迹却不甚理想。准确地说，全篇只在从爬山虎过渡到人的时候出现了一次思维跳跃，与训练的要求不应少于四次跳跃差距较大。

其二，在发散思维优化训练中，教师还应注意把握学生思维的深刻程度。一般而言，“随想”（或“遐想”）应紧扣话题所定材料的本质特点展开，而不应只是就其表象进行拓展。

曾有过这样一篇作业《水的随想》，其表述要点如下。

A——水

B_1　水是液体，但又能结成冰，成为固体。

B_2　水还能变成气体。

B_3　水能灭火。

B_4　水能用来洗菜、洗衣服、拖地板。

B_5　水能浇灌农田。

B_6　水能给人和动物解渴。

B_7　水能稀释浓度高的液体。

…………

该作业洋洋洒洒一直谈到 B_{13}，其思维发散面不能说没有一定的宽度和跳跃性，但是其总体特点是思维层次太浅。这样的作业如果是由小学生完成的，水平应当还是不错的，但是由一名大学生来完成，就很难说还具有思维训练的实际意义和提高的价值了。

训练营地　主持研讨训练

训练目标：

训练说话人对同一话题的不同角度显现进行综合辨析的能力，训练听话人在听话过程中进行即时思考并迅速作出判断和反应的能力。

训练模式：

（1）此项训练为“发散思维优化训练”的延续或增补，其形式为说话人在上台表述完后，立即主持听众进行原表述话题的研讨。

（2）讨论同样采取漫谈式，只是，在此项训练中，听众一般不针对原说话人的表述内容发表评论式的看法，而应力求对其表述中没有涉及的方面进行完善式的补充。

(3) 此项训练是为强化“发散思维优化训练”的效果而增设的，在教学训练中是否进行此环节的训练，由指导教师根据训练时间和学生的具体情况自行决定。

(4) 主持研讨训练与“纵深思维优化训练”之后所附之“交流讨论训练”的不同点在于：交流讨论训练的重点在于训练说话人引导、启发他人开口说话的能力，以形成他人对自己刚完成的表述作或褒或贬的热烈讨论场面；主持研讨训练则是训练说话人如何针对别人在自己观点展开后借用自己的原思维模式发表的完善性意见进行“集思广益”式的筛选，以对自己的原表述内容进行充实提高。

训练说明：

(1) 此项训练对于听众发言有一个限制，其发言应当与说话人保持相同的思维模式，即听众发言也应当以说话人的原思维中心点为中心点，同样进行具有发散思维特点的发言。他们的不同点在于，听众发言没有对“遐想 B”的数量限制，可以想到几个就说几个。

(2) 为了提高训练质量，此项训练对于主持人增设一个要求，即主持人最后要对研讨过程进行总结，并对众人的发言作具体剖析。剖析要求：必须对众人的发言作“三分式”的评价，即对其中三分之一进行褒奖式评价，三分之一进行一般性评价，另外三分之一进行贬斥性评价，同时，还要允许听众对此评价进行反驳，主持人要能对反驳当即作出具体的辩解。

四、联想思维优化训练

训练营地

训练目标：

培养受训者对问题作多向思考的能力，培养其主动灵活地转换问题的思考角度的能力。

训练模式：

(1) 本项训练由学生一对一地互相出题或者训练小组内每人各自出题，将所出题目混合后编号，再由小组成员分别抓阄，获得自己的训练话题。

(2) 联想思维优化训练的思维轨迹表现为：A→B→C→……，它主要是利用联想物之间在时间与空间上的接近关系以及在特点方面的相似与对立关系，从而在表面看去并无有机联系的联想物之间建立有机联系。

联想思维的运动轨迹如图 7—4 所示。

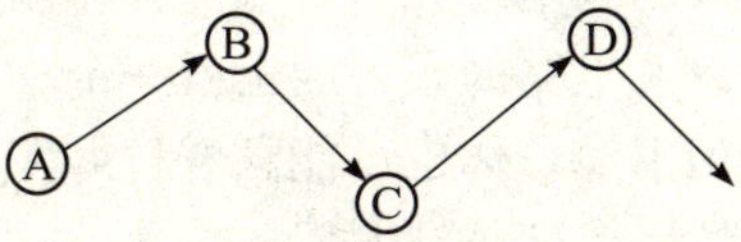

图 7—4　联想思维运动轨迹图

(3) 联想思维优化训练的话题，是以三个或三个以上表面看去互不相关的事物并列，它们之间以点号相连，此即为话题材料。受训者接到话题材料后，首先要选定在这几个事物之间建立内在联系的方式和角度，然后以副标题的形式确立下来，此副标题即为演讲的中心话题。

训练说明：

高水平的口才应用，其思维过程的又一特点为思维轨迹的能动串接运动，即能透过事物互不相关的表象，发现其内在联系。该项训练要求学生发挥自己的思维能力，把命题中规定的零散材料连接成有机统一的整体，并且由此显现出一定的思想意义。

这里，以两篇学生的训练为例，择其概要，演示如下。

例 1　IC 卡・馒头・小灵通・图书馆

——婚姻形式的历史变迁

男大当婚，女大当嫁。一般来说，每个人都要结婚，也都愿意结婚。但是，不同的时代，却有着不同的婚姻形式。

在封建时代，男女之间地位是不平等的，女性处于受压迫的地位。一个男人，只要拥有一定的权势，就可以拥有三妻四妾，如果他成了一国之君，更是三宫六院，妻妾成群，就像我们现代人拥有 IC 卡一样，只要你有钱，那么买多少张卡都随你的便。

封建制度结束了，一夫多妻制也结束了。但是，由于封建思想的束缚，婚姻仍然难免像做馒头，水和面粉再加上外力的糅合，定型后，经过蒸笼的仪式之后，就再也不能把原来的水和面粉分开了。不管你愿意不愿意，认命吧！

随着时代的变迁，双方可以互相选择的自由恋爱开始了，你既可以找一个爱你的人，也可以找一个你爱的人。有的人，婚姻的改变就像手机的更新换代，频率越来越快，婚姻也越来越廉价。只是，当婚姻真的像廉价手机那样，也越来越廉价时，潜在的危机只怕也就在眼前了。

所以，信息时代的婚姻形式也就应当符合信息时代的特点。在人生的道路上，可供选作婚姻对象的人堪称无穷无尽，你可能看中过张三，接触过李四，但真正适合伴你走完人生路的人可能也就一个。就好像我们走进了图书馆，馆内的图书堪称书山书海，你也可能翻看过好多本教材，但是你感到最满意的，有时可能也就是那么有限的几本。

因而，不管婚姻的形式发生什么样的变化，我们都应当把握住一点：找到最适合自己的另一半，这才是婚姻成功的关键。

例 2　蛐蛐·足球·手机·浴缸

——人生发展四个阶段的总结

每个人的人生道路都是不一样的，但是透过五彩缤纷的人生表象，我们似乎也能够把握到一点规律性的东西。例如，从幼儿到青少年，再到成年，最后是老年，蛐蛐、足球、手机、浴缸似乎也还比较恰当地代表了人生的这四个阶段。

蛐蛐代表着人生的幼儿时期。小孩儿嘛，每天除了玩儿就是玩儿，玩蛐蛐可以作为小孩儿玩乐的象征。其实小孩儿自己也就像一只蛐蛐，只要吃饱了，就可以钻到一个地方去唱歌儿了，既不必思前想后，也无须牵挂忧愁，就算天塌下来了，也是有大人顶着的嘛。

足球似乎代表了人生的青少年时代。足球场上，不论多么紧张的球赛，本质上还是摆脱不了一种游戏性。但是，当一个少年终于迈步进了球场时，他实际上就已经开始了接受人生挑战的尝试。在踢足球的过程中，他不仅在学习攻、守、进、退的技巧，而且也在磨炼自己的坚韧意志和宠辱不惊的心理素质。

手机，看来是代表了人生的成年阶段。手机带在身上响个不停，几乎就是一个人事务繁忙的标志。中年人既有工作的外部事务，又有家庭的内部事务，十分繁忙，在这一点上二者倒是蛮匹配的。只是，同样是忙碌，同样是在使用手机，有的人目标明确，并且最终事业有成；有的人则漫无目的，一会儿电话联络，一会儿信息传送，一番瞎忙之后，最后得到的只是空虚。

浴缸，看来比较适合代表人生的老年阶段。人老了，腿脚不灵便了，待在家里的时候也就多了，在浴缸里泡澡也就成了生活中的一项重要内容。并且，老年人一不留神就会发生伤病疼痛之类的事情，这也有点像浴缸，一个什么硬物在浴缸上碰一下，就难免要留下一个永久的伤疤。

训练指导：

在此环节的训练中，应注重训练学生在互不相关的表象下发掘深藏着的内在联系的能力，这就要求学生运用自己的思维能力，把命题中规定的零散材料联结成有机的整体，并且从中体现出一定的思想意义。

这一训练要注意把握以下两个环节。

一是拟订题目环节。学生在拟题时一定要注意构成题目的材料之间的跳跃性。一般而言，跳跃性越大，联想难度越大，可是一旦联想成功，其训练的质量就会提高；反之，则会是另外一种情况。如有学生拟订了如下的话题："大海·帆船·我"、"上帝·宗教·人"、"朋友·老师·哥哥"等，由于构成材料之间缺乏跳跃性，因而将材料联结成文的难度不大，然而，表述者的思维活动也会受到命题的束缚，从而很难完成思维多向延展的演讲，就算勉强完成，质量也不会很高。

二是要把握住学生在训练中思维活动的多向延展性。教师一般不要限定思维模式，而要完全由学生自由畅想。教师应把握好训练要求和标准，努力对学生的思维模式作出准确的评定。

第八讲　口才交际能力训练与思辨能力强化

提要与思考

1. 如果我们将人的大脑看成是一个材料齐备的大仓库，随着年龄的增长，生活的积累早已使得里面琳琅满目，但是如果里面堆积得杂乱无章，那么有材料也就等于没材料。思维训练的价值就在于，将生活积累在大脑中的各种材料重新进行排列，并建立横向、纵向、斜向等多种联系，使之在口才交际过程中发挥有效作用，从而提高口才交际的实际水平。

2. 思维模式优化训练是本教材著者历时多年原创、独创的精华部分，也是近些年来在图书市场上遭到严重抄袭的主要部分，社会需求与市场反应足以证明思维训练确实是口才交际能力训练的核心环节。著者建议读者在训练中，务必将思维训练置于口才交际能力训练的核心位置上。

重点问题

1. 本讲提出的综合思维优化训练和上讲提出的逆向思维优化训练、纵深思维优化训练等多种思维训练之间表现为一种多重组合的关系。如果说逆向思维优化等训练是“放”(尽可能地开拓思路)，综合思维优化即是“收”(吸取多方观点立场的亮点，以确立本方观点立场)；如果说逆向思维优化训练等的目标是寻求有关同一话题的尽可能多的思路，那么综合思维优化训练则是将这尽可能多的思路综合有序地组合起来，为话题表述增加内在魅力。

2. 从字面上看，不同的思维训练有着不同的特定模式。我们应当看到，在训练与实际应用中，它们表现出鲜明的差异。其中，逆向思维优化等“拓展”性训练难度大，但自我心理上没有阻力，综合思维优化等“收聚”性训练难度不大（对已经出现的各种意见进行归纳综合），但是心理上有阻力。因为，在我们这个民族看来，持不同意见者往往就是“敌人”（封建史上的文字狱、口舌狱等）；听不得不同意见更是成功者的常见病，尤其是当别人与自己的立场、观点、情感、倾向，甚至利害关系有冲突时，这种毛病更是常见。因此，要想把训练与实践密切结合，就不可忘记同时进行心理素质优化训练。

本讲将从综合思维训练和确立观点的训练等几个环节来展开讨论。

一、综合思维优化训练

高水平的口才交际，其思维过程有一个突出的表现，即强有力的论证性。它突出地表现在两个方面：一是能从看似针锋相对的观点中看出彼此之间深层次的互补关系；二是能调动多个不同的角度对同一命题展开论证，并分别得出一致的结论。应用到现实生活中，综合思维是辩论、交谈、讨论、商榷、谈判过程中雄辩式立论思维的主体方式。

本教材第七讲提出的逆向思维优化训练、纵深思维优化训练、发散思维优化训练、联想思维优化训练等，虽然训练的侧重点各有不同，但其目的却是基本一致的，都是通过拓展思维轨迹的宽度、辐射度和挖掘其深度来发现新的论点和论据、新的论证角度和论证方式，在某种意义上，我们可以把它们统称为“发现性思维”。它们侧重训练的是思维过程，重在培养“发现”能力和“标新立异”能力。与之相比，综合思维优化训练侧重训练的是思维的终结环节，即“发现”已经完成、需要对发现结果进行论证时的思维能力，在某种意义上，这种思维可以称为“论证性思维”。

综合思维的运动轨迹如图 8—1 所示。

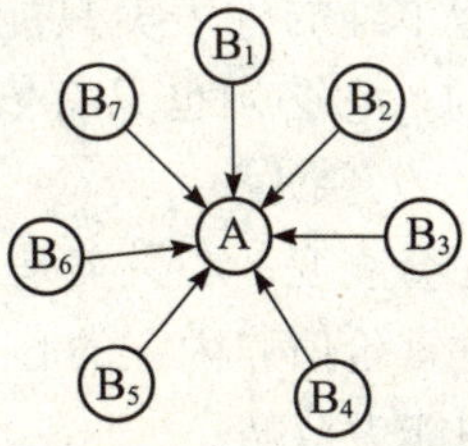

图 8—1　综合思维的运动轨迹图

教学训练的实践证明，讨论训练是提高学生综合思维水平的有效途径。

口才交际能力训练必然要借助某一讨论话题进行，但是讨论话题在这里也就相当于我们过河时要过的桥或者是要乘的船，只要我们借助话题的桥或船（重新进行阐释，以完成从综合思维向讨论的过渡）过了河（通过讨论，达到了训练目的），那么，桥和船就都没有用了。

这番话意在告诉读者，本教材所记录的两场讨论只是为了向大家展示讨论应当如何进行，至于究竟选择什么话题展开讨论（是乘船，还是坐车，抑或是步行过桥），是可以由读者自由决定的，况且，可供选择的话题几乎是无穷无尽的。

讨论训练的目的大致可以分为二：一个是训练自己在讨论中，在面对那些与自己的观点既有相同之处又有不同之处的人时，应该怎样说话；另一个则是训练自己在讨论中如何听取别人的意见，怎样分析别人的意见。

讨论与讨论训练，在具体的进行过程中，有着目标追求的不同。讨论往往追求的是结果，大家通过讨论，最后达成了一致意见，我们就可以说这次讨论是成功的；反之，如果没有达成一致意见，甚至最后弄得不欢而散，我们就会说讨论不成功。讨论训练则不同，关注的是讨论过程的优化，注重的是每一个参加者都能恰当地表达自己的意见和看法。对于讨论训练而言，是否能够得出一致的结论，是否得出了一致的结论，得出了什么样的一致结论，都不是最重要的，最重要的是，每一个参加讨论训练的人最后都能够得到这样一种感觉：啊，以后我知道怎样与别人讨论问题了。能够使大家获得这样感觉的讨论训练，就是成功的讨论训练。

下面将两场讨论训练，择其要点记录如下。

例 1　话题：怎样看待女性美？（以 A_1、A_2……代表学生的轮流发言）

A_1：我认为，女性的外表美与心灵美相比，心灵美更重要。

教师提示：外表美是不是美？

A_2：外表美当然是美，但单纯的外表美只能存在于画面或照片上，在现实生活中它是无法独立存在的，它必须也只有依附于心灵美，才能真正显得“光彩照人”。

A_3：外表美是阶段性的，会衰变；心灵美是永久性的，永远光彩熠熠。

A_4：单纯的外表美只有欣赏价值，内在的心灵美才有“实用价值”，它是通过言行来体现的，可以划归能力范畴。

A_5：外表美是先天的，它只能属于一部分人，甚至是一小部分人，而心灵美是后天的，如同一个人的能力一样，是可以培养的，人人都可以通过努力拥有心灵美。

A_6：发外表美相当于一个物品的精美包装，它的价值是使拥有者在置身于同类群体中时能较早引起外界的注意，但如果没有内在美，它也就像伪劣商品的华美包装，打开后，“败絮其中”一暴露，“金玉其表”就无法存在，而且容易适得其反。

以上记录的是一场讨论的部分实况。

展开这样的讨论，教师首先要善于捕捉话题。话题不一定要有多么深奥的意义，以具有引发性（人人都有话可说，也有话想说，这就可以有效地避免“无话可说，没有兴趣不得不找话说”的尴尬局面）、推动性（课堂上讨论气氛热烈，课后在寝室里、校园里还可能再讨论）、延续性（有时学生意犹未尽，下次上课还可能旧话重提）为佳。

教师在这类训练中，既要能挑起话头，以吸引更多的同学登台，又要能把握局面，引导讨论向深层次发展。值得注意的是，同样的话题在不同的人群中展开，往往会出现完全不同的情况。例如，同样还是“怎样看待女性美”的讨论话题，在另一次讨论训练中，就出现了内容完全不同的另一种场面。这里也略作展示如下。

话题：怎样看待女性美？（以 B_1、B_2……代表学生的轮流发言）

B_1：女性美不仅表现为心灵美和外表美的有机统一，而且还表现为动态美与静态美的对比映衬。例如，托尔斯泰笔下的安娜·卡列尼娜，就以其动态美和静态美的和谐统一而凸现于小说之中。（展示性话语略）

B_2：女性美还应有阶段美的不同，也就是说，女性在不同的年龄段其实有着不同的审美标准。例如，让一个十一二岁的小女孩穿上歌星的拖地长裙登台演出，就很难唤起同样的美感；反过来，让歌唱家穿上小女孩的超短裙登台演唱，台下的观众只怕也很难接受。

B_3：女性美还应有层次美的不同，也就是说，不同的文化层次对女性有着不同的审美标准。贾府的焦大即使发了财，即使喜欢上了林妹妹，只怕也不会娶她为妻。

B_4：女性美还同时表现为时代美与个性美的有机统一。“环肥燕瘦”固然显现了不同时代对女性的不同审美标准，但如果她们没有同时显现出自己的个性，只怕也不会千古流芳。

B_5：女性美还应是才华美与人性美的统一。古埃及著名艳后**克丽奥佩托拉**不仅貌美绝伦，而且才华盖世，但罗马君主渥大维对其艳色却毫不动心，执意要处置她，这只怕与他从自己的养父恺撒、舅舅安东尼和她的交往中发现她人性的丑恶的一面不无关系。

B_6：女性美还应有情人美与母亲美的区别。俗话说“情人眼里出西施”，这里显然指的是外表美，而人们对母亲，则往往更多地夸赞其心灵的美好，有谁会夸自己的母亲秀色可餐呢？

例 2　关于“《白毛女》新解”的讨论

训练提示：

《报刊文摘》曾刊登了《如此〈白毛女〉新解》一文，文章写道：“钟国仁在《中流》第十期上撰文说，近日竟有人大发宏论，认为对《白毛女》的故事应当有‘新解’。据说，‘随着社会的进步和人们生活环境的改变，人们对同一事物的理解也会发生变化。’

“那么，论者抛出的‘故事新解’是什么呢？‘从现代经济法的角度来看，黄世仁和杨白劳之间的关系本来是债权人和债务人的关系，而债权人以适当的方式向债务人索取债务应当受到法律的保护。’原来，黄世仁向杨白劳逼债，合理合法，杨白劳家破人亡，活该！

“再则，发生人命案的责任不在黄世仁，而在杨白劳。自己明明没有偿还债务的能力，却偏偏要举借债务，毫无疑问是咎由自取，死有余辜。”

教师出示材料后，请同学即兴讨论。（A_1、A_2……为同学的轮流发言）

A_1：杨白劳时代不是一个法制的时代，以今天的法制观念来解决非法制时代的问题，没有现实意义。（注意：A_1 的发言使讨论有被卡住的可能）

指导教师（立即启发）：布鲁诺、伽利略的科学观点发表于一个非科学的时代，曾经受到过不公正的裁决，然而，历史与科学的发展使得教会也不得不对他们重新作出评论。这也就告诉我们，用新时代的观点重新评价历史问题，不仅是允许的，而且也是常有的。今天，我们也来试试看吧。

A_2：“杀人偿命，欠债还钱”，从这个角度来看，黄世仁讨债是合理合法的，应当受到保护。

A_3：我有不同的看法，黄世仁虽然手握借契，但杨白劳的手印却是被强捺上去的，从法律的角度来看，这是一份无效合同，不可能受到法律的保护。

A_4：而且，这笔债务的偿还是以喜儿作抵押的，侵犯了人身权利，也是非法的。

A_5：不，从合同内容看，一方还不起债务，愿以家人去对方家做工偿还，这一点也谈不上是侵犯人权。至于喜儿到黄家后的遭遇，是执行合同后发生的事，与合同无关。

A_6：黄、杨之间的债务关系是不合理的政治制度造成的。旧制度是保护黄世仁的，社会主义新制度本质上是保护杨白劳的。

A_7：但是，任何政治制度都不会保护“欠债不还”的行为。

A_8：这里还要考虑一下这笔债务之所以发生的原因。在正常情况下，债权人借贷给债务人时，总是要先考察对方的偿还能力以及在无法偿还的情况下，对方可以提供的担保和抵押，以确保自己不受损失。但是，在这笔债务关系中，黄世仁的目的显然不在于“求利”，而在于“要人”。他倒不怕杨白劳还不起债，他还巴不得杨白劳还不起呢。

A_9：这种分析如果是在法庭上就没有什么实际意义，因为动机可以有多种不同的解释，黄世仁完全可以从“本意是帮助穷乡亲”的角度来为自己辩护。

A_{10}：我认为这个故事里实际上包含两个案子。一个是黄、杨之间的债务纠纷；另一个是在讨债过程中，黄世仁打死了杨白劳，这是人命案。

A_{11}：对，我补充一点，黄世仁当时的目的恐怕仍然在于抢喜儿，不一定非要杀死杨白劳。

A_{12}：我也补充一点。《白毛女》的故事实际上有新、老两个版本。在老版本里，杨白劳是喝盐卤自杀的。新版本中，杨白劳是在抢人过程中被打死的。从黄世仁的角度分析，他并无杀人动机。在法律上，定为“过失杀人”或“过失致死”恐怕更准确。

指导教师：通过刚才同学们的讨论，我们对《白毛女》的故事已经基本清楚了。从法律角度来看，这个故事至少可以分为三个部分：一是黄、杨之间的债务纠纷；二是使杨白劳致死的命案；三是黄世仁对喜儿的强奸，以及使其在深山里避难多年成了“白毛女”等一系列的伤害行为。

现在我们开始考虑下一个问题。下一次上课，我们将请几位同学为杨白劳辩护，另请几位同学做黄世仁的辩护人，组织一场模拟法庭辩论。愿意出任辩护人的同学请举手。说明一点，谁担任哪一方的辩护人由拈阄决定。（下课）

二、确立观点的训练

在口才交际能力训练中，确立观点的训练是一项非常重要的训练。尤其是青年学生，他们的思想、观点与立场正处在由幼稚、动摇向成熟、稳定过渡的阶段。在这一阶段，他们的很多思想观点是直接从家长、老师那儿获取的。但是，随着年龄的增大，他们必然会越来越多地依靠自己的生活实践和感受来确立自己的思想观点。

然而，如果没有掌握如何确立正确的思想观点的思维方式，那么他们在确立观点的过程中，就很可能因为观点确立的方式不当而出现思想问题。对于青年学生来说，很多思想问题的发生，其实并不在于思想问题本身，而在于导致这些问题出现的思考方式。因此，在口才交际系统化训练过程中，必须把确立观点的思考过程训练放在非常重要的位置上。

为什么说口才交际能力训练必须重视确立观点的训练呢？

我们知道，说到底，口才交际就是口才交际双方的思想观点的交流。在口才交际过程中，我们常常可以看到，有些话语似乎并不包含什么思想观点，而只是很单纯地在叙事和抒情，其实这只是一种表面现象。在口才交际中，任何话语的背后都有思想观点在支撑着，所谓没有什么思想观点的叙事和抒情是不存在的。

再往深一层思考，口才交际其实是双方以各自持有的思想观点努力征服对方的思想观点的过程。在具体的口才交际过程中，所谓双方达成一致意见，其实是指双方思想观点的相同部分相吻合。就双方的思想观点而言，这种吻合是一种"显同隐异"的现象，也就是说，任何的双方达成一致都只是部分达成一致。这样一来，我们就不难明白，在口才交际能力训练中确立观点的训练是何等的重要了。

口才交际是双方以各自持有的思想观点努力征服对方的过程。那么，在这一过程中，如何才能使自己的观点优于对方，以使自己最终得以征服对方呢？在双方的观点相吻合时，如何才能够保持自己思想的独立性，并且在思想的相吻合部分，使自己的思想占据主导地位？在自己的观点已经难以征服对方，而且有可能会被对方征服时，如何才能保持自己思考的独立性，以免被对方同化？凡此种种，无不取决于说话人所持的思想观点是否周密扎实。

因而，在口才交际的系统化训练过程中，必须把如何确立观点的训练放在非常显著的位置上。

（一）什么样的观点才是符合要求的观点

要进行确立观点的训练，首先就要明确什么样的观点才是符合要求的观点。需要强调指出的是，"符合要求"在这里并不是指观点内容正确与否（每一个人都可以选择自己认为正确的观点），而是指观点在内容成分的组合构成上是否具有以下四个特点。

1. 包容层

从口才交际能力训练的要求来看，观点的科学确立首先要求该观点要具有包容层。所谓具有包容层，就是确立后的观点在表达说话人所要表达的立场倾向的同时，还具有对对立面的观点立场的合理成分的包容能力。

如果从下围棋的角度来理解口才交际，这一点也许更容易看得明白。一般来说，围棋棋手获胜的有效手段之一就是将对方已经"活了"的地盘围困在尽可能小的范围之内，同时尽量扩大自己占有的地盘。我们不妨假定口才交际的双方为围棋的黑白双方，那么便不难理解，不论自己一方的观点是多么有理，在绝大多数情况下，对立面的观点其实也并不是毫无道理的（如果是完全没有道理的胡搅蛮缠，那就不是在进行口才交际，或者说这就成了口才交际的一种特殊现象了）。因而，能够看到对方观点的合理性所在，并将这种合理性包容在自己的观点表述之中，在表达时，对其合理性先表示一定的认同，然后借助“但是”在其合理成分的外围筑起一道“栅栏”，使其合理性难以延伸，从而使本方的观点大大显现其合理性。通过这种方式力求最后说服对方或者在双方观点的有机合成中占据主导地位。

2. 深刻性

所谓深刻性，就是要求确立的观点应当具有对方尚未认识到的、更为深刻的本质成分。深刻性又可以解释为“思想高度”，它们的表述方式有所不同，然而内容实质是一样的，就是要求说话人应当具有比对方更为深刻的理解能力和认识能力。

深刻性主要表现在两个方面：一方面是对自己所持的观点的认识深刻；另一方面是对对方观点显现的疏漏之处的发现。对于自己的观点的表述，深刻性之中就已经包含了周密性，周密性也就是没有破绽，其最佳境界可以称为“滴水不漏”。对对方疏漏的发现，可以称为敏锐性，其高层次的表现可以称为“独具慧眼”。

周密性表现为本方防守的稳固，敏锐性则表现为突破对方的犀利。对于这一点，还可以借用围棋的一种技巧来加以说明。在围棋的双方较量过程中，高手常常会在对方自认为已经稳固的地盘内落下一子，并最终在对方的“腹地”内打出一块自己的新地盘来。口才交际也常常如此，当一方自认为理由充足，滔滔不绝地展示自己的观点时，高手往往不是拒绝聆听，而是非常认真地听取，然后抓住关键点，往往一个反问（或者疑问）就弄得对方张目结舌、无言以对，使得原先自认为稳操胜券的观点理论顿时土崩瓦解。周密性与敏锐性的结合，融铸成观点的深刻性。一言以蔽之，深刻性也就是透过现象看本质。能够看到问题本质的人，在口才交际过程中，往往不会就现象论现象地谈问题，而是能够抓住要害、把握关键，因而他说出话来也就有很强的力度。

3. 说服力

我们既然已经认识到口才交际是双方以各自持有的思想观点努力征服对方的思想观点的过程，也就不难理解，口才交际的过程同时也就是双方的观点、立场、思想、倾向的内在说服力相互较量的过程。同时我们也不难理解，说服力强的观点最终必然会征服说服力弱的观点，而说服力弱的观点最终只能被对方征服。

需要指出的是，观点的说服力在口才交际中的显现，并不是有一显一、有二显二的。说服力如何显现，还要受到多方面的制约。它要受到口才水平显现的制约，受到口才交际进行时的环境、场合的制约等。种种制约集中表现在说话人在观点显现时，是以不加掩饰的直言陈述的方式来显现，还是以有所掩饰的委婉曲折的方式来逐步显现，抑或是刚柔相济，软硬兼施的方式来显现。而在软硬兼施中，又可以分出先硬后软、先软后硬等多种方式。种种方式的运用，随机应变，随势应变，变化无穷。

4. 新颖度

新颖度，也就是通常所说的独到见解。一个人在与他人进行口才交际时，所说话语有无个人的独到见解对口才交际能否获得成功影响甚大。可以这么说，一个人如果只能人云亦云，只能传达或者重复别人说过的话，而不能根据自己的思考，说出自己想表达的独到见解，那么，这样的人很难说得上是一个成功的口才应用者。

新颖度既是说话人的思想水平的具体体现，又是这个人借助自己的思维能力进行独立思考的结果。因此，在口才交际能力训练中，要想使自己说的话不落俗套，就必须注意坚持对自己进行长期的创新思维素质训练，这一点也是本教材著者十余年来始终坚持的要求和呼吁。不进行创新思维素质的系统训练，说话能否具有新颖度？当然也有，但是这种新颖更多地表现为一种偶然性、盲目性。要想达到自觉性、必然性的高度，就应当坚持创新思维素质的系统化训练。思维有了新颖度以后，在将其转换成话语表现时，还需要注意运用修辞手段进行修饰。因为说到底，口才交际是双方以各自持有的思想观点去努力征服对方的思想观点的过程，而对方之所以会持有不同的思想观点，当然是自有其个人独有的思考方式的支撑。在口才交际中，当一个思想观点面临着被说服的危险时，很自然地就会出现此思想观点对新的思想观点的排斥。这时，新的思想观点能否借助修辞手段的修饰，使自己以对方所能接受的，甚至以对方未能觉察的方式被接受，对口才交际的最后成功，往往有着重要的作用。

（二）观点交流训练

观点交流训练在确立观点的系统训练中是最高层次的训练。

从表面上看，观点交流训练与前面的讨论训练似乎没有什么不同，它们都是在进行各种不同思想的交流，但是仔细分析，还是不难发现二者之间有着层次的不同。

不同点之一：讨论训练中的发言，可以是经过深思熟虑的观点，也可以是即兴的看法，甚至还可以连看法都不是，只是一种感觉上的赞成、反对或者附和。观点交流训练中，说话人所持的观点应当是经过认真思考的、相对成熟的观点。因此，讨论训练的发言既可以是整体的观点，也可以是片面的、零散的观点，还可以是观点的某一方面，甚至可以是某一方面的某一小点的只言片语；观点交流训练中的发言，即使每一次的话语都不多，但是加以综合就应当不难看出，就某一位说话人而言，他的所有的发言，思想脉络应当是清晰有序的，观点立场应当是整体的、成熟的。

不同点之二：讨论训练重在思想和语言的交流，在讨论过程中，赞成也好，反对也好，附和也罢，都不意味着说话人的观点已经确立。其时，说话人可能不仅没有自己的观点、立场，甚至可能连看法都没有，说话人观点的确立应当是在讨论结束时。观点交流训练中，说话人的观点确立应当在观点交流之前就已经完成了，而且在交流过程中，无论说话人在语言表达上是开门见山，还是迂回曲折，自始至终都应当是观点明确、立场坚定的。

不同点之三：讨论训练看重的是思想和语言是如何交流的，重在思想上的互补。因此，在讨论结束时，自己的原观点是完整确立，还是被部分修正，抑或是被彻底推翻，都不是最重要的，重要的是，在讨论过程中，自己是否完成了一个集思广益的过程，是否完成了对众人发言的见解提炼，完成了这一过程，自己参加讨论就可以说取得了成功。观点交流训练当然也是重在交流，但是这一交流过程的侧重点却在于说服或者征服对方。在观点交流训练结束时，自己的观点被推翻当然属于失败，即使自己的观点被部分修正，也意味着自己在这一训练回合中失败了。因此，观点交流训练要求在交流训练开始之前，就应当做好尽可能是深思熟虑的准备，力求最终获得对方对自己观点的认同。

青年学生其实已经有了相当程度的独立思考能力，并且在实际生活中，自然会接触到正面教育以外的思想观点，自然也不会盲从正面教育，而是会独立地进行思考。因而，本教材著者根据长期训练的实践总结，在撰写过程中，有意识地引入了一些带有消极因素的观点，意在通过观点交流训练强化青年学生的思维辨析能力，最终强化其独自确立思想观点的能力。

训练营地　关于“我的家庭观”的交流讨论

解题：在改革开放以前的几十年里，以“男大当婚，女大当嫁”观念为主导、以一夫一妻结合形式为主体的家庭结构在我国一直占据着绝对的主体地位。自改革开放以来，我国的家庭结构正在发生着巨大的变化。首先，离婚率急剧上升，导致单亲家庭大量出现；其次，青年一代婚姻观念的变化又导致未婚同居等多种男女结合形式的出现，这一切都将对中国传统的家庭观产生巨大而持久的冲击。

1. 什么叫家庭观

有人认为，人生历程就是一个拼搏的过程，而社会就是人生拼搏的战场。相比之下，家庭就应当是拼搏暂停时供拼搏者休息的港湾。因此，家庭的第一特点应当是随意、宁静、平和、轻松。家庭一旦失去了上述特点，就会变成人生的第二战场，人们一旦同时在两个战场开战，最后必然会身心交瘁，苦不堪言。

有人认为，家庭固然不应是人生的第二战场，但是，把家庭看做是人生拼搏暂停时休息的港湾，也未免陷入了一种一相情愿的主观想象。男女二人组成家庭，其实最大的难点并不在于双方是否决定共同组成家庭，而在于决定组成家庭之后的逐步磨合与长期相处。有一位外国作家说得好：恋爱时，你是和对方的优点相处；结婚后，你是和对方的缺点相处。此话极为透辟地点明，未必会结婚的恋爱，是一个理想化的，甚至带有一定虚构色彩的浪漫过程，而组建家庭的婚姻，则是一个非常务实的，方方面面都要考虑到的，以致有时还会显得有点庸俗的过程。所以，家庭固然不应是人生拼搏的第二战场，但是也不可能总是风平浪静的港湾。

简单地说，家庭观就是一个人对于家庭在生活中的地位和作用的比较理性、系统的认识。能否确立正确的家庭观念，不仅对一个人能否获得一生幸福有着至关重要的影响，而且对于其能否事业有成也发挥着至关重要的作用。

训练思考：

(1) 你认为自己的父母组成的家庭具有什么样的特点？

(2) 你希望自己将来组建的家庭具有什么样的特点？

2. 家庭观的系统化内涵：爱情需求、性格需求、门第需求、财产需求、子女需求

有人认为，家庭的组建其实很容易，一男一女两个人开始在一个屋子里共同生活，在很大程度上就可以称作是组建了结构最为简单的家庭。曾经轰动一时的电视连续剧《激情燃烧的岁月》中男女主人公的结合，就是这种结构的典型代表。对那个时代的过来人做一番调查就不难得知，很多人也就是这样，甚至连恋爱过程也没有怎么进行，就组建了家庭，并且也就这么过完了自己的一辈子。其实，这种结合方式非常典型地代表了中国农民的家庭观。鲁迅先生的小说《祝福》中，祥林嫂被花轿强抬到深山凹里贺老六的家中，一番反抗无效后，一个家庭就组成了。

有人认为，虽然有人对这样的家庭形式做过“先结婚，后恋爱”的美化，但是，它毕竟早已成了历史的回忆，已经不可能为当今的年轻人所接受了。今天，年轻人的婚姻观念早已变得相当复杂，包括多方面的要求。首先是爱情需求，双方能否达成一致，也就是双方是否确实相爱（包括性爱）；其次是性格需求，双方能否“互扬其长，互补其短”；再者是门第要求，双方能否互相认同，尤其是在双方的经济条件、文化条件等方面存在较大的差距时，双方能否确实互相包容。随之而逐步深入的要求还有财产的多少以及如何支配，婚后要不要子女以及什么时候要子女等。任何一个方面出现不一致，都可能会影响婚后家庭生活的质量，甚至危及家庭的存在。

有人认为，组建家庭完全没有必要思考得如此复杂。家庭的组建就好比是一种“同林鸟”式的契约合作，成则合，不成则散。于是，就有人同居而不办理结婚手续，有人试婚（同居觉得合适后再办理结婚手续），有人先做双方财产公证然后再结婚等。诸如此类的形式，在在表明人们的家庭观发生改变。

训练思考：

（1）你认为理性化的家庭观还应当包括哪些方面的需求？

（2）你认为应当怎样看待家庭观中的多方面需求？

3. 家庭观念的多样化是历史发展的必然

多年来，在中国人的心目中，成家一直是和立业（人生事业有成）并重的两件大事。即使是今天，在经济发展相对落后的地区，仍然不难发现，一个人事业有成无成并不重要，然而，如果他没能组建家庭，就会成为众人关注的焦点。这样一来，就有人通过人贩子购买妻子，或者以自己家的女孩子和对方家的女孩子换婚来解决男孩的婚姻问题，总之是要千方百计设法组成家庭。当然，这些都是落后现象，但是它也代表了一种文化意识，代表了一种婚姻观。

与此同时，家庭观念正在趋向多样化，其中最明显的是一种意识的更新。例如，对于女性来说，“嫁鸡随鸡，嫁狗随狗”、“嫁汉嫁汉，穿衣吃饭”等观念正在受到越来越猛烈的冲击，新的女性显然更具有独立意识。同时，离婚率的上升也对不思进取的男性敲响了警钟。“饿死事小，失节事大”的观念也正在受到越来越猛烈的冲击，新的女性显然更具有自我维权意识。这些变化使得夫妻双方只有同心协力、齐步前进，才能使自己的家庭在动态中保持有效的稳定，而这显然标志着新的文化意识、新的婚姻观的凸现。

训练思考：

(1) 你觉得人们的家庭观念趋向多样化以后，家庭会不会逐步丧失其“人生港湾”的基本功能？

(2) 你主张什么样的家庭观？

训练营地 关于“我的求职观”的交流讨论

解题：当今中国，就业问题正在逐步上升为几乎每户人家都无法回避的话题。我国对于存在失业问题的公开承认以及针对失业现象而设立的“4050”工程等，更是使得人们日益认识到“如何求职”这一问题的重要性。如何求职，虽然表面看去是一个重要的行动过程，但是，从根本上说，决定求职能否成功的最重要的因素还是人们在行动过程中的指导思想，也就是求职观是否正确。

1. 求职观的确立前提：“职”与人生的关系

有人认为，“职”是一个人得以在社会上生存的条件。职业不仅给一个人带来因为其付出了职业劳动而应当获取的报酬，使他得以转而获得衣食住行等生存于这个世界所必须具备的条件，更使得他具有精神生存的条件。人与一般动物的区别在于，人除了吃饱、穿暖以外，还必须在社会上选定自己的位置。在很大程度上，职业就是人们在社会上定位的标志。所以说，一个人有了职业，也就有了在这个社会上生存的基本条件。

有人认为，“职”同样也是一个人自立于社会的基础。一个人，只要有了职业，即使很贫穷，他也是一个得到社会承认的独立的人。反之，一个人如果没有职业，即使他很富裕，社会也很难承认他是一个自立的人。正因为如此，一个人只要已经成年，就无不将求职视为自己人生中的一件大事，视为自己走向人生成功的一件大事。

有人认为，“职”还是一个人实现自己人生理想的翅膀。每个人，从牙牙学语开始，到进入社会，都无时无刻不对社会充满种种想象，对于自己的人生理想、价值抱负充满幻想。当他最终借助职业开始自己的人生历程时，他就会发现，正是自己的职业使得自己对于人生、社会的理解与幻想趋向务实，使得自己从白日梦般的想入非非转为脚踏实地的坚忍努力，并最终将自己早年的理想、幻想转变成“艰难困苦，玉汝于成”的现实辉煌。

有人认为，“职”是人生圆梦的目标。马斯洛心理学认为，人是有需要的动物，但是，只有尚未满足的需要才能影响人的行为。人的需要按照由低向高的方向发展可以分为生存需要、安全需要、社会需要等不同的层次。人们对于职业的不同要求，其实分别代表了人生不同阶段的不同需求。科学的求职观应当与自己的人生阶段的现实需求相吻合。背离人生阶段的现实需求的求职，在某种意义上，可以说是脱离现实的求职。

训练思考：

(1) 你怎么看待“职”与人生的关系？

(2) 除上述几种观点之外，你还能不能提出新的认识角度？尝试提出自己的看法，并与别人交流。

2. 在人生的动态发展中确立科学的求职观

有人认为，科学的求职观首先应当明确什么样的职业是自己的理想之职。理想之职，要能适应个人的性格、气质，要能满足个人的兴趣、理想，要能有助于推动个人倾注热情，要能使得个人为之奉献一生。一句话，理想之职应当能够满足个人全面持久、可持续发展的理想。因此，求职时还应当注意判断自己是适合干创业型的工作（挑战性强的，前面没有人做过的），还是适合干守业型的工作（挑战性不强的，已经形成基本规律或程序的）。

有人认为，科学的求职观还应当能够针对个人如何处理好理想与现实、生存与发展之间的关系作出正确的指导。走上社会之初，人们对于所求之职的要求，当然可以先以有助于生存、自立为标准，因而可以侧重考虑工资、待遇等外部条件，但是，一旦理想之职出现，诸如此类的外部要求就应当逐步淡化。前者可以称为“先就业，再择业”，这属于一种现实选择，可能要以暂时放弃理想、爱好为代价，来换取生存条件的满足，并为未来的发展奠定基础；后者可以称为“先择业，再就业”，它更多地表现为一种理想化的选择，其条件是必须要以一定的经济实力为基础，而其风险在于，这种方式并不能确保最终能够谋得理想之职。

有人认为，从宏观角度说，求职观给我们提供了两种求职方式：一种是在某一个早已存在的集体（也就是我们通常所说的企业单位或事业单位）中，为自己谋求一个工作岗位；另一种则是根据社会的需求，自己给自己创设一个工作岗位（也就是我们通常所说的创业）。

从微观角度说，有求职就应当有辞职。求职与辞职应当是一对相辅相成的概念。当人生发展进入较高层次时，求职也应当与怎样更有利于实现自己人生的最大值相一致，于是，与求职相对应，也就自然而然地出现了辞职。

训练思考：

（1）认真分析一下，自己是喜欢干创业型的工作，还是喜欢干守业型的工作，与家人、同学交流一下自己的看法，并力求得出一致结论。

（2）你觉得职业与工资待遇、社会地位、个人性格、人生理想这四个方面应当是一种什么样的关系？

3. 如何求职，应当以能够激励自己创造人生最大值为前提

有人认为，西方人一生中的职业变换频率之所以比较高，是因为他们会对自己的目标追求进行调整与转换。在面对新工作、新环境时，压力越大，为实现理想追求而付出的努力也就越大，所以，职业转换频率越高，表明其理想追求的持久程度越高，当然，最终创造的人生价值也就越大。由此不难看出，先进的求职观中实际上还包含了人生的价值在于创造、在于奉献的人生观念。

有人认为，中国人以一张考卷定专业，以一个专业定终身，这种思维模式当然有其合理性。在学校是学什么的，这一辈子也就干什么了，从现实角度说，是合算的，因为这有助于个人在人生道路上扬长避短。在一个行业里，工作的时间越长，经验也就越丰富，取得成功的可能性也就越大，遭遇失败的可能性相应也就越小，当然，生活也就越稳定，这应当是谁都能看得明白的事情。

有人认为，求职，也就是求一个饭碗，当然应当以“金饭碗”为首选目标，以“铁饭碗”为次选目标，实在没有办法了，再去捧“泥饭碗”。至于个人的性格、气质、特长、爱好，那都是不能增值的，都是空谈，既没有价值，也没有意义。

有人认为，为了某种职业待遇、行业福利而放弃自己的人生追求，表现了在求职观念方面的一种低层次性。一个为了待遇而放弃人生追求的人，一旦其性格、气质、特长、爱好与其从事的职业发生冲突，甚至受到压抑，他就必然会对这个职业失去内在的热情。职业热情的降低，很可能会导致创新能力的丧失。反之，一个人的性格、气质、特长、爱好如果与其从事的职业融为一体，其职业热情以及在工作中的创新能力就会高涨而持久。

有人认为，中国人固有的求职观念眼下也正在受到日甚一日的冲击，辞职对于中国人来说，已经不再陌生；下海、转岗更是见多不怪。为了将来能够从事自己喜欢的职业，有个清华大学的硕士研究生干脆放弃到手的博士生录取通知书，转而回头重读自己喜爱的本科专业。

训练思考：

有这样两份工作同时出现在你的面前：一份工作不但有着挺不错的工资，而且工作环境、福利待遇也都不错，但是具体工作单调、乏味，工作气氛压抑、沉闷，很难激起你的兴趣；另一份工作工资明显偏低，工作环境简陋，福利待遇也偏低，但是，具体工作对你有吸引力，能够唤起你的兴趣，激发你的智慧潜能。你只有三天的选择时间，你将选择哪一个？

第九讲　口才交际能力训练与沟通能力强化

提要与思考

1. 本讲的核心环节在于对听话理解能力的训练。本讲的创新点在于：一是将听话理解能力予以系统化界定，并划分出“低级阶段”（听点、听线、听面）与“高级阶段”（内外辨析、表里透视、听说有度）的不同水平要求；二是指出听话理解能力训练不仅要求准确理解对方的话语，而且要结合本方的观点、立场与利害关系作出分析。听话理解能力训练的根本目的在于为口才交际过程中的接受、赞同、拒绝、回避等不同反应提供可靠的依据。

2. 根据口才交际过程中要针对对方观点作出接受、赞同、回避、拒绝等不同反应，本教材著者又提出迎合能力训练与抗回避能力训练两种方法，并糅合这两种能力的需求，在实践中创立了一系列的训练方法。

重点问题

1. 在听话理解能力训练中，每当进行迎合能力训练时，都难免会有人提出这是在训练“拍马屁”的能力的质疑，你对这个问题怎么看？认真思考把迎合混同于拍马屁这种观点背后深层次的精神文化原因。

2. 迎合能力与抗回避能力训练的基本要求是，必须保证登台训练的双方事先没有交流沟通，这样才能有效训练听话理解能力与即时反应能力。如果训练双方事先有交流沟通，登台演示就变成了小品表演，而不再是迎合能力与抗回避能力训练了。

一、听话理解能力训练

口才交际双方，不论是运用哪一种应用形式，也不论属于哪一个行业种类，其根本目的都不外交流思想、沟通信息、解决问题。因此，口才交际的最基本特征之一，就是双向交流性。这就要求一个人不仅要会说话，而且要会听话，否则，不了解对方所要表达的意思，不了解对方的思想现状，就很难作出有针对性的反应，口才交际就难以取得真正的成功。

（一）听话理解能力训练要求（初级）

听话理解能力是人的文化素质在口才交际过程中的一种无形的显现。它以听话人的知识积累和理解能力为基础，借助于判断和推理能力，作用于口才交际的全过程。

在口才交际过程中，“听”与“说”可以说是两大主干环节。如果说，“说”是为了向外部发布信息，那么，“听”则是为了从外部接收信息。“发布”与“接收”在这里构成了一种相互依存并相互促进的良性循环关系。在某种意义上，“听”是为了更好地“说”，听得准才能说得好，“听”服务于“说”，这主要表现为对对方表述内容的准确理解，并为听话人的言行反应提供依据。很难想象，一个听话理解能力很差的人能成为一位口才交际的佼佼者。

这就使得听话理解能力的训练，实际上应当围绕两项目标追求来展开。一项追求是，“听”与“说”这两项基本能力的交叉运用与自我理性控制。该项要求如果换成大白话来表达，也就是“该说的时候就认真说，该听的时候就耐心听”。口才能力的训练，并不是以一个人能够随时随地就任何话题滔滔不绝地发表长篇大论为上乘表现的，它还要求人们，在应当成为听众时，要努力成为一名优秀的、受人欢迎的听众。

听话理解能力训练的另一项目标追求是，对于所听到的话语的准确分析、准确理解、准确判断与正确处理。听话理解能力随着人们各自文化素质的不同，随着人们分析、理解、判断、处理问题的能力的不同而表现出不同的层次性。听话理解能力的层次性是人们口语水平差异显现的主要方面之一。一般而言，具有高层次的听话理解能力的人，能够对低水平的口才表示理解和作出准确的判断，而具有低层次的听话理解能力的人对高水平的口才则往往难以理解，并且难以作出准确的判断。因此，一个人要想成为口才方面的佼佼者，就必须努力提高自己的听话理解能力。

听话理解能力的提高有广义的和狭义的两种。广义的听话理解能力的提高，其过程可以延及人的一生，人们可以在自觉状态下有意识地进行，也可以在不自觉的状态下无意识地进行。除文化知识方面的积累外，听话理解能力的提高，不仅表现为生活阅历、社会经验等方面的感知和积累的增加，而且还表现为对交际对象表述内容的辨析能力的增强。

狭义的听话理解能力的提高，是指口才训练过程中的一种训练行为。这种训练，重点在于培养人们对于外部传导信息在交谈瞬间的接收、储存以及辨析、理解能力。

从本质上说，在口才表述过程中进行的这种狭义的听话理解能力的训练，只具有从理性角度强化认识、促进听话理解能力提高的作用。应当看到，仅靠课堂内这种短时的训练是无法培养出高层次的听话理解能力的。高层次的听话理解能力的养成，主要还是靠文化素质的提高，生活阅历的增加，进而言之，还是要靠在生活中持之以恒的、日积月累的努力和锻炼，即广义的听话理解能力的提高。

但是，这绝不意味着听话理解能力训练在口才训练过程中就无足轻重。恰恰相反，听话理解能力训练，尤其是课堂教学中当众进行的听话理解能力训练，对于学生各方面能力的提高有着显而易见的效用。

简而言之，听话理解能力训练至少对于学生集中注意力、增强记忆力、强化理解力具有一定的作用。它可以培养学生反应的敏捷性帮助他们克服心理障碍，使他们学会尊重交际对象，让他们心中时时保留着说话者应有的地位。

课堂教学中的听话理解能力训练，通常都要求在很短的时间内（至多几分钟）完成。因此，不高度集中注意力是无法进行的，并且这种注意力高度集中的要求，常常明显严格于一般的课堂教学中的注意听讲，更是心不在焉者难以胜任的。它要求听话人排除一切干扰，凝神细听，这对学生如何迅速有效地集中注意力是一个有效的促进。

听话理解能力训练有助于增强记忆力。听话理解能力训练或要求听话者全文复述刚刚听到的文字内容，或要求听话者复述其全部要点，或要求听话者发现材料中隐含的错误等。凡此种种，无不需要以完整的记忆为基础。没有良好的瞬间记忆能力，这种训练常常是无法完成的。那种记住了前面就忘记了后面，抓住了后面又丢掉了前面的“马大哈”，更是必碰钉子。

听话理解能力训练对于强化理解力也有一定的推动作用。在听话理解能力训练中，依靠机械记忆复述听到的全部文字，只是训练的要求之一。其中，要点式复述，则需要在机械记忆的基础上，经过自己的理解进行重新编程；挑剔错误式复述训练，更是要在机械记忆的基础上，经过分析、判断、推理进行鉴别、辨析。有些需要机械记忆并全文复述的材料，内涵层次较多，有的还有较强的理论色彩，全靠死记硬背，难以完成。凡此种种，都使得不求甚解的浮夸学风在这里失去了领地。

听话理解能力训练对于培养反应的敏捷性也是一种有效的推进。这种训练要求听话人对刚听到的文字材料立即作出规定的反应，并要求反应准确。可以说，此类训练如持之以恒，对于受训者而言，反应的敏捷性必将大有长进。

听话理解能力训练为心理障碍的克服提供了一个有效的模式。训练实践表明，有不少学生，对于同样的表述内容，坐在座位上表述，在原座位站立表述，走上讲台当众表述，这样三种表述方式就有三种表现水平。一般以坐着表述为最佳，而以走上讲台当众表述为最差，究其原因则在于心理障碍的干扰。听话理解能力训练实质上也属于一种无充分准备时间的当众口语表述，这一形式对于心理障碍的克服确实具有较为明显的效用。

综上所述，听话理解能力是一种重要的基本学习能力，它是人们汲取文化知识、了解人生社会、学习语言思维、获取有效信息的重要途径。听话理解能力训练在口才训练中，既是一种素质方面的基础训练，也对能力显现有明显的推动作用，是一项不应忽视，也不容忽视的重要的训练。

听话理解能力能力的训练，在初始的起步阶段，主要可以分解为以下三个方面的内容。

1. 听“点”：提取要点训练

所谓“听‘点’：提取要点训练”，即在听话过程中，应当时时注意对对方的话语进行散乱观点整理，进而努力把握其要点中心。

在口才交际过程中，人们对于自己要说的话语的“量”，常常会自觉不自觉地遵守“节省”原则。也就是说，如果同样能够达到目的，那么人们往往是能用一句话说明白的意思，就不愿意用两三句，甚至更多的话语来表达；能用一两个字就说明白的意思，人们往往就不愿意说一两句话。“节省”原则在口才交际中，对于说话方来说有省事省力的效用，而且它也有助于听话方更加准确地把握说话人的话语意图，从而更有助于口才交际的成功。

逸事趣闻

已故著名相声表演艺术家侯宝林先生就曾说过这样一段包含着“谁？俺。咋？尿”的两问两答四句话共四个字的相声片段，把一个发生在夜间，人们隔着房门进行的：“门外是谁？门外是我。你在干啥？我去撒尿”的对话浓缩成四个字，而对话双方的意图显现同样的清晰、准确。

这一原则同样适用于非常规范的口语场合。例如，有人注意到近年来中央人民广播电台的报时用语所发生的变化。1985 年以前，在报时信号最后一响之后，广播员说的是：“刚才最后一响，是北京时间××”；1985年以后，省略了“刚才最后一响，是”，改成了“北京时间，×点正。”报时意图的表达同样清晰准确。

然而，“节省”原则并不是人人都可以做到的。在绝大多数情况下，日常口才交际都是并不做什么事先准备的，因此，这就直接导致了口才交际双方常常是以一种边想边说的方式来投入口才交际的。这就又使得双方或者其中一方的话语难免啰唆、重复或不着正题等。在口才交际过程中，我们既无法防止说话人出现这种状况，又不能因此而放弃获得成功的努力，因而听话人就必须对这些夹杂着冗余信息的话语进行筛除与过滤，以提取与口才交际的目标追求密切相关的诸要点。

经典案例

例1.（下面是一场口语对话的实况录音，其语病也如实保留）

时间：1995年11月2日；地点：广东人民广播电台新闻台新闻专线。

主：喂，怎么称呼您？

客：唉，我姓杨。

主：杨先生是吧？你有什么法律方面的问题可以咨询一下我们的钟律师？

客：唉，我就是在太和打工差不多一年多了拿不到钱，我们都到，我到法院去，劳动局搞那个仲裁，搞那个仲裁，劳动局啊，我们现在是没有合同。没有那个合同。他停工的时候给我开了一个结账单，结账单，那个劳动局说没有用。劳动局（说）没用。我就说……他说要我到法院里去起诉。法院不受理，我现在很困惑。究竟不知道怎么办？[①]

——材料引自钱冠连著《汉语文化语用学》

例2.（以下是一篇口语表述的实例）

有这样一个故事：可能是春秋时候吧，不，不是，可能是

① 钱冠连：《汉语文化语用学》，178页，北京，清华大学出版社，1997。

战国时候，有一个东郭先生。啊，不对，是南郭先生。你瞧，我这记性，一碰到古代的事，我就糊涂。那回更可笑，司马光小时候打破水缸的故事，我却把它安到司马迁头上去了。南郭先生是齐国人。齐国的国王喜欢听竽。竽是一种乐器，不是鱼虾的“鱼”，有的人老爱把“滥竽充数”写成“烂鱼充数”，拿烂了的鱼充数，我弟弟就是这么写的。看，又扯远了。齐宣王不爱听一个人吹，每回都叫三百个乐师一块儿吹，南郭先生不会吹竽，也混在里头充数，领一份薪水。后来齐宣王死了，他的儿子齐缗王接了班，他喜欢听一个一个单独吹。南郭先生怕露了马脚，就连夜逃走了。①

从上述二例可以清楚地看到，冗余信息对于口才交际所产生的干扰作用。如例 1，冗余信息主要表现为重复、啰唆，很多词语都是出现两次，其中又夹杂着在结构方面有问题的话语。听话人在听的过程中，如果不能有效地将这些重复、啰唆与有语病的成分加以整理，势必会影响自己对于说话人的意图与目的的理解，以至影响口才交际的成功。至于例 2，则又有所不同，其冗余信息的存在，主要表现为东扯西拉。例如，在“滥竽充数”成语故事的介绍中，先是从南郭先生扯到东郭先生，接着又从司马光扯到司马迁，然后又从“滥竽充数”被错写成“烂鱼充数”扯到说话人的弟弟。听话人如果不能及时地将这种东扯西拉的成分清除，势必会影响自己对于说话人的意图与目的的准确反应。尤其是，听话人如果对这些冗余信息作出了反应，例如，接过说话人的“司马迁”话题，也谈起司马迁，接过说话人的“弟弟”话题，也谈起说话人的弟弟或者自己的弟弟，这场谈话恐怕就要越扯越远了。

这种越扯越远的现象，在生活中也并不罕见。例如，一群人坐在一起闲聊，一两个小时后常常会发现，后来所谈的内容与闲聊开始时的话题早已风马牛不相及。为什么会如此？其实也就是因为闲聊时人们往往不受明确的目标的控制，在应对接话时，有时会随心所欲，甚至漫不经心，于是你接过这一个冗余话题说上一句，我再接过另一个冗余话题说上一句，东扯西拉的现象便出现了。

① 许长庵主编：《初中语文听力知识与训练》，87 页，厦门，鹭江出版社，1995。

2. 听“线”：脉络把握训练

所谓“听‘线’：脉络把握训练”，即在听话过程中，应当时时注意对对方话语的主干或主线完成各环节的衔接把握，同时虚化可能妨碍理解的细枝末节。

口才交际中，听话时所摄取的内容不外叙事、抒情、议论三个方面。对于叙事的成分，听话者在听取时显然必须把握事件的起因、过程、结局等具体的环节；对于抒情的成分，听话者在听取时显然必须把握发展、起伏、跌宕等波动曲线；对于议论的成分，听话者在听取时显然必须把握总论点与诸多分论点之间的内在的有机联系。对于这三个方面的话语内容的把握，我们可以统称为“脉络把握”。

在具体的训练中，我们可以把脉络把握理解为是学习“把握对方话语主干的环节衔接，虚化细枝末节”的原则和方法。

所谓虚化，是指在对说话人所说的话语全部听取的同时，对于其中某些细枝末节暂时不予以过多关注的意思。细枝末节在这里表现为一种相对概念，它不同于冗余信息。冗余信息属于与口才交际的目标追求关联不大，甚至会阻碍口才交际目标实现的成分，而细枝末节则属于暂时看来与目标追求的关联不大或者从某一角度看去与目标追求的关联不大，因而暂时不加以着重关注的内容。

虚化，是听话人按照自己的逻辑判断，对于所听取的话语进行主次轻重缓急的处理的一种能力。在口才交际过程中，话语信息常常并不是以单一的、清晰有序的形式出现的，因而，听话人为了更好地把握说话人的思维脉络，为了更清晰地把握话语内容的层次和条理。就必须在听话的同时，对话语进行信息处理。其中，虚化，就是一种必要的处理手段。

虚化不能等同于筛除。筛除是指对听取的话语经过筛选后，将冗余信息永久地清除，以使得自己听取的话语要点更加明确清晰，而虚化则是不加以着重关注的意思。话语只要是说出了口，实际上也就永久地在听话人心中留下了痕迹，因而暂时不加以着重关注并不等于始终不加以着重关注。

随着口才交际话题的深入，或者说，随着事态的发展，某些原先未曾被关注的细枝末节逐渐变得重要起来，这也是一种常见的现象。例如，审讯犯人时曾被忽视的某些话语（蛛丝马迹）；在交往过程中，某些当时看来不可能兑现的承诺因时机、条件的成熟而日益接近兑现等。这些就使得听话过程中的虚化有着具体的标准和要求。

这里，请看一段电话对话的实况录音。

经典案例

时间：1995年11月2日；地点：广东人民广播电台新闻台新闻专线“法律咨询”节目。

客：喂！　　（客1）

主：喂！您好。

客：新闻台吗？　　（客2）

主：喂，新闻台。

客：我想请教一下钟律师呀。　　（客3）

主：请问怎么称呼您？

客：我姓廖。　　（客4）

主：廖先生，您谈。

客：我有一个朋友，他是在湖南，他就是办了一个牡丹卡，在外边取了钱，买了东西，没有（?）藏起来，就到我们这里来了。我们不知道是办这个事呀，衡阳公安局来抓人的时候，把我这个朋友也抓走了，抓走了以后，另外一个朋友也抓走了。罚我那个朋友罚了一万块钱。我们朋友不知道。他说我们朋友没有举报。他罚了钱写（成是）“赃款”，不写“罚款”，这个事怎么办呢？　　（客5）

钟：廖先生啊，我刚才，你谈的细节我没有听清楚。你讲的是因为牡丹卡，牡丹卡是怎么回事呢？　　（钟1）

客：我的朋友办了一个牡丹卡，在外边买了东西么，买东西没有把钱还给银行么，银行就说他——

钟：那就属于透支啦。　　（钟2）

客：透支啦。银行说他是骗子。

钟：这一个中间就要掌握这样一个细节。　　（钟3）

客：嗯。

钟：看是属于善意透支，还是恶意透支。如果属于恶意透支，如果属于数额比较大，这就够上违法，甚至犯罪了。

（钟4）

客：嗯。违法犯罪了。他大概九万元左右。

钟：如果像我刚才谈的，如果数额比较大，就牵扯到这样一种性质了。那么这样一种性质，作为一个执法机关，有权作出处理决定。那么说，按照行政诉讼的程序，来进行这一方面的工作。（钟 5）

客：我这个朋友，办卡的人抓进去，我们不怪……另外一个朋友也抓进去了。

主：那么另外这个朋友有没有参加到这个活动？

客：没有。他在……干活。

钟：如果没有参与到的话……（钟 6）

客：（插话）他罚了一万块钱。

钟：如果你谈的情况属实，那你向执法机关提出有关的这个情况的证明，对吧？那么反映这种实际情况，相信执法机关会公正地处理这个问题。（钟 7）

客：他打了一个条，用一万块钱买出来，他不是写“罚款”而是写“赃款”。

钟：这个问题呀，就是说，首先要明确这个问题的性质。这个性质明确了，这个款到底是赃款还是罚款，那么就清楚了。这里首先谈不上是罚款。（钟 8）

主：廖先生，您的问题谈完了吧？

客：谈完了。谢谢您。

主：那么，好，也谢谢您打电话。

从上面这一则对话，我们不难看出，钟律师在听话的过程中，运用的恰恰就是“虚化”法。因为从“客”（说话人）的话语来看，他所提供的信息并不清晰。例如，在客 5 的那段话中，前后共出现了两个朋友，这位说话人究竟是要为哪一位朋友请求指导帮助并不清楚，所以钟律师就顺着牡丹卡的线索向前引申（见钟 1），他首先关注的是第一个朋友的问题（第二个朋友的情况被虚化）。在明白了第一位朋友因为恶意透支九万元而被抓，然而这其实并不是说话人所要探讨的问题后，就将其虚化，转而开始与说话人共同探讨另外一位朋友的问题（第一位朋友的问题弄清楚后被虚化，第二位朋友的问题开始成为话题中心，他的有关情况也开始由虚转实）。

不难看出，虚化实际上是把握对方话语主干的环节衔接以推进口才交际成功的重要方法。具体到这场对话中，两个朋友只能是始终表现为“一虚一实”，才能有效地保证口才交际的成功推进。如果像说话人那样同时谈论两个朋友（见客5），听话人在理解上就会感到有一定的困难。所以，钟律师在介入谈话后，首先从牡丹卡入手明白了“第一个朋友”的问题，然后就迅速将其虚化（先实后虚），开始转向“另外一位朋友”（先虚后实）。

3. 听“面”：中心提炼训练

所谓“听‘面’：中心提炼训练”，即在听话过程中，应当时时注意对对方话语的意图进行总结提炼，同时明确其内在的纲目层次关系。

口才交际并不完全是以一句对一句的方式进行的，常常是一方长时间地听取另一方的话语表述，而在这种长时间的单方面表述中，说话人有时叙事，有时议论，有时抒情，这种话语成分混合显现的现象的存在，就需要听话人具有对于话语的不同成分运用不同的听话方式的能力。因此，听话人是否具有比较强的中心提炼能力，是否能够对听取的话语内容进行归纳总结，并整理出纲目层次，对于口才交际能否取得成功，就显得非常重要了。

在某种意义上，中心提炼能力可以看成是前两项训练（即“提取要点训练”和“脉络把握训练”）的有机综合。这两种方法的交叉并用，有助于听话人把听取的信息的散点“连线连网”，并在此基础上，构建对方话题表述的纲目层次，最终完成对于对方表述的整体听取。也就是说，在听取对方的长篇话语表述时，听话人一方面要及时筛除冗余信息，提取对方的话语要点；一方面还要能够虚化细枝末节，把握对方话语主干的环节衔接，并在逐一提取话语要点的同时，将这些散乱的要点予以有机的串接（“连点成线”），从而“串线成面”，从而从听话人的角度，构建起既忠实于说话人的原意，又融入了听话人的独特理解的纲目层次。

这里，再看一段赛后专家评点的文字实录。[①]

时间：1995年12月18日；地点：由上海教育电视台主办的“首届中国名校大学生辩论邀请赛”现场；说话内容：大决赛“外来文化对民族文化的发展利大于弊”的赛后专家评点。

评点人：余秋雨教授

① 说明：近些年来，辩论比赛已经比较普遍了。在比赛程序完成以后，专家的评点也成了一个必不可少的环节。但是，众所周知，专家评点在辩论比赛中其实并不受欢迎。原因何在呢？总体上来

余秋雨：主席，各位听众，我受评判团的委托，对于今天的这场辩论作一个简单讲评。在讲评之前按照我要把大家对内容的兴趣先消解一下，就是任何辩论当它进行比赛的时候，它的内容是由抽签决定的，并不是决定两方面自己实在的立场，从某种意义上来说，这是一种高智能的智力游戏，当然这里隐含着我们对内容的选择和判断，但是我的讲评重点不在这儿。我们每一个选题的选择实际上都要找到这样一种题目，它是大家所关心的，但是它又是找不到简单答案的。我们所选择的两个方面，当它们组合在一起的时候，当我们的每一个时代的人们在这两个片面当中徘徊和选择的时候，就会出现自己的某一个真理，而仅仅是它片面独立的时候他就不行。在这种情况下面，我们都知道今天这个辩题近代史上大概是从鸦片战争以来吧，许多高智商的中国人都为之而极力辩论，而且这个辩论不完全是口舌之争，有文章，有行动，甚至为之出现过许许多多的争斗，我们不可能希望这样一个延续一百多年的辩论在1995年12月18日同济大学的逸夫楼里解决了。那么，今天的两个队实际上当他们抽到签的时候，我们评委感觉到他们心里对自己有一个掂量，就是说有一个队应该好辩一点，有一个队应该难辩一点。好辩一点的队他应该是在寻找自己的阵地，我怎么样不让对方攻下来。而不太好辩的一个队他实际上是进攻性的，他某种程度上先要把对方的阵势搞乱，然后再逐步地深入，他只能是这样一个逻辑程序。

说，原因大致有两个方面：一是，专家乃自己所研究的专业内的行家也，他并不是在任何话题上都是专家。出任辩论比赛评委的专家，往往是到了比赛现场才接触辩题，因而在很多具体细节上，这些专家其实还不如已经为这道赛题进行了很长时间准备的辩手。因为专家对赛题其实并不专，所以在作“专家评点”时就难免东扯西拉，冗语连篇。二是，越是高级别的辩论比赛，参赛双方的身份级别往往就越高。以这场大决赛的辩论实录为例，一方是复旦大学，一方是浙江大学，夸其中任何一方好都意味着对另一方的否定，对于这两所学校，评委显然不能说谁好谁不好，于是只好东扯西拉，以此来冲淡因为表扬一方而导致的对另一方的否定。

为什么要选择这样一篇讲话作为听话理解能力训练的分析材料呢？原因并不在于说话人的身份、名气，而是在于，面对刚刚结束的比赛进行评点，说话人没有时间事先写好发言稿，更不可能对自己要说的话进行反复推敲，他至多只能看着写了几点提纲的小纸片，在“边说边想”中完成自己的评点。并且，这段文字是上海教育电视台的工作人员根据录音如实整理的，连掌声和语病都如实照录，以这样的发言作为听话理解能力训练的剖析材料，具有较高的真实性。

教材著者评点：以上为冗余信息。至此，点评人已经说了大约六百个字，还完全没有进入正题。

> 我们的正方一开始比较清楚地陈述了自己的观点，但是应该说陈述的时候他们的阵地做得不太牢固，可能只有这一点上，正方的观点应该是比如就我个人来说，我可能就比较偏向于正方的观点。但是招架之功往往就不够有力。他们的辩手都很出色，一个一个尽自己的可能发挥个人的所长。

教材著者评点：辩论比赛的评委在评点时说话的难度其实很大，例如，这一段话让人听来就很难明白究竟是批评还是夸奖。余秋雨先生刚说正方“比较清楚地陈述了自己的观点”，立刻就补上一句“他们的阵地做得不太牢固”；刚说了他们“招架之功往往就不够有力”，接着就说他们“都很出色”，这其中究竟是想褒还是想贬，只能由听众运用自己的听话理解能力去各自判断了。

> 特别是我们所有的评委一致叫好的他们的四辩，可能我们认为在今天的辩场上把反方和正方连在一起，他都是最出色的。

教材著者评点：这里出现了第一次有效评点，但是，对这位四辩刚夸奖完，评委就必须立即予以淡化。注意看下面。

> 当然我们对于反方的四辩也给予了很高的评价。正方就他们的专业而言论，几乎都是理工科的，而反方都是文科的。在这一点上，我们在感情投入上又有一点偏向于正方，他们有那么多的文科知识，而且又那样的能言善辩，完全打破了我们原来对高等学校理工科专业学生的那种印象。
>
> 那么，反方就出现了另一种情形，可以这么说，声势凌厉，有的地方不太讲道理，经常对于文化的问题说得危言耸听，使我们生活在今天的中国人在内在感情上难以接受，但是在现场的气氛上容易鼓掌。

教材著者评点：评委在这里开始了对于正反双方的第一次评价，话说得极为含蓄，应当怎样理解，就要看听众如何依据自己在辩论比赛方面的经验来做判断了。

在这一场较量中，我们评委一致认为，关键还是要寻找到我们辩题的焦点所在，他的逻辑焦点究竟在哪儿？可能是反方故意造成的，但正方在这方面比较老实。他们没有很好地抓住辩题指的是什么。外来文化对民族文化的优劣论，并不是像反方所说的拥抱外来文化，是接受外来文化的侵略，不是在一个完全毫无忧虑的文化群体中自我消灭。并不是这样的，但是他们没有很好地抓住这一点。然而正方也有一些很有力的证据，比如当他们在辩论到后面提出上海文化的时候，我们觉得他们具有逻辑的力量。

教材著者评点：这里开始对正反方进行第二次评价，话仍然说得褒贬对等。对于正方，先是贬，“没有很好地抓住辩题指的是什么”，然后褒，“他们具有逻辑的力量”；对于反方，先是褒，夸反方的技巧运用，这场比赛的焦点之所以没有很好地定位，“可能是反方故意造成的”，继而贬，外来文化对于民族文化的优劣影响“并不是这样的”，没有经验的听众坐在台下，任你如何分析，恐怕也只能是在“云里雾里”了。

当他们提出今天的大专辩论会这么一个形式出现在我们土地上的时候，意味着什么，我们觉得这也有一种近距离的急智。甚至于到最后四辩认为，你看你们不同意我们的意见对我们来说也是帮助，由此扩大之，外来文化对民族文化一个大结构它是一个什么样的逻辑关系。但是由于整体上的防卫逻辑构架没有建立，它就显得零碎了。

教材著者评点：此段似对正方有贬义，但是由于其中充斥了较多的名词术语，如“近距离的急智”、“防卫逻辑构架”等，因而，从口语的角度来理解，贬义被有效地予以淡化了，这样就不会对任何一方产生刺激了。

反方的优点就在于一开始，他就给自己作了一个定位，这个定位实际上和辩题有点不一样，就是民族文化和外来文化，它们有共通的部分，凡是全人类的文化，都可以算作我们民族的文化。他们指的外来文化是什么呢？指的是不可通约的那个部分，这是他们的一个非常重要的立足点。那些完全和我们格格不入的部分，那算是外来文化。那么格格不入的部分和我们本体，它们的关系是什么？当这个问题把它确立下来以后，我们的正方没有识破他们的计谋，我们的正方没有对不可通约这个概念、他们的核心概念进行打击的时候，那么他们即便不太讲道理，他们气派也越来越大。

教材著者评点：这里出现了第二次有效评点，评委的倾向已经出现，但是却是以反方“不太讲道理”的表面贬斥加以掩饰的。

辩论比赛后的评委评点，听众主要关心的有两点：一是，几名辩手中，谁最出色；二是，正反方中，哪一方胜。评委既不能不谈到这两点，因为完全不谈及，就不成其为评点了，又不能挑明这两点，过早挑明了岂不是踹了坐在旁边等着拆信封宣布结果的主席一脚？所以只能是欲盖弥彰，只能是好像已经说到，但是又可以不认账。至此，这场评点的两个关键问题实际上已经说完，评委下面的大段发言实际上也就全部都可以视为“冗余信息”了。

所以我讲到这大家已经感觉到了，辩论实在是一种训练自己的逻辑力量和思辨能力的这么一种高层次的游戏。我们评委在这个问题上，对观念性的投入不多，我相信我们在座的各位也可以把这个问题分作两个层面来考虑，辩论的技巧和逻辑思维方式是一个层面，另外，外来文化和民族文化的关系，我相信我们还要以非常认真和非常严肃的态度来面对、来讨论，这是另外一个层面的问题。我相信哪怕是复旦大学辩论队的人当他们下场以后他们的观点也不会是这个样子。浙江大学队的观点可能也不完全是这样的。我们一起消融以后，再来进行认真讨论。这个问题有关我们民族的兴亡，无论是正方的四辩，还是反方的四辩，他们最后总结的时候非常带有感情的论述，使我很感动，这种感情是真实的。尽管前面的辩论有技巧性，但落到后面的这两个水潭时，他们都显得很有感情，而且这两个问题的哪一端都真的能够激发出我们的感情来，原因是在两种片面性当中徘徊到今天的现代中国人从两边都可能引出感情。那么两种感情，也就是说把正方的四辩和反方的四辩表述的感情能够融合起来，变成我们参加这次辩论赛的辩手和我们听众的群体性感情，一起来深入思考这个似乎是难分难解的课题，把我们民族非常需要思考的大课题，进一步引向深入，这就是我代表评委们所作的非常简要的一个讲评。

教材著者评点：从上面这一篇余秋雨先生在大学生辩论赛后所作的评点剖析中，我们可以学习如何听取长篇说话。这其中主要的方法还是前面已经有所总结的两种。一种是筛除冗余信息，以更明确地提取对方的话语要点；另一种是虚化细枝末节，以更有效地把握对方话语主干的环节衔接。

在口才交际中，能够有效地运用上述两种方法听取对方说话，就说明你已经掌握了口才交际中的听话基本要求。

（二）听话理解能力训练要求（高级）

引经据典

“诸葛亮舌战群儒”的故事出现在《三国演义》第四十三回。长期以来，人们多极力夸赞诸葛亮卓越的口才，并将吴蜀联合发起赤壁大战击溃曹操八十三万大军的头功归于诸葛亮。应当承认，在这一过程中，诸葛亮功勋卓著是不言而喻的，但是，如果让他独占头功，则未免有失公正，因为还有一个人，应当与诸葛亮平分这一功劳，他就是鲁肃。

从小说中我们看到，诸葛亮面对东吴群臣的轮番进攻有问必答，时而绵里藏针、以柔克刚，时而针锋相对、义正词严，其态度是不温不火、有礼有节，一场舌战，可以说是诸葛亮口才的全方位显现。尽管如此，我们还是不能不看到，如果不是鲁肃在旁边调节控制，在孙权面前成功地“力排众议”，诸葛亮的舌战群儒，只怕难免会以失败而告终。

小说中，“舌战”开始之前，东吴的掌权人孙权实际上就被以张昭为首的主降派团团围定，已经“低头不语”了。鲁肃乘孙权起身上厕所之机，紧随而出，不失时机地告诉孙权：“众人之意，各自为己”，而出卖的是你孙权将军和东吴的江山。鲁肃不过寥寥数语，就重新振作起孙权的精神，进而为诸葛亮的“舌战群儒”打好了基础。舌战过程中，诸葛亮又因话语过于犀利、尖刻，高抬刘备，贬低孙权，致使“孙权听了孔明此言，不觉勃然变色，拂衣而起，退入后堂”，而那些主降的众大臣则是“哂笑而散”。眼看诸葛亮即将无功而返，又是鲁肃及时斡旋，面对因“孔明欺吾太甚”而“怒气未消”的主公孙权，鲁肃一番劝说，竟使得孙权重新“邀孔明至后堂，置酒相待”，最终挽回了局面。

鲁肃能以寥寥数语就打动孙权，既能使他从“低头不语”中振作起精神，又能让他一改对诸葛亮的怒气，重新“置酒相待”，这说明他的口才水平其实也并不差。但是，鲁肃在此过程中，更重要的，还是显现了他具有过人的听话理解能力。他能够准确辨析说话人的意图，把握说话人的心态，从以张昭为代表的投降派的振振有词和滔滔不绝之中，看穿了他们谋取私利的真正目的，进而有的放矢，对症下药，最终帮助诸葛亮取得了成功。

听话理解能力是一种重要的基本学习能力，它是人们汲取文化知识、了解人生社会、学习语言思维、获取有效信息的重要途径。听话理解能力训练是一项不应忽视，也不容忽视的重要的训练内容。作为听话后的自然反应，迎合能力与回避能力既可以被视为与听话理解能力相并重，又可以被看做是听话理解能力在口才交际过程中的一种延伸，这两种能力与听话理解能力的有机结合，推动人们一步一步地在口才应用中获得成功。

在口才交际过程中，听是一个非常重要的环节。通过听，可以了解对方的观点、认识、思想水平、行为个性，可以了解双方观点分歧的焦点所在。听话的过程，其实就是一个对交际对象从了解分析认识开始，至理解把握控制的过程。这一过程的完成，显然有助于对症下药，寻求解决问题的办法，并最终使得口才交际获得成功。通过听，还可以及时了解情况，捕捉信息，可以获取成功的提前量，防患未然；此外，听还有助于自己了解人生，扩大知识面，有助于提高自己认识主观世界、客观世界的能力和水平。

如果说听话理解能力训练的起步阶段主要应侧重于“听点、听线、听面”的训练，那么，听话理解能力训练的提高阶段就应着重于“立体交叉”式的训练，即要着重训练自己对于听到的话语进行多角度的分析、多层次的理解的能力。这一训练又主要可以分为内外辨析、表里透视、听说有度三个方面。

为了使口才交际能力训练更为有效地与语文学习中的阅读训练相结合，本教材以《红楼梦》中人物的口才交际为范本，试同时进行听话理解能力训练、迎合能力训练与抗回避能力训练的要求展示。读者可以将本教材的这一研究方法推而广之，应用到对其他文学名著的阅读学习中去。

需要指出的是，从文学或美学角度来阅读文学作品，与从“口才学”的角度来阅读文学作品，对于作品中的人物评价，往往会得出完全不同的结论。这主要是因为不同的学科有不同的指导思想，或者说，不同的学科有不同的评价角度。

这里试对听话理解能力训练的高级训练阶段的三个方面的要求逐一进行剖析。

1. 听话理解能力训练要求学会“内外辨析”

所谓“内外辨析”的“内”，就是指话语的表面意义，或者称为“题内话”。辨析“题内话”，也即就事论事，或者叫做就话论话，话语是怎么说的，听话人就按照话语的表面意思来理解。所谓“内外辨析”的“外”，即话语表面意思之外的、虽然比较隐蔽却是客观存在的另外一层意思，或者称为“题外话”。辨析“题外话”，就是在对话语的表面意义进行辨析的同时，结合口才交际的场合、交际双方的关系、说话人的个性与心态、说话目的等多方面的因素，在进行交叉分析的基础上，对说话人的真正目的作进一步的准确把握。

口才交际中，“内外辨析”的实际应用可以大致分为两种情况。

第一种是，说话人话中有话，听话人也听出了说话人话中有话。

在口才交际中，出于某种原因，说话人觉得自己的真实意图难以直言相告，于是就欲盖弥彰地或顾左右而言他地以话中有话的方式说出来；或者由于某种原因，说话人觉得如果直言相告，不足以有效地刺激对方，于是就含沙射影地或声东击西地把话语绕一个圈子说出来。这就要求听话人在听话时能辨析出说话人真正的意图和目的究竟是什么。如果说话人明明是话中有话，而且希望听话人听出来，但是听话人却没有能够听出这话中的“话”，口才交际能否取得成功，只怕就要打上一个问号了。如果听话人听出了说话人的话中话，但是如果对这“话中话”作出反应则可能对自己不利，那么，听话人也可以采取“只按照话语表面意思理解”的方式予以回避。

如《红楼梦》[1] 第八回写道，宝玉与黛玉在薛姨妈处，因天下大雪，薛姨妈吩咐烫酒给宝玉御寒，宝玉却说要吃冷酒，宝钗劝阻说吃冷酒伤身体，宝玉于是就改口要吃热酒。恰好此时，小丫鬟雪雁给黛玉送来御寒的小手炉，并说是紫鹃叫送来的，黛玉借机笑着说道：“也亏你倒听她的话。我平日和你说的，全当耳旁风。怎么她说了你就依，比圣旨还快些！”宝玉听了这话，心里知道黛玉是在奚落他，只是嘻嘻地笑了笑，宝钗听了也不接她的话头，事情也就笑嘻嘻地过去了。

又如《红楼梦》第三十一回写道，晴雯失手跌断了扇子骨，恰逢宝玉因误踢伤了袭人，心中正自懊悔，于是脱口说了她两句“蠢材，蠢材”。晴雯在话语应对方面素来不肯饶人，立刻与宝玉有话必应地顶撞起来。袭人一听，赶紧过来劝解，说道：“好好的，又怎么了？可是我说的‘一时我不到，就有事故儿’。”谁想此话立即被晴雯接过去反唇相讥：“姐姐既会说，就该早来，也省了爷生气。自古以来，就是你一个人伏侍爷的，我们原没伏侍过。因为你伏侍得好，昨日才挨窝心脚。我们不会伏侍的，到明儿不知是个什么罪呢！”袭人听了，正忍不住要说话，一看宝玉已经“气的黄了脸”，就转过来劝晴雯：“好妹妹，你出去逛逛，原是我们的不是。”晴雯听她说“我们”两个字，自然是指她和宝玉了，立刻继续讥讽：“我倒不知道你们是谁，别叫我替你们害臊了。便是你们鬼鬼祟祟干的那事儿，也瞒不过我去，那里就称起‘我们’来了。明公正道，连个姑娘还没挣上去呢，也不过和我似的，那里就称上‘我们’了。”——囿于篇幅，这场话语冲突只节录到此，但读者已经不难看出，晴雯的话语句句是“话中有话”，也多亏得比晴雯年长的袭人一再相让，才没有酿出更大的风波。

第二种是，说话人其实原本“话外无话”，但是，听话人却听出了“话外有话”。

口才交际过程中，由于说话与听话的双方，其实有着观点、立场、利害关系等多方面的不同，因而，同样的一番话，不同的人有不同的理解，不仅是很正常的，而且在生活中也是常见的。只是，问题在于，当听话人从对方的话中听出了本没有的“话外话”，如果听话人出于某种原因，假如对此“话外话”按照自己的理解，对于自己认定的“话外话”作出应答，或者碍于情面、身份或场合、时机等，虽然没有当即作出应答，但是却在

① 本教材中《红楼梦》直接引文都引自《红楼梦》（人民文学出版社 2005 年版）。

心里留下了不快的印象或疙瘩，此时，就难免会出现违背口才交际初衷的情况。

如《红楼梦》第六十六回写道，宝玉与柳湘莲两个老朋友相逢，宝玉得知柳湘莲与尤三姐定了亲，连夸尤三姐为“古今绝色”，又连连贺喜，说柳湘莲原先就坚持要娶一个绝色的女子，而现在尤三姐正配得上这一标准。柳湘莲仍不太相信，宝玉为了证明自己所说为真，就又说道：“她们是珍大嫂子的继母带来的两位小姨，我在那里和她们混了一个月，怎么不知。真真一对尤物。可巧她又姓尤。”不料这一番实心实意的祝贺话语却让柳湘莲听出了另外的意思。他听了竟连声叹道：“这事不好，断乎做不得了。你们东府里，除了那两个石头狮子干净，只怕连猫儿狗儿都不干净。我不做这剩忘八。”仔细分析柳湘莲的这一番话语，其实也是脱口而出，但是却又将宝玉弄了个满脸通红，因为他的这一段话显然将宝玉也扯进了“不干净”的范围里。柳湘莲话一出口就知道说错了，赶紧作揖赔不是，然后再改口向宝玉打听尤三姐的品行如何，而此时宝玉已经深感不快，答道：“你既深知，又来问我作什么！连我也未必干净了。”仔细分析两人关于尤三姐的这一场对话，双方既是交往甚深的好朋友，原本都不必过于在意对方的“话外话”，可是却偏偏都听出了对方的“话外话”，并且都按照“话外话”的意思进行理解。结果柳湘莲竟然前去退婚，以致尤三姐当着他的面抽剑自杀身亡，柳湘莲痛悔难忍，也随即出家当了道士。一段原本美满的姻缘，就因为在一场谈话中，说话人原本“话外无话”，听话人却听出了“话外有话”，最后竟然变成了一段哀婉的悲剧故事。

又如《红楼梦》第二十六回写道，黛玉吃了晚饭后去宝玉处，先已看见宝钗在自己前面进了宝玉的院门。可是当自己上前敲门时，偏偏碰上晴雯正因为宝钗晚上来访，弄得不好，她们可能要到三更半夜才能睡觉而不高兴，此时又听见敲门声，晴雯随口说道：“都睡下了，明儿再来罢。”黛玉听了，心想里面的人大概不知来者是谁，就说：“是我，还不开么？”晴雯偏偏没有听清楚就又回道：“凭你是谁，二爷吩咐的，一概不许放人进来呢。”晴雯的这一番答话原本就是随口应答，原本就“话中无话”，但是，黛玉因为明明看见宝钗在自己前面进了宝玉的门，于是很自然地就联想出了“话中有话”，甚至想到了这是宝玉在有意拒绝自己。结果她一阵悲伤，又引出了一段情感波折。

当然，应当看到，不论说话人所述是否“话外有话”，也不论听话人是应当及时作出反应，还是应当有意识地不作出反应，总之，积极培养自己对别人的话语进行“内外辨析”的能力，这一点要求在任何时候都是对的。

听话过程中的“内外辨析”还可以分成“言外之意”与“弦外之音”两个方面。仔细分析，“言外之意”与“弦外之音”还有所不同。

怎样把握“言外之意”？这里，先以“言内”“言外”相区分。所谓“言内之意”，即上文所说的“题内话”；所谓“言外之意”，大致相当于“题外话”，但有时与“题外话”又有所不同。当话语中含有言外之意时，言内之意往往较虚，多为表象，甚至是虚假的意思，也可能并不是说话人的真实意图，此时，话语中所含的言外之意往往较实，表达的是说话人的真实目的。

含有言外之意的话语多运用于情感度并不深厚的交际双方，故而，在口才交际中，对言外之意的准确把握，往往需要说话人的仔细分析与思考。

如《红楼梦》第二十四回，贾府中的一个远房子弟贾芸想向王熙凤谋一份差使，于是去找自己的开药铺的舅舅卜世仁，想向他赊一些药材作为礼物送给王熙凤作见面礼，不料反遭到了舅舅的一阵数落。他转身要走，又听到了舅舅与舅妈的一段对话。卜世仁道：“怎么急的这样，吃了饭再去罢。”一句未完，只见他娘子说道：“你又糊涂了。说着没有米，这里买了半斤面来下给你吃，这会子还装胖呢。留下外甥挨饿不成？”卜世仁道：“再买半斤来添上就是了。”他娘子便叫女孩儿：“银姐，往对门王奶奶家去问，有钱借三二十个，明儿就送过来。”面对着夫妻两个这一唱一和的言外之意，贾芸只好连声说“不用费事”，赶紧快快地离开了。

又如《红楼梦》第九十九回，贾政奉皇上圣旨赴外省为官，查盘所属州县粮米仓库。手下的仆役家人原打算趁外放之机发一笔财，于是有些临时招来的随行跟班，竟然是花钱行贿投机钻营才谋得的职位，众人都指望借贾政外放任官的机会中饱私囊。不料贾政严令不准索贿受贿，违者严办，弄得这些人的发财梦眼看无望。结果，手下人一个个告假不肯上班，弄得贾政升堂没有人击鼓，出门没有人鸣锣开道。偏偏贾政又听不出这些人告假的言外之意。最后，有一个名叫李十儿的向其挑明，告诉他与官吏之间必须有贿赂往来，对手下的人也只能是睁一只眼闭一只眼，要不然只怕不仅任务完不成，自己的名声还会遭到其他官员与舆论的毁谤。一番话说得贾政没了主见，不再严管。手下的人立即开始招摇撞骗，胡作非为，后来贾政竟因此而被人参奏，差一点丢了乌纱帽。

怎样把握“弦外之音”？这里，先以“弦内”“弦外”相区分。所谓“弦内之音”，即上文所说的题内话；所谓弦外之音，大致相当于题外话，但有时与题外话又有所不同。当话语中含有弦外之音时，“弦内之音”往往为辅，而弦外之音往往为正，这就犹如音乐之和声，一为主旋律，一为副旋律，此时，二者之间并不表现为真实与虚假的对立性，而是互相融合呼应，进而大大强化语言的效果。例如，《红楼梦》中，宝玉与黛玉两人，自幼耳鬓厮磨，长大以后，两人心中早已各自有了心思，由此两人就开始了几乎是没完没了的互相试探，而且种种试探，时真时假。由此真真假假的互相试探，引发了两人之间或悲或喜的情感纠葛，而两人之间的感情正是通过这一次次的含有弦外之音的纠葛，一步步地向爱情的顶峰发展。

如《红楼梦》第三十四回写道，宝玉挨打后不能走动，心中思念黛玉，遂命晴雯前去探望，一时找不到理由，就让晴雯向黛玉送去两条旧的手帕。晴雯觉得奇怪，宝玉笑着对晴雯说："你放心，她自然知道。"果然，收到旧手帕的黛玉很快就悟出了宝玉的意思，"不觉神魂驰荡……左思右想，一时五内沸然炙起，黛玉由不得余意缠绵，命掌灯……便向那两块旧帕上走笔写道……"不一会儿她就在这两块旧手帕上写满了饱含自己深情的诗句。从此开始，两个人之间的感情又加深了一层。

又如《红楼梦》第八十九回，宝玉与黛玉闲谈之中说到弹琴。黛玉向宝玉解释了演奏的韵仄变化原理。宝玉恍然大悟，脱口一句："原来如此。可惜我不知音，枉听了一会子。"林黛玉也是随口接了一句："古来知音人能有几个。"不料黛玉的这一句话竟使得宝玉无以应对，而黛玉又因为自己的话已经脱口而出，一时难以改口，竟也无话可以再说，两人淡淡地分了手。这件事原本很小，以两人之间的深厚感情来说，原本应当无事，可是黛玉乃多愁善感之人，而且，弦外之音原本求的就是对方的及时应和，而宝玉又偏偏没能作出应答，由此黛玉便产生了宝玉在冷淡自己的感觉，进而又有了想死的念头，并开始自己折磨自己，"茶饭无心，每日渐减下来"，到后来竟然是卧病在床，"半月之后，肠胃日薄一日，果然粥都不能吃了"。眼看命已不保，幸亏侍书前来与雪雁闲聊，说到宝玉的亲事要由贾母做主，而且还要"亲上做亲"，无意之中合了黛玉的弦外之音的需求，才解了这场危机，黛玉这才又开始要喝水、要吃饭，慢慢地，才把一条命从鬼门关上捡了回来。

含有弦外之音的话语多用于情感度比较深厚的交际双方，因而，在口才交际中，弦外之音的准确传递，往往是只需意会，无须明言的。如果听话人应当意会而未能意会，那就只能怪他愚笨了。

2. 听话理解能力训练要求学会"表里透视"

所谓"表里透视"，就是在听话时对于对方的话语同时进行字面意义和深层意义的分析和把握，这种分析和把握可大致分为以下四种类型。

(1) 正话反说与反话正说

口才交际的目的，从内容角度看其实可以大致分为两类：一类为信息交流，另一类为情感交流。作为信息交流的话语，要求话语的含义明确、准确，以有助于对方作出判断、决断。作为情感交流的话语则有所不同，在表现形式上它具有多样化的特点，有时候，尤其是在交际双方原本有着较深的感情基础的情况下，当人们觉得“正话正说，反话反说”不足以充分表现自己的情感时，就会出现“正话反说，反话正说”的现象。需要注意的是，正话反说，往往是为了调侃、逗趣，而反话正说则往往具有讽刺、嘲弄之意。这两类话语都要求听话人在听话后，首先要还原成说话人的原意进行理解，然后再做出应对，否则难免出现事与愿违的情况。

如《红楼梦》第二十二回，贾母得知宝钗的生日将近，叫来凤姐，由自己拿出二十两银子，让她给宝钗置办生日酒戏。凤姐原本奉命照办即可。可是她在奉命照办的同时，偏偏来了一大段“正话反说”，不但没有惹贾母生气，反而逗得贾母“十分喜悦”。

这一番话凤姐是这样说的：“一个老祖宗给孩子们作生日，不拘怎样，谁还敢争，又办什么酒戏。既高兴要热闹，就说不得自己花上几两。巴巴地找出这霉烂的二十两银子来作东道，这意思还叫我赔上。果然拿不出来也罢了，金的银的，圆的扁的，压塌了箱子底，只是勒掯我们。举眼看看，谁不是儿女？难道将来只有宝兄弟顶了你老人家上五台山不成！那些梯己，只留与他。……我们如今虽不配他，也别苦了我们。这个够酒的，够戏的？”一番话说得满屋子的人都笑了起来，贾母更是十分高兴。

又如《红楼梦》第六十六回，贾琏偷偷将尤二姐娶到手以后，又与贾珍一起来到尤三姐的房里对她轻薄调情。尤三姐身为一个寄人篱下的弱女子，面对贾琏、贾珍的调戏，一大段“反话正说”，竟然震慑了贾琏、贾珍这两个风月场上的老手。

小说中，尤三姐站在炕上，指贾琏笑道：“你不用和我花马吊嘴的，清水下杂面，你吃我看。见提着影戏人子上场，好歹别戳破这层纸儿。你别油蒙了心，打量我们不知道你府上的事。这会子花了几个臭钱，你们哥儿俩拿着我们姐儿两个权当粉头来取乐儿，你们就打错了算盘了。我也知道你那老婆太难缠。如今把我姐姐拐了来做二房，偷的锣儿敲不得。我也要会会那凤奶奶去，看她是几个脑袋几只手。若大家好取和便罢；倘若有一点叫人过不去，我有本事先把你两个的牛黄狗宝掏了出来，再和那泼妇拼了这命，也不算是尤三姑奶奶！喝酒怕什么，咱们就喝！”说着，自己绰起壶来，斟了一杯，自己先喝了半杯，搂过贾琏的脖子来就灌，说：“我和你哥哥已经吃过了，咱们来亲香亲香。”接着，尤三姐又一叠声地叫道：“将姐姐请来。要乐，咱们四个一处同乐。俗话说‘便宜不过当家’，他们是弟兄，咱们是姊妹，又不是外人，只管上来。”这一晚上，尤三姐高谈阔论，任意挥洒，拿他弟兄二人嘲笑取乐，而贾琏、贾珍则始终是“酥麻如醉”，完全不知道该怎么办了。后来，一直到尤三姐酒足兴尽，也不容他弟兄多坐，撵了出去，自己关门睡觉。设想一下，如果尤三姐和尤二姐一样懦弱娇羞，面对两个男人的调情纠缠只是一味地退让，一味地求饶，那一天晚上的情形又将如何？

（2）真心话与违心话

从理论上说，这二者之间也应是不难分辨的，但是，实际上，在很多场合下，真心话与违心话都是相互掺杂、难以分清的。例如，有时人们出自某种目的，或者是为了自己的身份、面子，或者是为了取得更好的语言交际效果，常常会有意识地说一些与自己的真实思想相违背的话。有时，即使是相交甚深的人，也很难分辨对方说的究竟是真心话还是违心话。

下面举两个例子予以演示说明。

如《红楼梦》第十五回写道，馒头庵的老尼姑托王熙凤一件事，说有一个张家想退掉早年的婚约，以便另攀高枝，但是男方不肯，不仅不依不饶，而且还要告状，现在张家想以重金托贾府摆平此事。凤姐听了先是推：“这事倒不大……我也不等银子使，也不做这样的事。”从这一番表白中，老尼姑听出的是自己的失望，但她仍不死心，等了一会继续说道：“虽如此说，张家已知我来求府里。如今不管这事，张家不知道没工夫管这事，不稀罕他的谢礼，倒像府里连这点子手段也没有的一般。”

正是这一番激将，激出了王熙凤的真实态度。她对老尼姑说道：“你是素日知道我的，从来不信什么是阴司地狱报应的。凭是什么事，我说要行就行。你叫他拿三千银子来，我就替他出这口气。”见老尼满口答应后，王熙凤这才又改了口：“我比不得他们扯蓬扯牵的图银子。这三千银子，不过是给打发说去的小厮做盘缠，使他赚几个辛苦钱，我一个钱也不要他的。便是三万两，我此刻也拿得出来。”这件事情的最终结局是王熙凤口说不要钱，实际上不仅白得了三千两，而且从此开辟了谋财的门路，“以后有了这样的事，便恣意的作为起来”。

又如《红楼梦》第十九回写道，袭人是铁了心要跟着宝玉过一辈子的，但是在小说中，她却曾一本正经地向宝玉说过自己就要走的话，把宝玉弄得好不伤心。当时，她先是借着自己回了一次家提起话头："我今儿听得我妈和哥哥商议，叫我再耐烦一年，明年他们上来，就赎我出去的呢。"宝玉一听忙说不放。袭人一本正经地讲起了道理："从来没这道理。便是朝廷宫里也有个定例，或几年一选，几年一入，也没有个长远留下人的理，别说你了。"宝玉又抬出了贾母不放的理由，袭人又说道："自我从小儿来了，跟着老太太，先伏侍了史大姑娘几年，如今又伏侍了你几年。如今我们家来赎，正是该叫去的，只怕连身价也不要，就开恩叫我去呢。若说为伏侍的你好，不叫我去，断然没有的事。那伏侍的好是分内应当的，不是什么奇功。我去了，仍旧有好的来了，不是没了我就不成事。"宝玉一听急了，就说自己要强留。袭人又从贾府的一贯仁慈的作风上说出了道理："这比不得别的事。东西，因为你喜欢，加十倍利弄了来给你，那卖的人不得吃亏，可以行得。如今无故平空留下我，于你又无益，反叫我们骨肉分离。这件事，老太太、太太断不肯行的。"一番道理说得宝玉哑口无言，想了半天，才说道："依你说，你是去定了？"袭人说："去定了。"

这一番不由得宝玉不信的话，恰恰是袭人编出来的违心话。事实情况是，她的母亲和哥哥因家境好转，确实向她谈起了想赎她回去的事，只是，当场就已经被她一场死也不回的哭闹给打消了。然而，一转身，她就利用这件事对宝玉进行了一次成功的试探，不仅知道了宝玉绝不愿意放自己回去，而且还趁机以自己可以不回去为条件，给宝玉立下了改正其不良习惯的"约法三章"。

（3）友好话与牢骚话

口才交际过程中，人们对于话语的选择使用，不仅会因人、因事而异，而且还会因为双方情感的深浅而呈现出多样化的色彩。同样一个意思，有的人无所顾忌，直言不讳；有的人则反复思量，谨慎措辞；有的人左弯右拐，兜着圈子说出来；有的人则是牢骚怪话随口而出。这些都需要在口才交际过程中作好辨析，而不能作简单推定，否则，也会给口才交际带来与目标追求相背离的结果。

如《红楼梦》第二十回，黛玉因为宝玉与宝钗的交往跟宝玉闹起了别扭，宝玉正想劝慰，不料黛玉先开了口，竟是句句有刺："你又来作什么？横竖如今有人和你玩，比我又会念，又会作，又会写，又会说笑，又怕你生气拉了你去，你又作什么来？死活凭我去罢了。"当宝玉一番表白，一再强调自己与黛玉的关系既是姑表亲，又是两人从小一块儿长大，比与宝钗的姨表亲，而且是长大了才搬住到一起的关系更亲时，黛玉开始改口了："我难道为叫你疏她？我成了个什么人了呢！我是为我的心。"宝玉立即抓住这一句话不放："我也是为的你的心。难道你就知你的心，不知我的心不成？"一番真心实意的表白终于使得黛玉牢骚全无，最后说出的话与刚发的牢骚已经毫无关系，其中充满的是一片深情的关心："你只怨人行动嗔怪了你，你再不知道你自己怄人难受。就拿今日天气比，分明今儿冷的这样，你怎么倒反把个青肷披风脱了呢？"宝玉笑道："何尝不穿着。见你一恼，我一炮燥就脱了。"黛玉下面接的一句话却是："回来伤了风，又该饿着吵吃的了。"

又如《红楼梦》第一百零一回写道，贾琏赶早起床去托人办事，不料还是去晚了，回到家里一看大家都没起床，大发脾气，把平儿送上来的茶碗摔得粉碎。一番威风摆足，弄得凤姐躺不住了，也要从床上起来。平儿借机向凤姐，实际上是向贾琏发了一通牢骚："奶奶这么早起来做什么，那一天奶奶不是起来有一定的时候儿呢。爷也不知是那里来的邪火，拿着我们出气。何苦来呢！奶奶也算替爷挣够了，那一点儿不是奶奶挡头阵。不是我说，爷把现成儿的也不知吃了多少，这会子替奶奶办了一点子事，又关会着好几层呢，就是这么拿糖作醋的起来，也不怕人家寒心。况且这也不单是奶奶的事呀！我们起迟了原该爷生气，左右到底是奴才呀。奶奶跟前尽着身子累的成了个病包儿了，这是何苦来呢！"这一番又尖利又柔情的牢骚话语，直把贾琏说得火气全无，凤姐借机哭了起来，平儿接着又劝凤姐，贾琏反过来赔着笑说："够了，算了罢！"站起来出去了。

(4) 正确话与错误话

所谓"正确"与"错误"，在这里并不取通常意义上的道德评价或者是非评价的概念。人们之所以进行口才交际，一句话说白了，是希望通过口才交际实现自己的目标追求。在口才交际中，人们的思想、观点、情感、立场以及利益追求，其实都是有所不同的，有时，口才交际的双方还会在这些方面存在某些对立性。当说话人出自自己的思想、观点、情感、立场以及利益追求进行表达时，听话人在听取的过程中，必须同时就其进行辨析，对于那些确实有利于自己的思想、观点、情感、立场以及利益追求的话语，就可以视为是正确的，就应当考虑接受，应当采纳；凡不利于自己的思想、观点、情感、立场以及利益追求的，就可以视为是错误的，就应当考虑不予接受，或者表面上予以接受，而实际上置若罔闻。

如《红楼梦》第六十回写道，赵姨娘身为贾政之妾，平素就因为宝玉与其子贾环的地位差异而耿耿于怀。一日，又因为觉得贾环受了芳官的欺负，前来寻衅，碰巧遇上了夏婆子。夏婆子等老妈子平素就对芳官等一群学唱戏的小姑娘怀恨在心，于是趁机调唆，说道："我的奶奶，你今儿才知道！这算什么事，连昨儿这个地方，她们私自烧纸钱，宝玉还拦到头里。人家还没拿进什么儿来，就说使不得，不干不净的东西忌讳。这烧纸倒不忌讳！你老想一想，这屋里除了太太，谁还大似你！你老自己撑不起来，但凡撑起来，谁还不怕你老人家。如今我想，乘着这几个小粉头儿恰不是正头货，得罪了她们也是有限的，快把这两件事抓着理，扎个筏子，我在旁作证据。你老把威风抖一抖，以后也好争别的礼。便是奶奶姑娘们，也不好为那起小粉头子说你老的。"夏婆子的一番话激起了赵姨娘的胆气，于是她直冲进了怡红院，连抽了芳官几个耳光。结果，藕官、蕊官、葵官、豆官等得知此信，冲了进来，与赵姨娘揪在了一起，再加上晴雯等人装作拉架，实为起哄，大家乱作了一团。等到探春等人赶来拉开后，探春对赵姨娘说道："那些小丫头子们原是些玩意儿，喜欢呢，和她说说笑笑，不喜欢便可以不理她。便她不好了，也如同猫儿狗儿抓咬了一下子，可恕就恕；不恕时，也只该叫了管家媳妇们去说给她去责罚。何苦自己不尊重……我劝姨娘且回房去煞煞性儿，别听那些混账人的调唆，没的惹人笑话自己呆……"一番话说得赵姨娘哑口无言，只因为受人调唆，结果自讨了一场没趣。

又如《红楼梦》第六十一回写道，贾府里常常丢失一些零碎的东西，一天，王夫人的柜子里丢了一瓶玫瑰露，恰巧有人在小丫头五儿的娘干活的厨房里发现有玫瑰露，于是，母女俩皆被捉拿，并报告了王熙凤。凤姐得知后告诉平儿，将娘俩赶出去完事。平儿原本只要依照主子的意思办理即可，但她一听五儿诉说自己冤枉，就悄悄开始调查。与此同时，平时和五儿母女不和的人，无不希望赶走她们，有人甚至不惜买了礼物来送给平儿，走她的门路，一面奉承她办事精明能干，一面又对五儿母女二人添油加醋地数说一番，只盼着能尽快地赶走这对母女。平儿不为所动，坚持查清了真相。然而，真相查明后又发现可能会牵出赵姨娘，于是平儿想出周全之策，让宝玉出面承担了一半责任，使得大事化小，小事化了。就这样，平儿坚持自己的原则，且不听众人挑拨，最终使得一场风波平息。

3. 听话理解能力训练要求学会"听说有度"

如果说口才能力的训练，实际上包含着"听"与"说"两项基本能力的训练，那么，当我们将听话理解能力转向实践应用时，就应当学会努力使自己在口才交际中做到"听说有度"。所谓"听说有度"，就是该自己说话的时候才说话，不该自己说话的时候，就应当少说话，甚至不说话。《红楼梦》里有一个焦大，他在贾府里是一个资格很老的仆人，早年从死人堆里救过贾家老太爷的命。贾家感其恩，对他另眼相待，而他则倚老卖老，成天不干事不说，每吃醉酒必口出狂言，无论是谁他都敢骂。终于有一天，他当着王熙凤的面在贾府门口骂大街，结果被绑起来塞了满满一嘴的马粪。

《红楼梦》中的晴雯，是一个既美丽又聪明的少女，她的优点是多方面的，是一个让人难以忘怀的人物形象。但是，从一个人在进行口才交际时应当听说有度的角度评价，她似乎有一点说话不看场合，不该她说话时，她的话却说得太多、太抢。小说中我们常常可以看到，只要有她在场，那么不论同时在场的还有些什么人，第一个发表看法或者作出反应的，基本上都是她。当然，对于一个十五六岁的、天真烂漫的少女来说，对于这一点实在不能简单地被斥为缺点，但是从一个人在口才交际中应当听说有度的要求来看，则又很难对此加以肯定。在某种意义上，甚至可以这样说，话说得太多、太抢，在她身上虽然是白璧微瑕，但是却成了导致她悲剧命运的原因之一。

小说中，晴雯只是个使女，可是她身份虽低下，个性却倔强，常常有点不顾身份地自说自话、自作主张。宝钗在宝玉处玩，她就在院子里发牢骚："有事没事跑了来坐着，叫我们三更半夜的不得睡觉!"小说第三十一回写道，她失手跌断了扇子，宝玉说了她两句，她的火气比宝玉还大，袭人从中调解，她却对袭人反唇相讥，直到最后，竟然是宝玉向她赔不是，由着她"撕扇子作千金一笑"，才算平息了风波。大观园内大搜查，查到了怡红院，袭人一看形势不对，马上自己先出来打开了箱子并匣子，任搜任查，可是查到晴雯时，她却是"豁一声将箱子掀开，两手捉着底子，朝天往地下一倒，将所有之物尽都倒出。"在大观园这样一个等级森严的环境中，她的这种由着性子来的做法，显然是有些危险的。

晴雯的身份虽然和袭人一样，都是服侍宝玉的使女，但是她的地位低于袭人。袭人每月的月例（工钱）是一两银子，晴雯每月的月例是一吊钱。对于同为奴婢的其他人来说，晴雯说的话虽然常常是有口无心的，但有时也未免过于尖刻。有一次，芳官因为干娘把自己女儿洗过脸的剩水拿来让她洗脸而与干娘吵了起来，晴雯张口就是："都是芳官不省事，不知狂的什么，也不是会两出戏，倒像杀了贼王，擒了反贼来的。"又有一次，晴雯等一群人在园子里迎面碰上小丫头红儿，问她为什么不干活，红儿解释说自己被王熙凤临时叫去向平儿传一句话，当然，语气上也流露出来那么一点得意。于是晴雯当即回讽一句："怪道呢！原来爬上高枝儿去了，把我们不放在眼里。……有本事从今儿出了这园子，远远的在高枝儿上才算得。”还有一次，几个人在一起说笑，小丫头秋纹很高兴地说起自己因奉宝玉之命去向贾母、王夫人屋里送鲜花，不但得到了赏钱，还得了两件衣裳，晴雯当即笑道：“呸！没见世面的小蹄子！那是把好的给了人，挑剩下的才给你，你还有脸呢。”至于对那些干粗活的老妈子，她的嘴就更不饶人了。小丫头春燕的妈妈不懂贾府内院的规矩，在怡红院责骂自己的女儿春燕，当她得知自己有可能因此而被开除时，吓得忙向袭人求饶。袭人都已经松了口，可是晴雯还不饶，说道：“理她呢，打发去了是正经。谁和她去对嘴对舌的。”直吓得老婆子一直求到连宝玉也同意留下她了，事情才算了结。

正因为晴雯在日常生活中，话说得太多、太抢，而且有一些本不该由她说的话她却脱口而出，无意之中伤了人，所以一旦生活中发生了事情，灾难就很自然地首先降到了晴雯的头上。大观园里，傻大姐拾得了一个绣有淫秽图像的五彩绣春囊，这当然是一件非常严重的事情。王夫人得知后，决定开始全面调查。值得注意的是，王夫人的调查首先是从对王熙凤的盘问调查开始的，然后才在使女群中开始盘问调查，这就使得后来波及全园的调查与搜查均显得无可非议。只是，一旦开始转向使女，那些手中有一点管理权的管家婆子们就首先将目标对准了晴雯。小说中，那个“王善保家的”是这样说晴雯的：“别的都还罢了。太太不知道，头一个宝玉屋里的晴雯，那丫头仗着她生的模样儿比别人标致些，又生了一张巧嘴，天天打扮的像个西施的样子，在人跟前能说惯道，掐尖要强。一句话不投机，她就立起两个骚眼睛来骂人，妖妖趫趫，大不成个体统。”一番话引起了王夫人的警觉，由此开始，晴雯的命运悲剧就正式开始了。如果换个角度来想，我们不难发现，晴雯的命运悲剧显然与她在日常生活中不能保持“听说有度”，以致“祸从口出”有关。

二、迎合能力训练的价值与意义

逸事趣闻

我国明朝有个名叫解缙的人，机敏过人，考中进士以后，很得朱元璋赏识。

有一天，朱元璋突然问他：“你知道昨夜宫中有什么喜事吗?”解缙一想，可能是太子降生了，于是吟诗道：“君王昨夜降金龙”。他想：把太子喻为金龙，皇帝一定很高兴。没想到朱元璋接着说了一句：“生的是个女儿。”解缙不觉一愣，但他马上续上了第二句：“化作嫦娥下九重”。没想到朱元璋接着又说道：“可惜刚出生就没活成。”解缙虽然没有料到事情竟然如此变化，但是急中生智，忙补上了第三句：“料想世界留不住”。意思是说她回到天上去了。可是朱元璋又说道：“已经把她扔到大海里去了。”眼看这一下可真难住了解缙，因为刚说了已经不在世上，怎么往海里转呢？解缙沉吟片刻，第四句脱口而出：“翻身跳入水晶宫”。一番君臣应对，终于圆满结束。

解缙在此过程中所显现的，是口才交际中的迎合技巧。

迎合，在口才交际中，实际上是一项应用极为广泛的语用类型。

例如，青年男女在取悦对方时，无不自始至终都很注意向对方表示夸赞、欣赏、理解和认同，这一类言行，就属于迎合；再如，餐饮业中的服务人员要把顾客视为“上帝”，在口才交际过程中，也无不时时注意借助语言与行动获取顾客的好感，这也是迎合；又如，教师在做学生的思想工作时，为了更好地对其进行思想转换，有时也会对学生某种作为教师本人并不赞同的想法与做法表示理解与认同，这也是迎合；甚至，司法人员在执行公务过程中，有时也会对犯罪嫌疑人和罪犯的某些想法、做法表示认同和理解，并设法予以满足，这同样也是一种迎合。

迎合，在口才交际中，应用虽广，难度却大。

迎合之难，首先显现在哲学指导意义上。从“说”的角度来看，人们在口才交际中，一般总是以自己的观点、立场、利益、情感为出发点，无论是朗读、演讲，还是交谈、辩论都莫不如此，但是，迎合交谈却不同。在很多场合下，话题中心都不是由自己决定的，而是由交际对象“说什么”来决定的（依据对方“说什么”来确定“如何迎合”）。这时，迎合者就由通常的“主体地位”转为了“从属地位”，他不能说自己想说的话，而只能围绕着对方的话题展开“迎合”。

其次，“迎合”之难，还显现在对迎合者的思维反应能力要求较高上。在口才交际中，人们自己想说什么，通常可以事先考虑。有时，对一些比较重大的话题，还要经过长时间的酝酿准备。但是，迎合交谈却不同。在很多场合，迎合者根本没有事先准备的时间，而只能在口才交际的进程中，对对方的表述内容边听边分析，然后迅即“编码”，组织自己的表述内容。两相比较，迎合交谈对迎合者思维素质的快速辨析与敏捷反应能力有着更高的要求。

最后，迎合的难度还表现在，迎合表述既忌讳原话语重复，又忌讳对原话题作新拓展。在口才交际中，人们对对方的话题内容采用原话题重复来表示认同、赞赏，或者另行提出新的见解，甚至对对方表示否定、反对，都是可以的，但是，迎合却有其独特要求。它既忌讳将对方的表述内容原样重复（那会使人产生一种“应声虫”的感觉），又忌讳标新立异、提出新的见解（那会使人产生一种“反客为主”、寻求对方迎合的感觉）。它要求迎合者要能以对方的话题为中心，另外组织一番与对方话语相比，并无太多新意，但能显现出迎合倾向的话语来。这就好比跑步，迎合者跟在被迎合者后面，既不能被其落下，又不能自行改变方向，更不宜迈开大步超到前面去，而只能是紧跟在后面，时时注意保持“亦步亦趋”。

由上述三大难点分析，我们已不难看出，迎合及其训练之难，主要体现在对迎合者的思维素质的要求上。

要求之一，如何对对方的表述内容进行快速辨析、有机分解。这种分解一般可有两种角度：一是，对其内容构成进行合理性与不合理性辨析，合理性内容显现是可供迎合的部分，而不合理性内容显现是不宜迎合，应当设法回避的部分；二是，对其表述内容进行理智性与情感性的成分辨析，此角度有时可以作为对不宜迎合的内容的多角度补充，也就是说，当对方的表述内容从理性角度不宜迎合，但又必须开口时，可转而从感性角度表示（有保留的）迎合，当从感性角度不宜迎合而又必须开口时，可转而从理性角度表示（有保留的）迎合。

要求之二，在对对方的表述内容进行快速辨析的同时，迅捷组织话语。其表现为，形式上，在忠于对方原意的基础上，作语义段落、遣词造句等形式方面有所变化的表述以示迎合；内容上，迎合话语既不宜有对方尚未说出的新观点、新见解与情感评价，也不宜有表示不认同的否定话语。

迎合在应用与训练中显现的上述特点，每每被人与“拍马屁”相混同。应当指出的是，二者在具体显现方面，确实有某种形式上的相近或相似，但深入剖析，二者之间有以下三点本质的区别。

其一，迎合是有条件的，不是无条件的，迎合应当是在坚守本方原则立场的前提下进行的。例如，司法人员在与犯罪嫌疑人进行交谈时，也可能对其某种做法、想法表现出有保留的理解和迎合，但其目的是为了更有效地瓦解对方思想上的抵御防线，并不是为了向对方表示夸赞和激励。而“拍马屁”则完全是一种无原则的夸赞和捧场。

其二，迎合在口才交际中，表现为一种从属性，往往是对方已经表露出某种需求，并且希望获得响应，此时迎合才应需求而发生。例如，对方的某种观点、立场、认识、看法表露后，迎合是以与原说话人相同的立场，对其观点、立场、认识、看法作出比以旁观的立场进行的一般性评价更为积极热情的肯定。“拍马屁”则更多地表现出一种主动性，它不以对方的观点、立场、认识、看法为依据，就自行作出比一般性评价更为积极热情的肯定。

其三，在口才交际中，迎合是一种手段，其最终追求的是，争取对方对自己一方的观点立场、情感态度的认同和支持。例如，教师在对学生进行思想教育时，有时也会对其某些错误认识、不当行为表示一种理解式的迎合，但其最终目的，在于通过拉近双方的情感距离来推动、引导学生转移到正确的认识与行为上来。“拍马屁”最终追求的是对方对自己（拍马屁者）的认同、赞赏，以使对方将自己视为同类。

三、迎合能力训练的具体要求

迎合是现实生活中说话人目标追求的需要、情感增进的需要，是交际场合中角色身份的需要、语境氛围的需要。人的身份不论尊卑，在自己该表示迎合的时候不表示迎合，就有可能给自己带来损害。

《红楼梦》第三十三回，贾雨村来贾府拜访，宝玉被贾政叫去作陪。按照礼节，贾宝玉该表示迎合时没有表示迎合，因而惹得贾政生气，最后还因此而挨了一顿好打。小说中是这样写贾政生气的原因的，贾政道：“好端端的，你垂头丧气，嗐些什么？方才雨村来了，要见你，叫你那半天你才出来了；既出来，全无一点慷慨挥洒谈吐，仍是葳葳蕤蕤……”贾政这一番话的意思是，接待来客，应当热情相迎。这一点，正是口才交际的礼仪场合中应有的迎合。

《红楼梦》中，有两个比较典型的不善迎合的人，一个是黛玉，一个是晴雯。这两个人的共同特点是不仅在自己应当表示迎合的场合罕见其有迎合的表现，而且还常常在没有必要闹别扭的场合闹别扭，每每弄得众人难堪。另外还有两个比较典型的懂得迎合也善于迎合的人，一个是宝钗，一个是袭人。

小说中还有一个似乎从来都是被别人迎合然而自己也非常懂得迎合的人，

那就是王熙凤。王熙凤虽然以其伶牙俐齿、干练泼辣而被贾母授以“凤辣子”的称号，但是作为一个孙子辈的媳妇，她对贾母的迎合，却是时时处处都是一贯的。在长辈与亲人面前，王熙凤其实更多地表现为顺从、迎合。例如，小说中，贾母身边并不少使唤丫头，但是读者不难看到，贾母进出几乎皆由王熙凤搀扶，而这已基本上成了她的专权。小说第二十九回贾府去清虚观进香，贾母临时吩咐落轿，想观赏清虚观大门内的泥胎圣像。王熙凤一看鸳鸯等人落在了后面，贾母无人搀扶，赶忙奔过去，不料与一个小道士撞了个满怀。为了奔过去搀扶贾母，她竟一扬手，打得挡住了路的小道士翻了一个跟头，足见其搀扶贾母之心是何等迫切。贾府一家人吃螃蟹，有的是使女丫头伺候，但是王熙凤却是“站在贾母跟前剥蟹肉，头次让给薛姨妈。薛姨妈道：‘我自己掰着吃香甜，不用人让。’凤姐便奉与贾母。二次的便让与宝玉……”此时的王熙凤，哪里能让人感到一点“辣”的味道？

以《红楼梦》为蓝本，我们通过其中的人物对话，可以大致总结出迎合的几种类型。

（1）尊卑迎合。例如小说中作为孙子辈的王熙凤对于老祖宗贾母的迎合。

（2）情感迎合。例如宝玉作为主子，对于使女袭人、晴雯等人的迎合。

（3）礼节迎合。例如贾母、贾政等人虽身为长辈，在已经荣任贵妃娘娘的元春回家省亲时，对元春的迎合。

（4）功利迎合。例如与贾家其实并无亲缘关系的刘姥姥，前来攀亲，以及在贾府逗留的日子里，对贾府上下人等的多方面迎合。

至于迎合的形式，则又可以大致分为三种：表情态势迎合、行为举止迎合和话语内容迎合。

1. 表情态势迎合

所谓表情态势迎合，是指在口才交际过程中，听话人借助自己的面部表情和态势形体动作，对对方的话语表示理解、认同、附和与赞赏。

如《红楼梦》第三十回写道，袭人被宝玉误踢了一脚，宝玉觉得很不过意，赔礼说自己不是有意的，袭人却一面忍痛换衣裳，一面笑道：“谁说是安心了！素日开门关门的，都是那起小丫头子们的事。她们是憨皮惯了的，早已恨的人牙痒痒，她们也没个怕惧儿。你当是她们，踢一下子，吓吓她们也好。才刚是我淘气，不叫开门的。”袭人明明受了伤，当晚还又吐了血，但在当时却一边忍着痛，一边好像没事似的笑着和宝玉说话。这就属于以表情态势对宝玉的行为表示客观的理解，同时对宝玉的心境表示了宽慰的迎合。

又如《红楼梦》中，贾母八十大寿，合家欢庆，各房主子使唤的奴仆也齐聚大观园内，难免就会产生一些矛盾，例如互相之间不服调遣之类。结果，有两个婆子竟因不听安排而被捆了起来。于是当晚，邢夫人当着众人的面向凤姐名为求情实为发难，要求她在老太太做寿的好日子里，看在老太太的面子上放人。凤姐因为确实不知道究竟是怎么回事，弄得下不了台。她越想越气，可是在这个喜庆的日子里，既不能发作，又不能让人知道，只好赌气回到房里哭泣。谁想到正在哭，贾母派人来唤，立等前去说话，凤姐一听，忙擦干了眼泪，洗了脸，又重新施了脂粉，赶忙前去。贾母要问的话是："前儿这些人家送礼来的共有几家有围屏?"凤姐立刻答道："共有十六家有围屏……"并一一开始做介绍。凤姐在悲伤时，能压下自己心中的不痛快，赶去应答贾母，也属于一种表情态势迎合。

2. 行为举止迎合

所谓行为举止迎合，是指在口才交际过程中，听话人借助自己的行为处事以及通过行为处事表现出来的情感倾向，向对方表示自己的理解、认同、附和与赞赏。

如《红楼梦》第二十四回写道，贾府子弟贾芸为了能在贾府谋得一份差使，费尽心机，先是在外面向别人借钱，再去大药铺里买了麝香冰片，然后打听得贾琏已经出了门，这才去凤姐的门前等着。他深知凤姐喜欢别人奉承，见到凤姐出来后，迎上前去，一番寒暄之后，说起了这样一番话："昨儿晚上（我娘）还提起婶婶来，说婶婶身子生得单弱，事情又多，亏婶婶好大精神，竟料理的周周全全；要是差一点儿的，累的不知怎么样呢。"凤姐听了满脸是笑，问道："怎么好好的你娘儿们在背地里嚼起我来了?"贾芸这才接上话头："有个原故。只因我有个朋友，家里有几个钱，现开香铺。只因他身上捐着个通判，前儿选了云南不知那一处，连家眷一齐去，把这香铺也不在这里开了。便把账物攒了一攒，该给人的给人，该贱发的贱发了。像这细贵的货，都分着送与亲朋。他就一共送了我些冰片、麝香。我就和我母亲商量，若要转卖，不但卖不出原价来，而且谁家拿这些银子买这个作什么，便是很有钱的大家子，也不过使个几分几钱就挺折腰了；若说送人，也没个人配使这些，倒叫他一文不值半文转卖了。因此我就想起婶婶来……想来想去，只有孝顺婶婶一个人才合适，方不算糟蹋这东西。"当时凤姐正要办端阳节的节礼，正要买这些东西，一听此话，心中又是得意又是喜欢。这一番举动虽然就此结束，但是贾芸已经讨得凤姐的欢心，于是，他很快就获得了一份监种花木工程的差使。贾芸之所以获得成功，很重要的一点，就是通过买麝香冰片送给王熙凤的行为，讨得了她的欢心。

又如《红楼梦》第四十七回写道，贾母来了兴头，要打麻将，贾母、王夫人、薛姨妈、王熙凤恰好四人。可是王熙凤偏要说："再添一个人热闹些。"贾母道："叫鸳鸯来，叫她在这下手里坐着。姨太太的眼也花了，咱们两个的牌都叫她瞧着些儿。"鸳鸯来了，便坐在贾母下手。不久，鸳鸯见贾母的牌已十严，只等一张二饼，便递了暗号与凤姐。凤姐正该发牌，却故意踌躇了半天，笑道："我这一张牌定在姨妈的手里扣着呢。我若不发这一张，再顶不下来的。"凤姐便将二饼送在薛姨妈跟前。薛姨妈一看是二饼，便笑道："我倒不稀罕它，只怕老太太满了。"凤姐忙说："我发错了。"贾母笑得早已掷下牌来，说："你敢拿回去！谁叫你错的不成？"于是王熙凤继续装出懊悔不及的样子，逗得贾母非常开心。

3. 话语内容迎合

所谓话语内容迎合，是指在口才交际过程中，听话人在对对方话语理解分析的基础上，通过自己的话语应对，向对方表示自己的理解、认同、附和与赞赏。

如《红楼梦》第二十二回写道，元春派太监从皇宫里送出灯谜来要家里人猜，猜中有赏。这引发了贾母的兴致，于是主持了一次猜谜游戏。贾政上朝回来后得知，也前来凑趣。贾母给贾政出的一条谜语是："猴子身轻站树梢。——打一果名。"贾政一听，早已猜出是荔枝，但是他却故意先乱猜，猜错了被罚了许多东西，然后再猜出是荔枝，这样一来就显得贾母所出的谜语难了。然后，贾政又出谜语让贾母猜，他打的是"身自端方，体自坚硬，虽不能言，有言必应。——打一用物"。说完，先将谜底悄悄地告诉了宝玉，宝玉会意，又悄悄地告诉了贾母。贾母想了想，果然不差，于是说道："是砚台。"贾政笑道："到底是老太太，一猜就是。"回头说："快把贺彩送上来。"贾母一看，送上来的都是即将举办的灯节要用的新巧之物，心里非常高兴，马上吩咐："给你老爷斟酒。"一家人皆大欢喜。

又如《红楼梦》第三十八回写道，贾母领着一家人在园中藕香榭玩赏。看到盖在水中的这么一个亭子，贾母想起了往事，说道："我先小时，家里也有这么一个亭子，叫做什么'枕霞阁'。我那时也只像她们这么大年纪，同姊妹们天天玩去。那日谁知我失了脚掉下水去，几乎没淹死，好容易救了上来，到底被那木钉把头碰破了。如今这鬓角上那指头顶大一块窝儿就是那残破了。众人都怕经了水，又怕冒了风，都说活不得了，谁知竟好了。"凤姐一听，抢先笑着说道："那时要活不得，如今这么大福可叫谁享呢！可知老祖宗从小儿的福寿就不小，神差鬼使，碰出那个窝儿来，好盛福寿的。寿星老儿头上原是一个窝儿，因为万福万寿盛满了，所以倒凸高出些来了。”说得一家人哈哈大笑。

需要注意的是，一般情况下，迎合方总是顺着说话人的话语意义来进行迎合。但是，当说话人的话语意义中含有消极倾向，顺应其话语进行迎合可能会导致不良结果；而说话人的话语中又含有“言外之意”时，迎合方则应顺应其“言外之意”进行迎合。

如《红楼梦》第三十三回写道，王夫人身边的使女金钏儿因为与宝玉开了一句玩笑，被王夫人抽了一个嘴巴，骂道：“下作小娼妇，好好的爷们，都叫你教坏了。”又叫人唤来金钏儿的母亲把金钏儿领了下去。金钏儿羞愧难当，跳井自杀。王夫人对金钏儿之死毕竟心中不安，忍不住对宝钗说道：“原是前儿她把我一件东西弄坏了，我一时生气，打了她几下，撵了她下去。只说气她两天，还叫她上来。谁知她这么气性大，就投井死了，岂不是我的罪过。”很显然，王夫人的这一段话，言内之意是后悔，言外之意则是辩解，给自己推卸心理上的责任。宝钗听了，接过来说的话是：“姨娘是慈善人，固然是这么想。据我看来，她并不是赌气投井，多半她下去住着，或是在井跟前憨玩，失了脚掉下去的。她在上头拘束惯了，这一出去，自然要到各处去玩玩逛逛，岂有这样大气的理。纵然有这样大气，也不过是个糊涂人，也不为可惜。”又说道：“姨娘也不劳念念于兹，十分过不去，不过多赏她几两银子发送她，也就尽主仆情了。”王夫人立刻找到了心理解脱的依据，说道：“刚才我赏了她娘五十两银子……”

又如《红楼梦》第十一回写道，凤姐在探望病重的秦可卿时，两人之间曾有过一段对话。从这段对话中，我们不难看出王熙凤确实有着相当水平的迎合技巧。当时，秦可卿拉着凤姐儿的手，强笑道：“这都是我没福！这样人家，公公婆婆当自己的女孩儿似的待。婶娘的侄儿虽说年轻，却也是他敬我，我敬他，从来没有红过脸儿。就是一家子的长辈同辈之中，除了婶子倒不用说了，别人也从没不疼我的，也无不和我好的。这如今得了这个病，把我那要强的心一分也没了。公婆跟前未得孝顺一天；就是婶娘这样疼我，我就有十分孝顺的心，如今也不能够了。我自想着，未必熬的过年去呢。”凤姐当时心中十分难过，但是她一见同来的宝玉流泪，马上就催他离开，要他到王夫人那边去，随后又陪着秦可卿谈心，到最后走时她才说到她的病：“你好生养着罢，我再来看你。合该你这病要好，所以前日就有人荐了这个好大夫来，再也是不怕的了。”又说道：“你只管这么想着，病那里能好呢。总要想开了才是。况且听得大夫说，若是不治，怕的是春天不好。如今才九月半，还有四五个月的工夫，什么病治不好呢。咱们若是不能吃人参的人家，这也难说了。你公公婆婆听见治得好你，别说一日二钱人参，就是二斤也能够吃得起。好生养着罢，我过园子里去了……我得了闲儿，必常来看你。”

这里，对这段对话试作分析如下：

先看秦可卿的话语，她对自己的家境非常满意，唯一遗憾的就是自己身体不好，“未必熬的过年去呢”。此话语中透露的意思，从字面上看，是断定自己活不过今年了，而其内心所期盼的，是至少也要活过今年，并且，最好自己的病能够从此就治好了。王熙凤的应答话语所作的迎合，恰恰是针对了秦可卿的内心期盼。她的话语表达了如下的意思：你的病就要好了，就要没事了。因为：(1) 前日里有人推荐了一个好大夫；(2) 大夫说了，即使要出问题，也要到明年春上，现在才九月半，还有四五个月时间可以争取；(3) 家里的条件不但供得起你治病，也供得起你的营养。这三层意思恰恰都是针对秦可卿的内心期盼而说的，面面俱到，因而王熙凤有一句话就显得特别有力：（在这样的条件下）“你只管这么想着，病哪里能好呢。总要想开了才是。”

即使在今天，探望病人恐怕也是人们在日常生活中免不了的一项内容。面对知道自己得的是难治之症的病人，如何表示自己的宽慰，实在是一个难题。人们常常感到，泛泛的安慰，连自己也会觉得苍白无力。王熙凤对秦可卿的这段有理有据的安慰，在某种意义上，几乎可以作为我们安慰病人的一个样板。

四、迎合能力与抗回避能力的训练方法

迎合能力训练可分为两种形式：模拟迎合能力训练和模拟抗回避能力训练（为强化迎合能力而进行的训练）。

训练营地　**模拟迎合能力训练**

训练目标：

训练与初次相识者攀谈的能力和公关交际能力。

训练模式：

(1) 由指导教师在训练开始前一周公布训练项目，规定每两个同学为一个组合，每人任意准备一个话题，要围绕此话题作不少于5次的独立表述，在登台表述前均不得互相交流话题。

(2) 上述之独立表述，每次以三至五句话为宜，不能过于简略（例如，只说一个短语，对方难以把握其意图，也就难以迎合），也不能过于冗长（如果过长，对方则难以把握其中心，同时也过于耗费教学训练时间）。

(3) 一方按自己事先的准备逐次独立表述，另一方则必须在对方话音一落就发表迎合性意见。

(4) 迎合意见只能以原说话人的立场为自己的立场，既不能不同意原说话人的观点（这样就成了辩论训练），也不能先行说出原说话人还没有说出的新的观点（这是反客为主），更不能简单重复对方所说的观点（这是庸俗附和），而只能竭力用与原表述方不同的语言来表述与其基本相同的意思。

(5) 此项训练主要检测迎合者。每一组表述总时间不得超过五分钟，到时间即中止。

(6) 此类训练宜双向进行，第一轮结束后，双方互换身份继续进行。

训练营地 模拟抗回避能力训练

训练目标：

训练向有关方面坚持合理请求的能力，训练谈判交涉的能力。

训练模式：

(1) 由指导教师在训练开始前一周公布训练项目。要求每两个学生为一个组合，两人共同商定一个话题，并确定身份（如，话题为“退货请求”，确定一方为要求退货的客户，另一方为售货方代表。再如，话题为“上访请求”，确定一方为上访的普通公民，另一方为主管部门的接待人员）。

(2) 话题内容限定为一方向另一方提出请求并要求其受理，而另一方则设法推却。训练过程中，提出请求方应想方设法使对方不得不受理请求，而推卸责任方则想方设法推卸责任，以回避对方的请求。训练展开前，双方按各自规定的立场准备理由，互不通气，背靠背进行。

(3) 双方的立场不得发生转变，但理由与某些程序可以虚构。例如，“上访请求”训练中，“接待人员”如提出明天再来，“上访公民”则可以在“下一回合”中立即将情景虚构为规定的第二天时间，虚构的理由与程序一经说出，则全部视为真实的，双方均不得指责对方虚假。

此项训练与第十讲之“交谈沟通训练”有相同之处，又有所不同。相同之处在于，同为两人一组的双向交流训练，在训练时都是一方竭力使目标得以实现，而另一方则竭力使目标不能实现。它们的不同之处在于：

（1）交谈训练中，想实现目标的一方不是否定对方的意见，而是竭力满足对方的苛刻条件以争取自己目标的实现。例如，推销训练中，无论客户对自己推销的产品提出什么苛求，都要竭力满足，以求推销成功。本项训练中，想实现目标的一方在向对方提出请求后，无论在交往回合中可以模拟多少次"让步"（比如，同意补办证明，同意改天再来），但最终还是要力求否定对方推卸责任的意见，迫使对方受理自己的请求。

（2）前项之交谈训练以模拟推销、模拟求职等为主要内容，训练过程中，双方均不得有过激的言行。抗回避能力训练中，请求方理应注意言行的文明，但因屡遭拒绝，心情可能变得恶劣。从训练应贴近生活实际出发，可以允许提出请求方模拟过激的言行，而另一方（受理方，即推卸责任方）则是无论对方如何表现，都只能和颜悦色，婉言拒绝和推辞。

以下展现的是迎合能力训练教学中的一则实例。此次训练的特点是，说话人事先未做准备，两人上台后，由台下同学临场出题，说话人现场得题后即兴发言，迎合者当场随机应变。

题目：谈谈何某某（本班同学）

说话：何某某给我的第一印象是他有一种师者风范。新生入学时，他蓄着两撮小胡子，温文尔雅，我还以为他是老师呢。

迎合：身为学生而能有教师风范，足见其气度不凡。

说话：相处一段时间后，我发现他的书法很棒，但好像也有不足，骨架不是很强。

迎合：海阔凭鱼跃，天高任鸟飞。何某某的翅膀在我们校园里已经可以翱翔，他的书法也得到了大家的认可。您现在将他的缺点指了出来，这就更有利于他的进一步提高了。

说话：不知不觉我们作为同学已有两年，我越来越发现他的行为有个性，言谈不乏幽默感，讲起话来绘声绘色。

迎合：世事洞明皆学问，人情练达即文章，何某某本人就是一篇好文章，值得我们大家去读。

说话：我很佩服何某某的敬业精神，无论做什么，他都试图达到十全十美，并且也能取得成果。

迎合：尽管世上并没有十全十美，但能像他那样尽心尽力也就无怨无悔了。

说话：何某某为人也很好，无论谁有什么困难，他都尽力帮忙。谁要向他借书啊，借用品啊，他总是慷慨大方。他为人也很豁达。

迎合：世上有两种人，一种人给人的第一印象挺好，但接触久了，这个印象就会消失，甚至转向反面；另一种人则是接触时间越长，越觉得其难能可贵。何某某属于后一种人。

口才交际中，能够有效地运用这两种方法听取对方的说话，就说明你已经掌握了口才交际的听话技巧。

五、听话理解能力训练的五种方法

（一）全文复述式听话理解能力训练

训练营地

训练目标：

训练机械记忆与即兴复述能力，克服瞬间记忆的“遗忘曲线”干扰，克服表述中的心理障碍。

训练模式：

（1）教师任选一部政论文选或文集，按学生序号逐一要求同学听读。

（2）教师慢速朗读三到五行文字（初始训练以三行为宜，对优秀者可增至五行），连读三遍后，请被试同学起立，背诵复述全部文字内容。

训练说明：

（1）政论性材料比记叙文、散文、说明文等其他文体的记忆难度更大，较适合大学生。

（2）学生在听读时不得笔录。

（3）该项训练要求被试学生瞬间思想高度集中，这种高度集中一般无法长时间坚持，为使学生在被试时发挥最好水平，除被试学生外，未轮到的学生可以在教室内看书、写信等，但不得出声，不得走动，不得对被试学生有任何提示。

（4）从教学实践看，该项训练的机械记忆难度不是很大，常常在教师读完第二遍后，就已经有一部分学生可以背诵复述了。但问题在于，一旦点名让某学生起立背诵复述，能较好地完成者少，而坐着的不相关学生能背诵者众，二者相比，不难看出心理障碍的干扰之大。所以，在训练中，教师应注意引导学生一方面集中注意力，另一方面放松情绪，以消除心理障碍的干扰。

（二）筛除冗余信息的听话理解能力训练

训练营地

训练目标：

学习掌握“提取对方的话语要点，筛除冗余信息”的原则和方法。

所谓“筛除”，即听话人运用逻辑判断的思辨分析手段，对于听取的话语进行筛选与过滤，在筛除冗余信息的同时，提取与语言交际的目标追求密切相关的诸要点。

训练模式：

(1) 听取某人的话语录音，进行“压缩”式复述训练。

(2) 定期地为一位不识字的邻居老人代写家信。例如，写给在远方当兵或者打工的儿子。

（三）要点复述式编码训练

训练营地

训练目标：

训练机械记忆基础上的理解记忆要点的复述能力，克服表述中的心理障碍。

训练模式：

(1) 教师事先选一部文选或文集为训练材料，按学生序号逐一要求学生听读。

(2) 教师慢速朗读六到十行文字（初始训练以六行为佳，表现优秀者可加练至十行），连读三遍后，请被试同学起立，复述该部分文字的几个要点。

训练说明：

同全文复述式听话理解能力训练法的训练说明（此处略）。

（四）虚化细枝末节的听话理解能力训练

训练营地

训练目标：

学习“把握对方话语主干的环节衔接，虚化细枝末节”的原则和方法。

所谓“虚化”训练，就是由听话人按照自己的逻辑思维的判断能力，对于所听取的话语进行主次轻重缓急的处理。

训练模式：

(1) 全班同学集体听取一段含有多种头绪的录音讲话，并做记录，听完后，教师不做任何提示和限制，由听话人按照自己的理解，运用虚化原则，将其重新整理成单一线索发展的讲话梗概。

(2) 每周听一次评书节目，听完后尝试整理出故事梗概，第二天电视重播时进行核对，看看自己有没有漏掉重要的情节。

(3) 利用听报告的机会，有意识地对报告人的内容进行记录，训练自己“散点连线、串线成面”的能力。

(五) 听话过程中的正误辨析训练

训练营地

训练目标：

训练在记忆、理解基础上的即时判断能力、辨析能力和反应能力，克服表述中的心理障碍。

训练模式：

(1) 教师可于课前准备一些广告词、寻人启事、失物招领、会议通知之类的简短文字材料，每一份制造两到三个语法、逻辑等方面的错误（成分不全、语意不详等），按学生序号逐一要求学生听读。

(2) 教师将一份材料连读三遍后，请被试学生起立，指明其中的错误所在。

训练说明：

(1) 正误辨析是学生在全文理解的基础上进行的一种逻辑分析活动，需要经过思考才能得出结论。所以，此类材料的错误不宜太多，以免干扰对全文的理解。

(2) 同一份材料，在一个班的教学中，最好只用一次，不得超过两次。如使用两次，也须拉开时间距离。

被试学生一律不得用笔记录训练内容，全凭心记口述来完成训练。

第十讲　口才交际应用环节训练

提要与思考

1. 本讲展示的交谈沟通、辩论交锋训练的形式特点主要为集体轮训，它是口才交际能力训练从素质优化训练转向能力应用训练的最终落实。同时，该环节的训练应当是口才交际能力训练中最有趣味、最显实效，因而也最应当长期坚持的训练。

2. 本教材认为，一个人的口才交际能力的训练培养，应当注重口才交际能力的综合提高。所谓口才交际能力应当是既能朗读又能演讲，既能交谈又能辩论的口才交际综合运用能力，而不应当是相对比较单一的只善于鼓动别人的“演讲”能力。因而，本教材在此作了一个大的调整，希望在口才交际素质与能力综合提高的基础上，推进从自如说话到演讲鼓动等各环节的口才交际能力的强化训练。

重点问题

1. 有人认为，交谈沟通是以心平气和的语调节奏进行的，而辩论交锋是以唇枪舌剑的语调节奏展开的，因而，口才交际应当“先礼而后兵”，能够用交谈方式完成的，就尽量不要用辩论手段。你认为这个观点如何？结合生活实践予以深入思考。

2. 本讲在这里推出的是交谈沟通训练和辩论交锋训练。请对比分析交谈沟通训练与交谈沟通应用有什么不同？辩论交锋训练与辩论交锋应用有什么不同？试将此话题作为拓展性思维训练的话题，以小组形式展开训练，并对不同角度的思考进行总结，看看能得出什么样的结论。

这里介绍的训练方法系针对课堂教学轮训需求而设计，并经过了多年的教学实践检验，事实证明这种训练方法十分有效。

一、交谈沟通训练

观点交流训练可大致分为两类：一类可称为交谈模拟训练，另一类可称为情景话题训练。

（一）怎样在交谈中进行沟通与转换

交谈模拟训练采用“同模式，不同话题”的训练方法，这里以五种不同的话题为例进行示范（其他话题也可以不断拓展引入）。这五个话题分别为：模拟师生交谈训练，模拟家庭访问训练，模拟求职交谈训练，模拟推销交谈训练，模拟采访训练。

由于心理沟通和心理转换通常需要通过交谈的手段而非辩论的手段来实现，所以，在分类上仍将这类口才行为划入交谈。

训练营地

训练总目标：

训练双向交流中的心理沟通和心理转换能力。

训练总模式：

（1）由指导教师在训练开始前一周公布交谈模拟训练的总话题（从上述五种交谈话题中选定一种或两种进行统一训练，一般不要同时提出五种任选，以免训练话题过于散乱），规定每两个同学为一个交谈组合，由同学自由结合，自定“子话题”（如以“模拟家访”为总话题，学生可自定“家访事由”为子话题）。

（2）由每一组的两个同学共同商定“子话题”后，将前五个回合的内容（一人发言一次，“一问一答”或“一说一接”为一个回合），按照角色扮演身份与表述次序写好，交给指导教师（作为现场交流表述时的评定依据之一）。五个回合以后的交谈内容即为各自单方面事先准备，且不告知对方，全都在现场即兴交流。

（3）教师对两个学生登台当众交流的表现进行综合评定，讲满五个回合为及格，七个回合为良好，十个回合为优秀。二人之中，如其中一人无话可说，则其比对方低半个等级。

（4）每一组表述总时间不得超过五分钟，到时间即由教师中止（教师可安排学生计时），换下一组。双方水平相同则同等计成绩。

(5) 此类交谈模拟训练以双向进行为佳。上述之过程为第一轮。第一轮结束后，双方身份互换，重新开始，话题不准更换，内容可小有变化（如以师生交谈为例，第一轮中，甲为老师，乙为学生，则第二轮中，甲为学生，乙为老师)。

(6) 以两轮成绩结合普通话语音及身姿、态势、表情、动作等评定成绩。

1. 模拟师生交谈训练

训练说明：

(1) 双方交谈的子话题要具体（如以教师批评学生为什么没有参加集体义务劳动为话题)。

(2) 双方的各自立场不得发生转变。(仍以上述之教师批评学生为例，“学生”只能解释或辩护——情节可以虚构——以说明“老师”批评错了，而“老师”则努力阐述批评的理由，证明自己的正确。“学生”不可以接受“老师”的批评，“老师”也不可以承认自己批评错了。)

(3) 双方不得有使交谈“卡住”的语言，如以教师批评学生为例，“学生”不得以“我就是这样，你能怎么样”之类的语言公然拒绝“老师”的批评。“教师”也不得指责“学生”的解释是撒谎（这等于另立了新话题)，只能顺着“学生”的解释向前延伸。

2. 模拟家庭访问训练

训练说明：

(1) 双方的子话题要具体。(如，家庭访问是因为学生近阶段学习成绩突然下降，教师家访的目的，一是了解情况，二是要求家长配合等。)

(2) 双方的立场也不得发生转变。(如“教师”认为×学生的退步与家庭有关，“家长”有责任也有义务配合学校工作，并且，学校已经尽了责任；“家长”则认为，自己也已尽了最大的努力，是学校没有管好，同时还可辅之以多种原因的解释。交谈时，可以表示对对方的理解，但不可以接受对方的要求。)

(3) 双方不得有使交谈“卡住”的语言（如“教师”不可以使用“开除”之类的有压力的语言，“家长”则不可以说“我们正想退学”之类的对抗性语言)，双方只能努力去说服对方。

3. 模拟求职交谈训练

训练说明：

(1) 双方各自的身份及有关条件可以虚构，但内容要具体。(“求职者”

可以虚构必要的条件，“招聘者”可以虚构公司、部门及自己的职务。）

(2) 双方的立场不得发生转变。（“求职者”自始至终想进“招聘者”所在的部门，“招聘者”想方设法将其婉言拒之门外。“求职者”不可以承认自己不够应聘条件，“招聘者”不可以对“求职者”表示欢迎。）

(3) 双方均不得有使交谈“卡住”的言行。（“招聘者”不可以说“人已招满”或“不招聘”之类的话语，“求职者”不可以有“我还不一定肯来呢”之类的言辞，双方只能努力去说服对方。）

4. 模拟推销交谈训练

训练说明：

(1) 推销活动必须具有的条件可以虚构，内容要具体（如关于所推销的产品、质地、价格、市场销售状况等的介绍）。

(2) 双方的立场不得发生转变。（“推销者”始终坚持要求“客户”购进商品，“客户”始终坚持不愿购买；“推销者”介绍自己的产品如何价廉物美，为对方所必需，“客户”则多方挑剔并努力证明该商品对自己无用。）

(3) 双方不得有使交谈“卡住”的言行。（“客户”不可以说“我没钱”之类的话语，“推销者”不可以说“不买就算了”之类的话语，双方只能努力地说服对方。）

5. 模拟采访训练

训练说明：

(1) 采访活动必须具备的条件可以虚构，内容要具体。（如采访话题、采访者与被采访者的身份等均为双方事先共同商定。）

(2) 双方的立场在采访中不得发生转变。（“采访者”始终想说服“被采访者”接受采访，而“被采访者”则应想方设法将其婉言拒之门外。“采访者”应调动一切合理手段以说服“被采访者”，自始至终不可以表示放弃采访，“被采访者”不得正面表示拒绝采访，而只能设法寻找种种托辞以回避采访。）

(3) 双方不得有使交谈“卡住”的言行。（双方均不得有否定对方的言辞，如不得怀疑对方身份的真实性等。再如，“采访者”如何说服“被采访者”，“被采访者”如何婉拒“采访者”，双方均应背靠背地在训练开始前各自做好准备。在训练进行中，先说出来的情况即为真实情况，后说者的事前准备中有与此“真实情况”冲突的部分，必须随机应变地加以调整。例如，“采访者”为了能与“被采访者”套近乎，试图从其“爱好”

角度打开缺口，于是“采访者”可以事先虚构“被采访者”喜好钓鱼、旅游等，只要一说出口，“被采访者”就不得再否认自己有此“爱好”，而只能在承认有此“爱好”的前提下，对对方的要求设法进行合情合理的婉拒。）

（二）沟通与转换的水平提高训练

观点交流是一项实践应用性很强的训练，从目标要求角度来看，其训练无疑应当注重从实践应用的角度进行，以保证能够“学以致用”。但是，当训练以“教和学”的形式展开时，其进行过程总难免带有可预知性（事先做准备）、程序性（有既定的操作步骤）和专项性（有具体的可分解的专项训练目标要求），这些特点的存在，往往使得这种训练带有一种表演的特点。生活实践中的口才应用往往带有突发性（无法事先做好准备）、散漫性（不按某一规定程序进行）和综合性（朗读、演讲、交谈、辩论等多种类型同时应用于一个话题之中）的特点，因而，要使口才训练贴近现实，以强化其实践应用性，就必须适度地淡化教学训练的可预知性、程序性、专项性的特点，同时酌量引进突发性、散漫性、综合性的因素，以提高训练的实用水平。

实践证明，在口才专项能力系统训练过程中，引进情境话题训练，是一个有效的手段。情境话题训练在操作程序上也可以分为两个部分：一为情境话题表述；一为情境话题交流。这里分别介绍如下。

1. 情境话题表述

情境话题表述，仍然保持单向表述类训练中每人轮流登台的基本训练形式，但是在表述话题的规定构成上，增加了具体的情境设计，并要求表述内容必须针对话题的情境规定来展开。

情境话题表述大致可以分为两种类型：一为劝解型话题表述：二为疏导型话题表述。

劝解型话题表述如：

（情境话题 1） 你有一个朋友，向父母借了三千元去做生意，先去贩鱼，不料连遇高温天气，鱼变质，损失了一千元；又用两千元去做布匹生意，被人以次充好，坑走了一千元；然后去贩卖香烟，因为无证经营，被工商局查获，香烟全部被没收，等待处理。他懊恼得把自己关在家里，三天没出房门，请你去劝劝他。

（情境话题 2） 你有一个朋友，在家里和父母总是搞不好关系，嫌父母太唠叨，对他管得太多，在你面前屡次表示要离家出走，请你劝说他与父母处理好关系。

劝解型话题表述要求表述者要如身临其境，如面对其人，以关心人、帮助人的形象出现（在讲台上）。此类训练注重训练劝解、宽慰他人的口才能力。在训练中，当然也有对语调、节奏方面的要求，但应淡化表演的成分，力求自然大方、不做作。

疏导型话题表述如：

（情境话题 3） 你有一个朋友，想去参加国家公务员（或某一级别的干部）的应聘考试，可是又怕万一不成功被人笑话，请你鼓励鼓励他。

（情境话题 4） 你有一个朋友，最近情绪非常低落，问他原因，他说："追求理想吧，太累；放弃理想吧，又无聊，真不知这日子该怎么过。"请你开导开导他。

疏导型话题表述注重训练针对他人的思想现状进行疏通、诱导的能力，要求说话人应如兄长、师长般地循循善诱，要求表述时能在承认对方思想的存在有其合理性的基础上，展开疏通、诱导和鼓励，以缓释、化解对方的某种心理状态和思想情绪。

情境话题表述训练，因为有假定的具体问题要解决，所以每人每次的表述时间不宜过短，但口才轮训的性质又使得每次的表述不宜过长，每人的表述时间一般应在五到六分钟，再加上每人（次）两到三分钟的教师（或听众）评议，每次训练（按一百分钟计）可有十二人次训练。只要在课前做好准备，只要情境话题能注意到设计的多样化，训练内容比较丰富，训练的效果就会比较好。

2. 情境话题交流

情境话题交流，在保留轮流登台演讲的训练形式的基础上，借助对话题情境的设置，引入双向交流（交谈与辩论）的训练内容。

情境话题交流也可以分为两种类型：一为辩论式话题双向交流；一为问答式话题双向交流。

辩论式话题双向交流，以两人为一个话题组，各按正反方规定确定话题立场，按序号登台演讲。

（情境话题 5）（正方）：青年成才自我设计应以"社会需求"为中心。
（反方）：青年成才自我设计应以"自我"为中心。

（情境话题 6）（反方）：当今时代，道德不再神圣。
（正方）：当今时代，道德依然神圣。

关于此项训练，有两点需要说明。一是，此项训练的话题内容是辩论式的，但训练形式是演讲式的，即每人只有一次登台机会，而不是像辩论比赛那样，在“顺序发言”之后，还有双方地位均等的自由辩论。二是，这种将话题一分为二的表述训练方式，目的在于引进辩论素质训练，但在实际训练中，由于正反双方立论时选择的角度不同，往往会出现双方谈的实质上不是同一个问题，因此“论而未辩”（双方各有论述，但缺乏实质性的思想交锋）的情况。为了改变这种情况，本训练在一方说完后，由另一方提出质询。质询的基本形式是，正方（在台上）表述完毕，反方（在台下）提出质询，由正方（在台上）作答辩，完毕后反方表述，反方（在台上）表述完毕，正方（在台下）提出质询，由反方（在台上）作答辩。

质询内容要求立足于自己所持的观点、立场、论点、论据，向对方刚刚表述完毕的观点“发难”，要突出针对性，一次质询的时间（含答辩）不超过三分钟。实践证明，引入质询可以有效地改变“论而未辩”的情况，同时有助于加强思维反应敏捷性与准确性的训练。

问答式话题双向交流这一训练形式，可理解为两个部分。前一半大致等同于前文的“情境话题表述”，即表述者按规定的情境话题登台演讲。不同之处在于后一半，演讲之前教师先安排听众一人“监听，挑刺”，待台上表述完毕，以提问的方式要求台上的演讲者当即作答。提问的范围，可以是台上人表述不够严密的疏漏之处，也可以是台上人的某句口误，还可以是任意的提问（可以有刁难性，但必须与话题有关联）。

（情境话题 7） 你有一个朋友，在街上因故与他人发生口角、纷争，后来双方都动了手。被劝开后回到家里，你的朋友觉得自己吃了亏，拿了把水果刀准备找对方再打一架，扳回自己吃的亏，请你劝说他不要再去。

关于此话题，有人登台发表了《吃亏是福》的演讲，其中说了这么一句话：“韩信能受胯下之辱，夫差能忍为虏之耻，终于能够报仇雪恨”。这句话被“监听者”抓住不放，发难道：“你究竟是劝导对方息事宁人，就此结束，还是希望他暂且忍下，以待日后寻机大报复呢?”表述者当场作辩解，终因表述确有疏漏，最后不得不承认自己在思考和表述时不够严谨。

（情境话题 8） 你有一个朋友，因为身材矮小（如假定为男性，则高 1.50 米；如为女性，则为 1.45 米），觉得自己属于“残废”等级，常常流露出自卑心理，心情压抑，请你劝说劝说他。

有人以此话题在表述中论证了“身材矮小，并不一定人生事业就不辉煌”，并举了拿破仑、列宁、邓小平等人为例。“监听者”发难道：“请举出身材俊美而人品低下者”，表述者当即答道：“汪精卫。”再追问，又答：“《巴黎圣母院》中的皇宫卫队长费比斯。”

受训者在表述中的口误，也可以作为“发难”的问题。如曾有人在表述中谈到一件往事，“我终于考上了大学，接到录取通知书的第二天早上，妈妈告诉我，爸爸高兴得一夜没睡着觉。”此语之后，他无意脱口说了一句：“这也是应该的。”监听者发难时问：“按你这么说，如果你接到大学录取通知书，你爸爸当夜没有彻夜不眠，就是不应该的了？”答：“不，都是应该的。”又追问：“为什么？”答：“没有睡着，是因为久存心头的愿望实现了，激动得睡不着；睡着了，是因为久存心头的愿望如石头落地，松了口气，能睡觉了。”

实践证明，在口才训练中，就表述话题增加情境设置，同时引进质询和发难确实是一个提高训练水平的有效手段。它不仅有助于强化表述者对话题思考务必周致严密的自我要求，而且可以有效地锻炼表述者思维反应的快捷与准确。由于质询和发难带有突发性、散漫性和综合性的特点，因而它使得口才训练由原先的偏重表演性转向了更贴近生活现实，因而更增强了学以致用的实用性。

情境话题表述与情境话题交流，在系统训练中既有内在联系，又表现出一定的水平差异，我们可以在前期进行表述训练，在后期进行交流训练。过早引入质询与发难，可能会欲速而不达，影响训练效果。

二、辩论交锋训练

辩论交锋的模式训练，主要采取辩论对抗（比赛）的形式。

辩论比赛既具有局面多变等一般辩论的特点，又与一般的辩论有所不同。辩论比赛的题目，常以针锋相对的形式成对出现，大型辩题如“儒家思想是否可以抵御西方歪风”、“人性是否本善”等，小型辩题如“大学生在校期间能否谈恋爱”、“分数是不是学生的命根”等，正反双方的肯定与否定的不同态度就构成了针锋相对的辩论形式。注意分析这些辩题可以发现，双方论点一般都各有一定的道理，同时又都有不足之处，有时它们实际上是一个完整论点的两个方面。因此，不仅辩论初始，双方论争的地位平等，而且一般说来，任何一方想在理论上彻底击败对方都是不可能的，辩手只能通过“实战”时进攻和防守的技巧运用，显现出自己的理论深度和技巧水平，以略胜对方一筹。

辩论比赛中，由于双方论点各有其合理及不足的一面，因而就不能不强调一个“辩”字。辩论比赛，一旦通过拈阄确立了正反方，不论辩论者感情是在哪一方的，都必须为自己一方承担的观点辩论到最后一刻。在日常辩论中每每遭到非议的“得理不让人，无理搅三分”，在辩论比赛中只要能适当保持风度并恰当运用技巧，就不仅是合理的，而且还会被看做是口才好的标志。

辩论比赛还有一点与一般辩论不同，那就是，辩论比赛通常可以事先（有时可以提前若干天）见到论题，具有一定的“可谋划性”。因此，交锋前的战略战术准备，诸如确定立论形式、选择进攻角度、选取例证以及协调配合等就成了必不可少的准备工作。在诸方面的工作中，首先要明确的，而且在目前各类辩论训练中常常被忽略，或者是虽被意识到，却苦于无从着手的，则是如何进行立论。

这里为辩论训练提供几种训练方法。

（一）辩证立论法

（题记：1995年年底，本教材著者应中国科技大学的邀请，以客座教练的身份前去训练该校辩论队，以备战上海教育电视台主办的“首届中国名校大学生辩论邀请赛”。在短短四十天的集训中，在该校著名哲学教授孙显元先生的指导下，本教材著者与辩论队员们一起，在训练实践中创立了“辩证立论法”，该法后来在辩论实战中显示了始料未及的威力。）

辩论比赛的辩题，常常以将某一命题一分为二的方式，将“肯定”和“否定”两个对立的命题作为规定观点分配给正反双方。如果接到辩题（分命题）的双方只按分命题的表面规定展开立论与驳论，双方往往是利、弊各占一半，理论上地位相等，因而很难显出较强的优势。

所谓“辩证立论法”，是指运用辩证逻辑的基本原理，对辩题进行辩证处理，使得本方观点由规定的“一个”（观点）变为两个（一主一附）。附加的观点往往具有双重的功能，它对本方的主观点（即规定立场）来说，是有力的强化，而对对方来说，则是一个陷阱，是一个一旦陷进去就可能全军覆没的沼泽。

这里，试以中国科技大学辩论队在这次辩论赛中的两场实战为例，将“辩证立论法”演绎如下。

首场辩论，中国科技大学队迎战武汉大学队，中国科技大学队为正方，立论是“生态危机可能毁灭人类”，武汉大学队为反方，立论是“生态危机不可能毁灭人类”。

一开始接触辩题，我们曾认为，要论证“生态危机可能毁灭人类”，顺理成章，应当强调生态危机的范围之广泛、性质之严重已足以毁灭人类，并且，实例展示越充分，对本方观点的论证力度就越强。

但是，经过深入的讨论分析发现，中国科技大学队如果只从生态危机的广泛性和严重性上展开话题，其实并无优势可占，因为这样不仅容易将辩题绝对化，而且实例展示得越充分，就越容易将可能性和现实性相混淆，这就自己给自己扣上了悲观主义的帽子。因此，中国科技大学队应当从生态危机具有毁灭人类的性质的角度展开论述，即只要能论证生态危机具有从根本上毁灭人类生存环境的性质，就可以立论“生态危机可能毁灭人类”，而不要以既成事实论证其可能性。同时，人类具有改造客观环境的主观能动性，所以，这种可能性也有可能不向现实性转化，也即，生态危机也“可能不毁灭人类”。至此，中国科技大学队有了一个重大发现，即不论人类具有何等的主观能动性，从哲学的角度而言，他所做的充其量也只是对生态危机毁灭人类的可能性的转化（使“可能”转化为“可能不”），而不是对这种可能性从根本上加以消除（使“可能”变得“不可能”）。

于是，中国科技大学队确定了自己的辩证立论观点。一方面，一字不改地坚持认为，“生态危机可能毁灭人类”（规定的观点），另一方面又认为，由于人类具有改造自然的主观能动性，并且，只要这一主观能动性发挥正确，生态危机也“可能不毁灭人类”。这后一观点是追加的，可称之为“附加观点”。

当中国科技大学队将此辩证观点拿来对照武汉大学队的观点时发现，由于辩题立场的限定，对方也必须在承认生态危机广泛存在并具有一定严重性的前提下谈发挥人的主观能动性，这一点我们双方可说是一致的，但是在立论上又有分歧。中国科技大学队既可以坚持“可能”，也可以附加承认“可能不”，而对方既然坚持“不可能”，就不能承认“可能不”（“不可能”与“可能不”二者之间有一定的对立性）。

于是，中国科技大学队确立了对武汉大学队的战略，即将他们的论点、论据与论证统统往“可能不”的陷阱里赶。中国科技大学队队员在辩论中抓住对方必然要进行“生态危机和人的主观能动性的关系”的综合分析，认定他们所做的阐述只是论证了“矛盾转化”意义上的“可能不”，而不是“矛盾消除”意义上的“不可能”。由于“可能不”已被中国科技大学队作为附加观点，所以，只要把对方赶进了“可能不”这个陷阱，他们的全部论证实质上就都是在强化中国科技大学队的观点，是在为中国科技大学队“作嫁衣裳”。

这一番论证当然不是无懈可击的，但是，当它作为“秘密武器”在辩论场上突然亮出来时，对方是来不及防范的。不出所料，实战开始，武汉大学队果然是以人的主观能动性为论证中心（提出了“绿色革命”、“可持续发展”等一系列论据），而中国科技大学队队员则在正面阐述立场的同时，轮番强调对方辩友的论证充其量只能实现“可能不”，而完全没有论证“不可能”（没有论证如何消除生态危机破坏人类生存环境的根本属性）。在这一轮番强调过程中，中国科技大学队又多次运用了类比式的“调侃”。例如，“对方辩友努力学习，考试可能及格也可能不及格，但你能说，你永远不可能及格吗?”“我买了彩票，可能中奖，也可能不中奖，但你能说我绝不可能中奖吗？不可能中奖的彩票还能叫彩票吗?”等。

中国科技大学队的这一辩证立论得到了评委的好评。评委代表、著名经济学家伍贻康教授在评点时指出：“正方也很清楚在能毁灭还是不能毁灭这个问题上不要走极端，所以正方在破题的时候，就非常巧妙地说了可能毁灭人类，也可能不，而不是不可能，这个破题是非常巧妙的。”大赛嘉宾、复旦大学哲学系主任俞吾金教授在《辩论之道》一文中评价这次大赛时写道：“在初赛第三场中，正方中国科技大学队关于生态危机问题的立论就比较严密，他们不仅对生态危机的概念作出了严格的界定，而且又做了重要的补充：由于人类有能动的对世界改造的一面，所以，生态危机既可能毁灭人类，也可能不毁灭人类，但‘可能不’不等于反方向的‘不可能’。正方的这一补充之所以特别重要，因为它一方面使正方的立论严密化了，另一方面又指明了反方的立论在逻辑上的根本弱点。所以，在这场辩论中，正方一直比较主动。”

半决赛中，中国科技大学队迎战浙江大学队。中国科技大学队的立场是“医学发展应有伦理界限”，浙江大学队的立场是“医学发展不应有伦理界限”。如果只是根据辩题字面意义展开论述，正方很容易大谈伦理道德对医学发展的正面指导作用和积极作用，而反方则容易大谈伦理道德对医学发展的负面约束作用和消极作用，果真如此，则难以辩出水平的高下。这时，中国科技大学队再次运用了辩证立论法。

首先，中国科技大学队将“伦理道德和伦理界限”作了不同的界定，将伦理道德看做是精华与糟粕共存的综合体（实体状），而伦理界限则是这个体系与外部（非伦理、反伦理）的交接线（线状）。其次，中国科技大学队认为，医学伦理发展的界限（线状），其内涵就是“治病救人，救死扶伤”，这个界限在医学发展的任何时候都应当保持并恪守，不可逾越（一旦逾越，医学就不再是医学，而可能变为反医学、伪医学），这是中国科技大学队的主观点。最后，由于伦理道德体系在任何时代都是精华与糟粕共存的综合体，所以，它与医学发展的关系是双向的、有机的、辩证统一的。中国科技大学队将这一关系明确为“伦理道德持续地呼唤着医学的发展，而医学的发展一次又一次地推动了伦理道德观念的更新”。

果然不出所料，辩论开始后，浙江大学队大谈伦理道德中的消极成分对医学发展的制约。中国科技大学队立即指出：其一，对方谈的是伦理道德与医学发展的关系，而不是辩题所规定的伦理界限与医学发展的关系；其二，对方所谈的是伦理道德中的糟粕部分对医学发展的制约的一面，却完全没有涉及其精华部分对医学发展的推动的一面；其三，对方所谈的消极作用，只是中国科技大学队附加观点“辩论关系”的两个方面之一，只谈了“制约”没有谈“推动”，只谈了伦理道德的糟粕部分对医学发展的制约作用，没有触及医学发展对伦理道德观念更新的反作用。

这样，几番交锋之后，浙江大学队的理论阐释就被死死地困住了。尤其是在转入自由辩论之后，浙江大学队阵脚大乱，不但失去了反击力量，而且出现了将中国科技大学队的主观点作为自己的观点大声复述的重大失误。这里，我们不妨将经过上海教育电视台整理后仍保留在文字记录中的一次重大失误如实展示如下①。

中国科技大学队四辩：现在我们有个医术不错但心术不正的医生，你敢找他看病吗？小心治病不成反误了卿卿性命啊。（紧扣辩题发起进攻。）

浙江大学队一辩：对方辩友品德高尚，但我有病绝对去找医生，而不是去找对方辩友。（虚晃一枪，既未应答，也未反击。）

中国科技大学队三辩：请对方辩友告诉我们，如果不应当有伦理界限的话，医学和兽医学有什么区别？（再次紧扣辩题发起攻击。）

浙江大学队二辩：我请问对方辩友，医生是干什么的？是预防和治疗人类疾病的。兽医是医学吗？（提了两个问题，一个是自问自答，另一个是正方王明强提的问题的重复，没有攻击力。）

中国科技大学队一辩：如果没有伦理界限，我们的医院只要评“三有”新人就行了，不要“四有”新人了。为什么还要有道德呢？（第三次紧扣辩题发起攻击。）

浙江大学队四辩：对方同学又搞错了，刚才我就指出过，医学发展必须要有伦理界限，人的活动当然需要。（重大失误处！该同学作为浙江大学队三

① 参见张德明主编：《世纪之辩——首届中国名校大学生辩论邀请赛纪实》，上海，复旦大学出版社，1996。本教材中有关此次辩论赛的文字、评述皆见此书，不另赘注。

辩，大声肯定了对手中国科技大学队的主观点，浙江大学队的失误当时就引起了场内的骚动。）

由于多方面的原因，中国科技大学队在这次大赛中未能作为“黑马”脱颖而出，但是，中国科技大学队严谨的立论、周密的论证给大赛留下了深刻的印象，而其中“辩证立论法”更是受到了交口称赞。

（二）理想现实相悖法

在辩论比赛和训练中，理想现实相悖法也是攻守技巧中的一个常用的方法。

生活中，理想和现实几乎是一对永远也无法统一的矛盾。因为理想总是要高于现实才成其为理想，理想一旦和现实合而为一就不再是理想，而现实又将去追求新的理想。从另一个角度来看，理想与现实又处于对立统一之中，因为理想总是要对现实起一定的指导作用才成其为理想，反之，失去理想指导的现实也必然是盲目的、混乱的。在现实生活中，理想对现实的指导作用是通过一定的理论来实现的，将理想与现实的这种辩证统一关系上升到方法论的高度，再应用到辩论比赛中，它常常表现为，辩论双方可以各取理想（理论）或现实方面为本方的理论立足点，据此搜集材料向对方进攻。也就是说，当一方从理论（或现实）角度立论时，另一方则可以有意识地从现实（或理论）角度予以反击，或者，当一方强调本方的理论对于现实具有切实的指导意义时，另一方则可以从“理想主义”、“理论脱离实际”（相悖）的角度组织反击。这也就是本文所说的理想现实相悖法。

有这样一场辩题为“进口高档消费品利大于弊”的辩论比赛。比赛中，反方从现实角度立论“弊大于利”，从正、反两方面搜集了诸多材料（正面例证如巴西20世纪50年代限制进口小汽车，现在汽车年出口量居世界先进行列；反面例证如我国海南岛因“过量进口”而引发的小汽车事件等），论证了进口高档消费品将增大我国现实存在的巨额贸易逆差，将会严重抑制我国本来就处于劣势的民族工业的发展等，立论也是较为有力的。但是，正方巧妙地以“一定量”立论（进口“一定量”的高档消费品利大于弊），从“理想”角度将对方所展示的种种“弊端”全部归入“盲目进口的后果”，这就使“利大于弊”的原论点实际上转化成了“有利无弊”，进而击败了对方。比赛中，反方感受到“一定量”的压力，曾轮番从不同角度向正方的“一定量”发起攻击，而始终未能攻克。其实如果运用理想现实相悖法，“一定量”就不难摧毁了。因为“一定量”作为正方的王牌，其出处是：“我们（正方北京××大学队）搞了一个外汇配置模型，并用计算机反复进行了计算，结论是这个百分比为3%到4%时为最佳，这就是‘一定量’。”反方其实可以抓住这一点，以理论脱离实际向其发难，反驳道：“以一个从实验室里弄出来的数据来指导全国的现实工作，何从谈起最佳？何以确保利大于弊？海南岛小汽车事件不是也有‘适量进口’的指导理论吗？”只是，在比赛中，反方未能掌握这一方法，因而尽管他们一开始也是轮番进攻，可是，一旦正方公布“一定量”，他们就束手无策以至闭口不谈了。

这里，我们还可以以一场论题为“发展教育首当提高教育经费”的比赛为例，具体剖析运用此法对提高辩论水平的作用。如果从交锋的具体回合来说，这场比赛辩论是很激烈的，但通读全部辩论记录可以发现，由于双方都未能自觉选用某种方法来实现本方的战略部署，故而双方虽有胜负之比，却都有诸多失误。

先看正方，针对教育经费奇缺这一现实，立论“发展教育首当提高经费”，有合理之处。但是，为了强化本方的立论优势，将人才外流、师范院校的生源缺乏、全国文盲有增无减、厌学之风日盛等方面的问题以及校长责任制的完善、教育改革的诸多困难全部归于未能提高教育经费，则未免夸大了金钱的作用。反方针对厌学、弃学等现象立论“首当提高国民教育意识”也有合理之处，正如评委主席指出的：“抓住了一个很重要的（问题），既是教育问题，又是哲学问题，但论据就不那么有力、充分。”也就是说，反方的论据显得较为空泛、乏力。

双方在辩论中，都在“首当”一词上下工夫，争夺谁应为“首当”，为了夺取“第一重要”，双方都对对方观点持全盘否定（包括对方有理的部分）的态度。例如，正方全面攻击反方论点：“要全民都重视教育，要等到猴年马月？”反方全盘否定正方论点：“在有着种种弊端的情况下提高教育经费，你们不是给走在错误路上的人增加营养，使他在歧路上越走越远吗？”这种交锋较多地在问题的表层反复纠缠，而未能向纵深发展，影响了双方最高水平的发挥。（评委主席总结：双方又都有一个弱点，就是论点都没有充分展开。）

如果将理想现实相悖法引入这场比赛，战况就可能会出现另外一种局面。现模拟如下。

正方：我国的教育要适应四个现代化的前进步伐和要求，就必须要大力发展（将重点由“首当”移到“发展”上来，紧扣“发展教育”立论从理论角度立论）。所谓“发展”，既包括行政体制的完善（教育改革），还包括新学科的增加、教师队伍的充实、入学者层次的增多、教学规模的扩大、教学手段的更新等，这一切，无不需要以经费作基础，因而本方论点是“发展教育首当提高教育经费”。

反方（从现实角度立论）：教育无经费则不能发展，这是谁都明白的事情（不否定对方论点的合理成分，这样有助于显示本方的理论高度和战略眼光），但是对方只看到发展教育需要经费，却无视发展教育更需要具有正确观念的人。没有这样一批人，任你怎么增加经费，教育也是发展不了的。因为他们得到钱也不会用于办教育（现实例证，有人挪用教育经费；某市教育局用教育经费买奖券，得奖私分）。请问，在这种情况下，究竟要增加多少钱才能使教育有一点发展？现在还不应当首先解决端正教育思想的大问题吗？

正方：对方既然谈到了现实的例子，我方也不妨谈谈教育的现状。我国目前人均教育经费××元，连一张小小的课桌都买不起。某省中小学共有危房数百万平方米，还有80％的学校没有实验室。请问对方辩友，面对不断发生的危房砸死小学生的惨剧，面对众多的老师工资被拖欠的现状，我们是首当提高教育经费，做点实事，以救燃眉之急，还是先谈如何提高教育观念呢？（转而从现实的角度立论，突出本方理论对现实有切实的指导作用。）

反方：正方所举的事例，正说明了不提高教育观念，不增强教育意识的严重后果（包容对方观点合理部分，为我所用）。多年来，极左路线使我国教育事业大受“内伤”，而之所以还能年年出人才，正是因为有千千万万个即使工资被拖欠也仍然坚守岗位的教师们以其崇高的心灵“各自为战”。请对方辩友不要忘记辩题中有“发展教育”四个字，就是说，我们的教育要发展，要走向现代化，就必须唤起全民族都来重视教育。很明显，靠教师们勒紧裤腰带“教书育人”是根本不行的，是不能完成民族文化振兴的重任的。要知道，一百个第一线教师拼命干的成果也弥补不了一个当权者随心所欲轻视教育所造成的损失。故而本方认为，发展教育首当提高教育观念（力求证明本方理论对现实的切实指导意义）。

如此辩论下去，双方辩论即可呈现向纵深发展的趋势。正方可抓住反方难以展现具体步骤、措施，因而“提高教育观念”一说是不切实际的空想；反方则可针对我国当前的财政情况指责对方侈谈提高经费是脱离实际的空谈。

运用理想与现实相悖等方法来指导辩论与原先的辩论有何不同？其优点在何处？

优点之一：扣紧了辩论主脉，增强了怎样运用论据和用什么样的论据展开论证的自觉性，减少了蔓生的枝叶。如“人才外流，读书无用论”等社会大环境问题，究竟与学校这个小环境有什么关系，增加教育经费对解决这些问题有何作用，在几分钟的时间里实在难以谈透，不如避而不谈，以防反受攻击。优点之二：减少无谓的论争，以利于辩论水平的提高。在“发展教育首当提高经费”这场辩论中原有较多的回合价值不大，如对病人“先输氧，还是先动手术”之争，类比模糊，给人以不知所云之感。运用理想现实相悖法，可以有效地避开这些无谓的论争，有助于显现本方的最高辩论水平。在比赛中，发挥出自己的最高水平，“胜得光彩（战胜了强手），败得体面（输给了劲敌）”，其实比胜负名次更重要。

（三）稳守交点法

在辩论比赛和训练中，有相当一部分辩题虽然形式上针锋相对，但实际上是就同一辩题从不同角度、不同层次提出的不同看法。如果双方各自持原辩题展开辩论，就会出现看起来争得很激烈实际上却未能谈到一起的“论而未辩”的情况，因此参赛双方常常将原辩题的思维轨迹稍作偏转，以使其产生论争的交点。

有些辩题，辩论双方可以共同占有同一交点立论，于是在比赛中，双方的辩论常常表现为“争夺交点”，并力求使本方论证的全过程始终在“交会论点”的控制之下，进而去战胜对方（参见“明确交点法”）。

还有相当一部分辩题，双方无法占有同一交点。这类辩题，原已或多或少地对某一方有利，一旦这一方明确交点，便会明显强化原辩题中的潜在优势。这时，处于劣势的一方自然会不遗余力地向对方的交点进攻，于是占有交点的一方如何稳守交点，始终保持战略优势，也就值得注意研究了。

我们不妨先看一个原已获得“交点”优势，却在比赛中失败的例子。

1986 年亚洲大专辩论会决赛“发展旅游业利多于弊”一场，从原辩题看，利弊孰多，很容易变成正方大谈“利”而回避“弊”，反方大谈“弊”而回避“利”，以致出现“论而未辩”的情况。在比赛中，双方都不约而同地运用了“明确交点法”，只是交点互不相同。正方香港大学队的立论是“在一定条件下，发展旅游业利多于弊”；反方北京大学队的立论是“盲目发展旅游业，弊多于利”。那么，哪一方在战略上更有优势呢？不妨做一个分析比较。先看正方，对于“在一定条件下”，他们做了阐释，即“配合自己国家的特点、独特的文化、工业和自然环境，甚至是一种独特的节日”（第一辩手语），“是有理智的、有计划的一个过程，一个从无到有，从劣到佳的过程”（第二辩手语）。不难看出，这样一来，原辩题就被“一分为二”，同时也出现了另外一种情况，即“不配合自己国家的特点……”、“不理智的，无计划的……”的情况，而这另一种情况属于“盲目发展”，正是正方进攻的目标。这也就是说，正方的交会论点将原辩题一分为二，肯定了一种情况，否定了另一种情况。因此，这一交会论点既全面紧扣了原辩题，又强化了本方的立论优势。反方的交点也“二分”了原辩题，取“盲目发展旅游业，弊多于利”立论，但是，却无法否定另一半辩题：“有计划地发展旅游业，利多于弊”。两相比较，不难看出，正方的交点在战略上处于优势，而反方的交点却冒着偷换辩题的风险。

令人遗憾的是，比赛中获胜的却是反方，原因何在呢？综观辩论比赛，可将其分为“立论”和“交锋”两大部分，既不能“以立论代交锋”，也不能“以交锋代立论”。两大部分构成了辩论比赛和训练的两大主体环节，任何一环节逊于对方，都可能导致总体上败给对方。上述比赛中，正方香港大学队尽管在辩题上享有占据交点的战略优势，但却未能最终战胜对方。这里略作剖析如下：

先看双方的立论，正方香港大学队没有玩弄什么技巧，只是依照题意作了剖析式阐释，但反方却避开了于己不利的“就题辩题”，而是对辩题来了个“一分为三”的“内涵界定”，提出“旅游、旅游业和发展旅游业不是一回事”的新论，认为“旅游是人类的一种活动，它的好处人所共知，但不是今天讨论的范围”，这就将“发展旅游业”中相当一部分的“利”划到题外去了，继而再猛攻“旅游业难以独立生存”和“发展旅游业需受条件所限”等诸多“弊”端。这种“一分为三”的立论法，冷静分析并无多大价值，对反方立论也无多大帮助，但它具有一种“本方早已吃透了辩题”的咄咄逼人的气势，搅乱了正方的理论防线，对其形成了压力，进而为反方夺魁奠定了良好的基础。由于正方未能给予及时的有力的反击，自己占据交点的立论优势受到了干扰。

转入交锋，尤其是自由辩论后，正方自始至终都没有充分利用本方的交点优势，从战略高度向对方“偷换辩题”的薄弱部位施加任何打击。此外，面对反方的轮番强攻及其强词夺理、无中生有，正方不仅没有给予有力的反击，反而不止一次地受到对方的牵制，以致脱离交点，直至最后交点优势反为对方所得。香港大学队在这场比赛中的败北，有力地证明了明确交点和稳守交点是辩论比赛两大重要的制胜环节，须加以同等研究。

这里，我们再通过一个成功的例子剖析稳守交点法是如何确保战略优势，直至胜利的。

辩题是“进口高档消费品利大于弊”。该辩题与上一辩题“发展旅游业利多于弊”相似，利弊孰多之争很容易导致出现“有论无辩”的情况。这道题看似中立，（以当时的观点看）实际是有利于正方的，一经明确交点，更是显出了正方的优势。现场比赛中，正方的交点是："在社会主义国家的计划指导控制下，进口一定量的高档消费品，利大于弊。"这里，关键词"一定量"加得巧妙，妙在以"一定量"使其"利"达到最大限度，同时，以"防止过剩"来"防止其弊"。因此，这道题已经通过"一定量"的"扬利除弊"的作用，使原辩题成为"进口一定量的高档消费品，有利无弊"（正方也正是这样立论的。他们从六个方面来证明"利"，而对"弊"不加以剖析，如此立论而无"偷换辩题"之嫌大大得益于"一定量"三个字），而反方则难以找到这样好的交点。如果他们仿照上一道辩题中的反方那样，来个"盲目进口高档消费品，弊大于利"，差不多就等于认同正方的观点，自认失败。所以，反方只能寻找机会或设法"引诱"正方脱离交点。由于正方始终"稳守交点"，故而反方未能挽回败局。

具体而言，正方是这样"稳守交点"的。

首先，正方以优越的战略地位战胜并包容了对方的分论点。例如，比赛一开始，正方对外经济贸易大学队第一辩手提出"一定量"立论后，反方北京商学院队第一辩手立即以巴西当年严格禁止进口小汽车，引进技术设备发展国内生产，现成为汽车出口大国为例发起进攻。正方第二辩手立即将其观点"包而容之"："限定并不等于禁止……进口一定量的高档消费品，（适应了）我国经济技术不断发展……（也）正是为了更好地发展社会主义生产"。反方第二辩手接着又以我国外贸方面巨额逆差为由，指责进口会导致"入不敷出"，正方第三辩手再次"包而容之"："引进（一定量）高档消费品，恰恰可以有利于回笼货币。"反方第三辩手又提出："这将冲击国内市场……我国亟待求生的幼稚工业，如何迅速发展?"正方第四辩手又一次"包而容之"："进口一定量的高档消费品可以使人民向新的需求结构变化"，进而"带动我国的产业结构发生了变化"，这正有助于改变"设备落后，水平低下"的现状。从上述诸回合的发言中不难看出，反方的进攻也是相当猛烈的，但由于正方始终稳守"一定量"立论，不仅终于使反方的猛攻归于失败，而且包容了反方的诸分论点的合理部分，使其转而成为正方的立论基础，进而强化了正方的立论优势。

其次，正方稳守交点，不仅不为反方所"诱"，而且成功地迷惑并牵制了对方。

辩论比赛要求对对方的发言迅速作出反应，而双方的发言常常是"主次混杂"，其重要论点、关键语句常常混杂在举例、比喻和解释性的语言中。如上述比赛，反方在多方面发动进攻的同时，就运用了较多的例证、比喻和解释性语言，像“鱼和熊掌不可兼得”、“海南汽车事件”、“量入为出和入不敷出的比较”、“学步儿童和拳王阿里比赛拳击”、“杀鸡取卵”、“鸡飞蛋打”等，这些都属于容易引起新的辩争以致偏离辩题的话题，但是，正方始终“稳守交点”，无论是攻还是守，都紧扣“一定量”立论，与此无关的，或关系不大的，一概不作纠缠，这就确保了本方的战略优势。

与此同时，正方稳守交点，引而不发，成功地牵制了对方。当时，反方曾迫于“一定量”的压力，轮番对“一定量”进行攻击。例如，“你们凭空加了‘一定量’三个字，如果不做科学的说明，我们不放心，评委不放心，大家不放心”，“请正面回答这个问题，对‘一定量’这个假想的方式、幻想的前提解释清楚”。其实，对于“一定量”的内涵，正方早已成竹在胸，却引而不发，故意迟迟不予以回答。直到正方第四辩手做总结发言时，才虚晃一枪：“对一定量我们有一个非常好的解释，在自由辩论时我们再见”。这种似真似假的态度使得反方产生了误解，认为正方难以作答，于是，反方“总结发言”中又对“一定量”大举进攻，指斥其“换了命题”，甚至要求“尊敬的评委同志，一篇论文如果跑了题，是要打零分的”。在如此咄咄逼人的猛攻面前，正方仍不作解答，后来，直至自由辩论时，反方又一次“发难”：“请对方解释‘一定量’。”这时正方才露出“底牌”：“我们搞了一个外汇配置模型，并用计算机反复进行了计算，结论是这个百分比为3%到4%时为最佳，这就是‘一定量’。”淡淡几句话，把对方的数番猛攻化解为零。这种“引而不发”的战术，大量地消耗了对方的发言时间，同时为本方夺取立论优势创造了条件。

由此及彼，不妨推想一下，如果在“发展旅游事业利多于弊”的比赛中，正方也能始终稳守“交点”的战略优势，冠军的桂冠还会旁落吗？

（四）诡辩法

要想在辩论中获胜，参赛双方都必须首先在雄辩的方法和技巧方面下工夫，这一点是毫无疑问的。辩论比赛和训练中，常常要就辩题中某一关键词语的内涵展开论争，常常会为了扣紧辩题进行必要的前提追加，同时还要保持高度的敏感，以防对方以偏概全、偷换命题等。这些都是雄辩法范畴内的基本技巧，它有助于辩手将道理越辩越明，从而使辩论达到一个较高的水平。

仔细分析辩论比赛的全过程可以看出，参赛双方并不始终都是在进攻，并非只有进攻手段。在比赛中往往是，一方进攻时，另一方在防守；一方道理在握时，另一方可能一时语塞。就辩论的某一方面进行分析，也是既有进攻，又有防守，既有侃侃而谈的得意场面，也难免有无言以对的狼狈之时。因此，从技巧的全面掌握来看，正如一名优秀的战士，既要能正面冲锋，又要会从背后偷袭，甚至也得学会撤退一样，一名优秀的辩论员，也应当既会在处于优势时猛烈地进攻，又能在处于劣势时巧妙地防守和解脱。从根本上说，辩论比赛比的不是观点的正误，而是辩才的高下，因此，在比赛中如何亮出“辩”的全部实力和最高水平，才是最重要的。从这一角度看，当一方处于劣势时，是否具有转劣为优、摆脱困境的本领与能否凭借雄辩的方法、技巧战胜对方一样，都处在同等重要的位置上。于是，作为辩才在被动场合下的显现和闪光，诡辩法在辩论比赛中也就被赋予了特殊的意义和作用。

前面我们已经论述过，一提起诡辩，人们往往就会感到厌恶。其实，只要我们对其持以辩证的态度，就不难看到，它还是具有积极的一面的。作为一种特殊的辩论方法，诡辩具有以假充真、以假乱真的特点，但真假之分并非时时处处都具有真理、谬误之分的性质，因此，这一特点本身并无罪恶。这一点不仅在现实生活中屡被证实，而且在辩论比赛中，诡辩还因此而越来越受到优秀辩论员的青睐。

诡辩法立论同样可以夺得胜利。如以“发展旅游业利多于弊”为辩题的辩论赛中的胜方北京大学队（详见“曲解法”）和以“儒家思想可以抵御西方歪风”为辩题的辩论赛中的胜方复旦大学队，就都是运用诡辩法立论取胜的。

1993年首届国际大专辩论赛中，决赛“人性本善”中的胜方复旦大学队的立论就是运用了诡辩法。在《狮城舌战》一书中，复旦大学辩论队参赛领导小组组长张霭珠先生总结道：“制定了决胜方案，即，在‘人性本恶’的立场之下，区分人的‘自然属性’和‘社会属性’，把‘恶’界定为本能与欲望的无限扩张，把‘善’界定为本能与欲望的理性克制，强调后天的教化的功能和重要性。”[①] 关于这一立论，华东师范大学队吴刚教练在《纵横申城——上海市大学生第三届辩论赛撷英》一书中作了如下点评：“例如，人性之辩中复旦的定义，‘恶指的是本能与欲望的无节制的扩张，而善则是对本能的合理节制’。可是，本能是个悬而未决的概念，至于合理节制则更为模糊。人本主义心理学揭示，人有创造和爱的本能，那么扩张为对全人类的爱是恶吗？同时人也有某些攻击性的本能，如果某人有攻击许多人的欲望，现在合理节制为对某个人的伤害，这是善吗？”[②] 从这段分析中，我们不难看出，复旦大学

① 王沪宁、俞吾金主编：《狮城舌战》，127页，上海，复旦大学出版社，1993。

② 张止静、吴刚主编：《纵横申城——上海市大学生第三届辩论赛撷英》，162～163页，上海，华东师大出版社，1995。

队的立论具有“似是而非”的诡辩的特点，而正是这一特点搅乱了对方的理论战线，为复旦大学队夺冠立了大功。

在“攻守应对”的交锋中，诡辩法对于扭转局面、创造优势有独特的作用。如在“儒家思想可以抵御西方歪风”的辩论中，反方复旦大学队就屡次使用诡辩法。比如，“轮流发言”时，复旦大学队发言：“孔子还说‘父母在，不远游’，如果照此办理的话，我们不就来不了新加坡了吗?”正方台湾大学队的陈嘉麟反击：“对方辩友这一句话是断章取义，因为在《论语》中接下来还有一句是‘游必有方’，就是说出门一定要请示父母，回来要告诉父母。”当时场上爆发了掌声，可以想见，当时复旦大学队是颇为难堪的。但是，复旦大学队随即来了这么一段：“至于‘游必有方’，我想，游来游去千万不要游成乌节路上的游离少年啊。”一句话赢得了长时间的掌声。但是仔细分析，这句话就属于诡辩，他是利用“远游”和“游（逛）大街”两个“游”字之间的表面相似之处，以似是而非的手段使得辩论偏离原辩题，进而使全队摆脱了困境。再如“发展旅游业利多于弊”一场辩论中，反方北京大学队的“总结发言”的最后一段话是：“我想请问对方同学，你有什么回天之力能保证每个国家发展得好?”此语也为诡辩，提出的问题不仅强正方之所难（全世界也找不到有此回天之力的人），而且，更为重要的是，这个反诘偏离了原辩题（按照原辩题，只需辩论利弊孰多，不需辩论如何改变“弊”和由谁来改变“弊”的问题）。

在自由辩论阶段，诡辩更是有效的防守手段。例如，首届国际大专辩论赛半决赛一场“艾滋病是医学问题，不是社会问题”的自由辩论中，双方有这样一次交锋：

正方：艾滋病的病毒是在医院里被发现的，现在世界上有成千上百的医务工作者正在研究解决艾滋病的方法。

反方：在医院里发现的就是医学问题了吗？在医院里拾到别人丢的一把钥匙，这把钥匙就成了医学问题了？

分析反方的这一应对，其实也属于诡辩。因为究竟属于医学问题还是属于社会问题，判断的依据是最终由哪一方面来解决，而不应该是问题发生在哪个地方。正方的这次发言，先是指出了“艾滋病的病毒是在医院里被发现的”（找到问题的根源是解决问题的第一步），而且后面还有一句：“世界上有成千上百的……”（紧扣辩题展开论证），但反方先是采取“割裂”的技巧，将这次发言的前后两句话“取前弃后”，再将正方的“病毒是在医院里被发现的”（病因是由医务人员找到的）曲解为“发生在医院里的”，并以“在医院里拾到别人丢的一把钥匙，这把钥匙就成了医学问题了”进行曲解性反驳。应当承认，这句应辩反驳的效果还是挺不错的，但其割裂与曲解的技巧都属于诡辩。其实，并不难对其加以反驳，例如正方也可以针锋相对：“按照反方的逻辑，心脏病人在大街上病情发作，也该属于社会问题，而不是医学问题了?”只是正方未能及时做出诸如此类的反击，因而在气势上也就低了一截。

本教材著者曾主持过一场“大学生要不要参加社会实践”的辩论比赛。正方主辩在发言得意之时，就对方正在感冒开了一个玩笑：“你感冒，正是由于社会实践参加不足”，对方当即指出，不要离题太远。该主辩略一思索，不紧不慢地答道：“我并没有扯远。你感冒，是因为体育锻炼不够，身体素质不够好，抵抗不住病菌的侵害。如果大学生不参加社会实践的锻炼，就不会有良好的政治素质，就会抵抗不住社会病菌的侵害，就会得社会感冒。”正方主辩的一段诡辩式的妙语，既阐发了辩题，又回避了对方的指责。不一会儿，这位主辩在解释一个新概念时，条理、层次不清，显得凌乱，立即被对方抓住不放。可是，这位主辩却从容不迫，笑嘻嘻地补充了一句：“这正说明了我掌握得很灵活。”“凌乱”与“灵活”，一个词的更换，读音“似是而非”，对方明知他诡辩，却也一时无言以对。

就方法论而言，雄辩多用于进攻和积极防守，诡辩多是作为处于劣势或陷入窘境时的防守和脱身的手段（当然，不可绝对而论）。在辩论比赛和训练中，道理在握时雄辩，形势不利时诡辩，可以说是辩论的两种基本方法。

下　编

怎样有效把握口才交际能力训练?

怎样有效把握口才交际能力训练？这个问题拟从以下几个层面展开。

首先当然是宏观角度的整体把握。具体地说，整体把握是在第十一讲以口音规范训练、口语类型训练、口才显现训练等三个层次来推进的。

第十二讲的中心点为“语境场合把握”。这一层次关注的是，如何将“到什么山上唱什么歌，见什么人说什么话”的原则具体落实；所凸显的则是对口才训练课程中往往过于关注怎样“说”而难免忽略“听”，进而难免不重视平等交流的一种有效弥补。

第十三讲则是口才交际中的角色定位与语境适应。严格地说，该讲是对第十二讲“语境场合把握”的细化，或者说，是从语境场合对人说话（说什么、怎么说）的制约向人在具体的场合中的角色定位以及对适应语境的能动调适的转化。

第十四讲提请读者注意在口才交际过程中风度态势等非语言要素对于口才交际的促进与“促退”作用。

第十五讲是对口才交际中的常见语病的归纳。应当看到，语病并不必然导致口才交际的失败，但是，语病必然影响和干扰口才交际的效果。因此，在口才交际能力训练中，怎样克服和消除语病也是一个不能忽视或轻视的问题。

由此可知，口才交际能力的训练绝不仅仅是训练“嘴皮子功夫”，而是一个人的综合素质的优化与提升过程，是一个人终身学习、终身修炼的过程。

第十一讲　口才交际能力训练的三个层次

提要与思考

1. 本讲所关注的是说话人应当根据口才交际的口音规范训练、口语类型训练、口才显现训练三个层次对个人素质的全面要求有针对性地确定自己首先要完善的环节，进行“扬长补短”式的训练。这是对当前国内口才市场上众多著书立说者、开班宣讲者盲目鼓吹口才的“嘴皮子功夫”的一个“拨乱反正”。

2. 本讲在此提出的三个能力层次其实还有一个对不同年龄段的把握。口音规范训练从理论上说，在任何年龄段都可以，但是，从训练成效来看，年龄越小显然效果越好，也就是说，对于成年人来说，话语口音即使有问题，也不宜作为训练重点，以免事倍功半，甚至事倍功无。反之，成年人的口才交际能力训练则因为自身的人生阅历、工作需求而应将口才显现层次作为永久的训练重点。

重点问题

1. 口才交际能力训练的三个能力层次不仅对不同年龄段的人有着不同的侧重要求，而且对于不同的个人也有着不同的要求。此讲要求学习者按照要求进行自我评估，确定自己首先要解决的重点问题，举纲带目，以求有效提高自己的口才交际水平。

2. 口才交际能力训练的三个能力层次的阐述，重在要求理性把握，转移到训练中，并不要求从第一层次训练开始，第一层次训练达标后再进入第二层次的训练，第二层次的训练达标后再进入第三层次的训练，各人可根据自己的情况灵活把握。这里为避免误读误解，特地做出强调。

口才交际能力训练既要提高人们朗读、演讲的水平，又要强化其交谈、辩论的能力；既要优化人们的习惯思维模式，又要完善其固有的心理素质。

方方面面，诸多环节，其实并非杂乱无序，而是表现为三个层次的有序排列。

这里将口才交际系统化训练三个层次的结构示意图展示如下（见图11—1）。

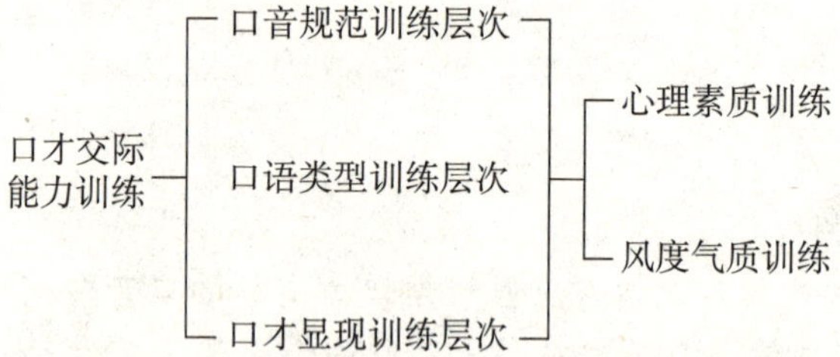

图11—1　口才交际能力训练三个层次的结构示意图

将口才交际能力训练分解为三个训练层次的目的，并不在于显现其逐步提高的等级性，也不是要强调必须在第一层次训练达标后再进入第二层次的训练，第二层次的训练达标后再进入第三层次的训练，三个层次的训练其实是可以“齐头并进”的。在这一前提下进行这种划分的目的在于，指导学生更为自觉地对自己进行理性分析，把握自己在口才交际系统化训练中已有强项与尚存弱项的具体所在，明确自己在口才交际水平提高方面亟待解决的具体问题以及提高完善的具体途径。

需要强调指出的是，心理素质（训练）与风度气质（训练），因为难以列出独立的专项训练模式，而它又始终对口才交际应用的效果产生较大的影响，因而我们不将其划入某一层次，而是使其标准要求一以贯之地存在于三个层次训练的始末。

这里，再将三个层次的训练目标、项目、检测标准列出分表，展示如下。

一、口音规范训练层次

在此训练层次，我们不难看到，母语方言、发声习惯既是口音规范训练的基础条件，又是规范训练需要加以修正的对象。由于任何人都不可能完全抛开自己的母语方言与发声习惯凭空训练，因而这种既要依赖母语方言与原发声习惯进行训练，又要在训练中改变母语方言与原发声习惯的矛盾冲突，就成了这一层次的训练中普遍存在的难点。我们常常可以看到，由于人们在改变发声习惯的可塑性方面客观存在的差异，有的人即使经过长期的训练，所学成的普通话也仍留有程度不同的方言痕迹，以至形成诸如闽粤普通话、江浙普通话等“混杂式语言”；有的人虽然学会了运用丹田之气发声，可是一与人交流说话，就又恢复了气息过浅、喉头过紧、声音难以持久的老样子，其根源就在于母语方言、发声习惯的顽固干扰（见图 11—2）。

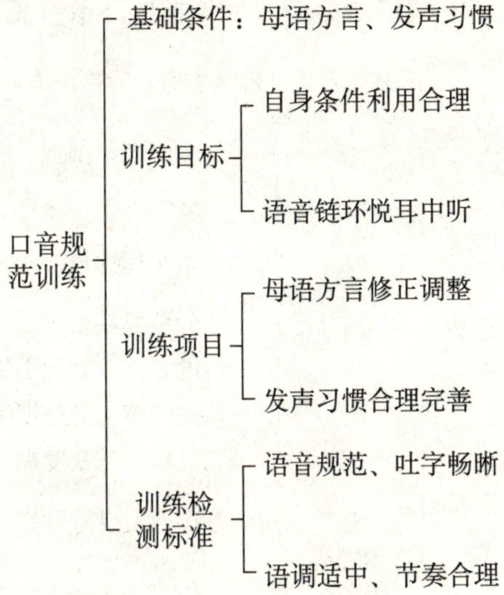

图 11—2　口音规范训练示意图

这种顽固干扰的存在，使得口音规范训练成了一项“事过倍而功难见其半”的低效率训练，对于那些接近成年的学生而言，尤其如此。在此情况下，学生如果过久地执著于这一环节的训练，往往会导致对口才训练自信心的下降。为了消除这一负面影响，可以将这一层次的训练目标分解为“理想训练目标”与“现实训练目标”两个环节。理想训练目标当然是指自己应当达到的“口音规范”的标准水平，而现实训练目标则是在近阶段可能达到的最佳水平。学生在训练中，只要能对现存问题有所改正，能在口音规范的目标指导下，对自身口音条件的利用趋向合理，进而使口音显得比训练前悦耳中听，就可算是实现了“现实训练目标”。这样显然有助于学生保持自信心，进而推动其在规范标准的引导下逐步对自己的母语方言进行修正调整，对原发声习惯进行纠正完善（而不是一味地强扭硬别，硬要追求“理想训练目标”的绝对水平）。这样才有望在较短的时间内逐步接近吐字畅晰、语调适中、节奏合理的要求，并最终实现口音规范的理想目标。

二、口语类型训练层次

口语类型层次的训练，是引导学生将自己原本处于自然状态下的说话能力转化为理性自觉状态下的口语类型应用的重要环节（见图 11—3）。

- 口语类型训练
  - 基础条件：说话能力、写作能力
  - 训练目标
    - 项目分类理论把握
    - 能力水平理性自控
  - 训练项目
    - 朗读的传导贴切度训练
    - 演讲的宣传鼓动度训练
    - 交谈的情感沟通度训练
    - 辩论的事理辩服度训练
  - 训练检测标准
    - 表意准确、措辞贴切
    - 构想周密、详略得当

图 11—3　口语类型训练示意图

在此层次的训练中，学生的说话能力无疑是训练的基础条件。说话能力强，其口才训练的起点就高，其检测的具体水平也就应当随之提高。由于写作能力的具体显现常常可以代表说话人对该表述话题的理解与显现的最高水平，因而它是口才训练中强化逻辑结构、完善语法修辞的必要的辅助条件（所谓辅助条件，就是说在训练中可以适当地借助，但不可过于依赖）。

此层次的训练目标，也可以分为两个部分：一是对口语应用专项分类的指导理论的明确把握；二是在将某一口语类型应用于交际实践时，能力水平的理性自控。

顺应这一训练目标，该层次的训练显然应以专项类型分别进行的形式展开。这里，需要明确的一点是，将口语类型分为朗读、演讲、交谈、辩论等项目，并进行专项训练，其目的并不只在于训练学生如何朗读、演讲、交谈或辩论，也不是为了训练学生成为演讲家、雄辩家等，而是要通过这些口语应用的专项训练引导学生学习与他人进行思想、观点、立场、情感交流的不同方法与技巧，进而更有效地借助口才实现自己的目标追求。

由此又不难明白，此层次的训练中，朗读的传导贴切度、演讲的宣传鼓动度、交谈的情感沟通度、辩论的事理辩服度这“四个度”的训练目标的确定，其实只是为了突出该种类型的最具个性特色的目标追求，而这一目标追求并不排斥在本专项训练中可以兼有其他专项训练中的目标追求，或者换句话说，该层次结构示意图可以理解为，每一专项训练都可以以上述“四个度”作为其目标追求。

以“四个度”为具体目标展开口语专项训练，训练形式尽管多样化，总体目标追求却是共同的，那就是检测标准中所展示的四项标准，即表意准确、措辞贴切、构想周密、详略得当。

三、口才显现训练层次

口才交际能力训练的最终目的，其实并不在于口音规范（那只是语言交流思想内容的传导形式之一，而且，说话人即使达到了口音规范的水平，也并不意味着其语言表述内容就一定具有相当的水平），也不只在于训练学生掌握某些口才技巧（那只是思想观点的显现形式之一，而且思想观点的显现常常并不完全遵守口才显现的某些规则），而在于提高话题内容的表述与交流水平，使得话题内容以口语形式显现时，能有“闪光点”，并最终使得说话人的职业口语达到口才显现的水平。因此，可以说，正是在口才显现训练这一层次上，体现了对口才交际系统化训练终极目标的落实（见图 11—4）。

- 口才显现训练
  - 基础条件：知识结构、思维模式
  - 训练目标
    - 话题思考的宽度、深度
    - 交流应对的敏捷度、准确度
  - 训练项目
    - 逆向思维训练
    - 纵深思维训练
    - 发散思维训练
    - 综合思维训练
  - 训练检测标准
    - 角度新颖、见解深刻
    - 反应敏捷、紧扣题旨

图 11—4　口才显现训练示意图

如果说口才交际能力训练的中心环节是思维训练，那么，在口才显现训练层次，实现目标追求的基础条件就可以一分为二：一是说话人的知识结构，其知识面越宽，知识储量越丰富，其口才显现的可能性就越大；二是说话人的思维模式，其思维模式越接近立体化、科学化，就越有助于实现话题内容的辩证思考，其语言表述的闪光点就会越多，其口才显现的水平也就越高。

因此，该层次的训练应当在已经具备了一定的知识储量的前提下，注重对思维素质与思维模式的训练。它一方面要求说话人能准确把握话题思考的宽度、深度，另一方面又要求说话人在与他人交流应对时要有敏捷度和准确度。以这“四个度”为目标追求，我们可以逐项地展开逆向思维、纵深思维、发散思维与综合思维等方面的思维素质训练。需要说明的是，这些训练并不限于“一项训练，一种模式”，而是可以在一项训练要求中共存多种训练模式。这就使得思维训练在该层次中又显现出一种立体化、开放性的特点。同时，这些训练模式也并非“练一遍即可”，而是应该反复地训练，只有这样才能真正实现口才水平的稳步提高。

此层次的训练以角度新颖、见解深刻、反应敏捷、紧扣题旨为总体目标追求，为实现口才显现的保证。

第十二讲　口才交际与语境场合把握

提要与思考

1. 随着人们将国际上新兴的语用学理论引入口才交际能力训练之中，人们开始注意到语境问题，而本讲想强调指出的是，口才交际与语境的关系绝不是一种被动消极的受制于语境的关系，而是一种主动积极的能动适应关系。

2. 本讲将场合解释为具体的语境，所以，场合应对也可以看做是语境适应问题的细化，在某种意义上，本讲之六组十二种场合的具体应对实际上也就是对语境能动适应问题的注释，而场合应对的具体手段就是准确把握自己应当扮演的角色身份。

重点问题

1. 有人认为，一个现代人难能可贵的就是心胸坦荡，敢于直言不讳，但是，口才交际能力训练却要求“适应语境场合”：“到什么山上唱什么歌，见什么人说什么话”，认真思考并与朋友交流两种不同的要求之间是否存在着矛盾。

2. 有人认为，所谓“到什么山上唱什么歌，见什么人说什么话”，把话说白了，就是“见人说人话，见鬼说鬼话”，就是要人口是心非。你对这个问题有什么看法？

在国内外的口才交际著作中，常常可以看到这样一个词：场合。它与“语境”一词经常并列出现，并且因为它与语境内涵相差不大，二者有时通用、混用。例如，人们在说适应语境时，如果换成“适应场合”，在理解上，一般也不会出现什么错误。

尽管场合与语境有时似乎可以通用、混用，但是很显然，在研究者的心目中，二者的地位似乎有天壤之别。以语境而言，很少有哪一本语用学的著作不对语境作重点剖析的，可以说几乎每本语用学著作对语境的构成、作用等都论述得十分详备。然而，对于场合，却很少有人专门提及；即使提及，往往也是直接使用，并且多是在阐释语境时，偶尔使用，其目的似乎也只是为了调整一下“语境”一词出现的频率。

正是由于人们对“场合”的这种冷淡态度，导致了语用学研究中关于“场合”的理论界定和分类至今也无人问津。以国内的研究者为例，一方面是很少见到关于场合的研究成果，另一方面是关于场合的界定也不够严谨。

究竟应当怎样看待“场合”一词在口才交际中的地位和作用？是完全不值得加以研究，还是自有其语用价值？

本教材著者认为，语境与场合之间，表现为一种包容与被包容的关系，语境的全部可以外现的组成要素的总称或有机合成就叫做场合。某一口才交际的场合的全部构成要素，都可以视为该口才交际的语境的构成要素——语境的外现部分的构成要素。

场合在口才交际过程中的作用也是非常重要的。我们知道，口才交际与语境之间表现为一种能动适应的辩证关系，具体地说，这种能动的辩证关系是通过场合（具体的口才交际环境）来落实、体现的。在口才交际中，口才交际目标追求的多样性、语境构成诸类要素具体合成的多样性也全部通过场合予以展现。这就使得人们在总结口才交际的成功时，难以忽视场合所具有的独特魅力与影响，同时也使得口才交际中对准确把握场合特点的要求显得极为重要。

这里，试提出口才交际中六组十二种常见的且具有对应性质的具体场合，分别为：公开场合与非公开场合，正式场合与非正式场合，职业场合与非职业场合，交际场合与非交际场合，高雅场合与通俗场合，友情场合与亲情场合。现分别对这六组场合的基本特点、差异区别以及语用指导进行逐一剖析阐释。

需要指出的是，上述六组十二种场合之间，有的存在兼容关系。之所以如此排列，并非为了显现六个组合之间的逻辑关系，而是要通过每个组合的内部对比突出各个具体场合的最为鲜明的个性化特征。

一、怎样把握公开场合与非公开场合

何谓公开场合？何谓非公开场合？在理论上似乎一时难以找到一条明确的分界线，这里，我们也只能采用一种相对模糊的界定方法予以分辨。人们常说，一人为私，二人为公，三人为众。虽然同时在场的人数为三人以上的场合不一定就是公开场合，但三人同时在场却是构成公开场合的最基本条件。

公开场合和非公开场合口才交际的不同特点在于交际内容隐秘程度的差异。需要指出的是，两种场合的界定虽然是比较模糊的，然而其话语内容隐秘程度的差异却是非常鲜明的。例如，人们在抨击某些伪君子式的人物时，常斥其“满口的仁义道德，满肚子的男盗女娼”，这里，“满口的仁义道德”往往是就此人在公开场合中的言行表现而言，而“满肚子的男盗女娼”则多是指斥此人在非公开场合中的言行表现。以此类评语作为一种特例，不难推知，人们在公开场合与非公开场合中的言行有时差异是非常鲜明的。

这种鲜明的差异性，在口才交际中，又具体体现在以下三个方面。

（一）话题是否具有可公开性

口才交际中，有的话题可以在公开场合进行，有的话题只能在非公开场合进行。为此，可以公开进行的话题就不必特地转到非公开场合进行，因为那样难免会使人觉得你故弄玄虚、故作神秘而反感。同理，那些不宜公开进行的话题，例如某些涉及隐私的话题，如果在公开场合进行，就难免会受到当事人的抵触。

逸事趣闻

明代开国皇帝朱元璋，少年时家里很穷。他当了皇帝后，据说曾有两个小时候的穷朋友结伴前去求见他，希望能谋个一官半职。

在皇殿上，第一位穷朋友开口说道：

“还记得我们一起割草的时候吗？有一天，我们在芦苇荡里偷了些蚕豆，放到瓦罐里去煮，没等煮熟你就抢豆子吃，把瓦罐都打破了，蚕豆撒了一地，你抓了一把撒在地上的蚕豆就往嘴里送，不小心连红草叶子也送进嘴里去了，结果一根草棒卡在喉咙里，卡得你直翻白眼，还是我出的主意，弄了一片青菜叶子放在手上一拍，塞到你嘴里叫你硬咽下去，这才把草棒子吞了下去，不然，哪有今天啊！”

朱元璋一听，顿时变了脸，连忙叫武士把他推出去斩首。可怜这位穷朋友莫名其妙地就做了刀下之鬼。

朱元璋再转过脸来问另一位穷朋友：“你有什么说的？”那人连忙答道：

"想当年，微臣跟随陛下东征西战，一把刀斩了多少'草头王'。陛下冲锋在前，抢先打破'罐州城'，虽然逃走了'汤元帅'，但却逮住了'豆将军'，遇着'草霸王'挡住了咽喉要道，多亏了'菜将军'帮忙，不然，哪有今天啊！"

朱元璋听了，笑了，颁旨让他做了将军。

这则历史逸事是否真实已无从考证，但是，朱元璋当年的两个穷朋友的不同结局却很能说明问题。朱元璋早年讨过饭，当过贼，做过和尚，走投无路了，才去投郭子兴的造反队伍，给郭子兴当了勤务兵，东闯西荡，辗转厮杀，终于当上了皇帝。过去的一些事情，尤其是那些不太体面的事情当然不宜再公开提及了。第一位穷朋友把不宜公开提及的话题公开谈论，使朱元璋感到脸上无光，心中不满，也就难免会大难临头了。

（二）适应需求的差异性

在公开场合口才交际中，人们往往很自然地就比较注意个人的社会角色，或者换句话说，人们往往会自觉不自觉地侧重于完善自己的可供展示的社会形象；在非公开场合口才交际中，人们往往会自觉不自觉地侧重于心灵的袒露，或者说人们往往会更直率地表现出对目标的追求，并且，其情感流露往往更为直白。

引经据典

例如，我国著名的戏剧家曹禺在他的代表作《雷雨》第二幕中展现了这样一个场面：周朴园与侍萍意外相逢，当周朴园终于确认面前站着的就是三十年来自己内心深处一直难以忘怀的侍萍时，他脱口而出的竟然不是关切的问候，而是严厉的质问："你来干什么？""谁指使你来的？""好，痛痛快快的，你要多少钱吧？"而且，还很冷酷地拒绝了侍萍想见一见自己的亲生儿子周萍的要求。在第三幕中，当周朴园看见侍萍置身于自己的一家人中间时，以为三十年前的事情已经被说穿，立即招呼周萍与侍萍母子相认，说道："萍儿，你过来，你的生母没有死，她还在世上。""混账，不许胡说。她没有什么好身世，也是你的母亲。"

对比一下周朴园在剧中的这两种不同的表现，不难看出，在第二幕中，周朴园对侍萍说话时完全不顾忌自己的身份、形象，也不在乎侍萍对自己将会作什么样的道德评价，而在第三幕中，他则是每一句话都在显现自己的道德君子、尊贵家长的身份与形象。周朴园的话语之所以会出现这样鲜明的差异，就因为第二幕中周朴园置身于非公开场合，而在第三幕中他置身于公开场合。

（三）道德显现的差异性

人们在公开场合口才交际中，对自己的道德形象的要求比较高，而在非公开场合中，自我约束的程度就相对较低。

似乎世界各国法律都对之显得无可奈何的、发生在机关单位办公室里的"性骚扰"之类的事件，其实就可以作为人们在两类不同性质的场合道德自律的显现存在差异的明证。因为"性骚扰"之类的言行多发生在没有第三者在场的非公开场合，所以被骚扰者一般无法控告骚扰者，事实也难以得到确认。在有第三者，甚至是有多人在场的公开场合，即使是"色狼"，也会对自己的劣迹有所掩饰收敛。

由于在与熟识的人交往时，人们往往以交际对象在非公开场合的言行表现作为鉴定其思想道德真实水平的依据，所以，个人在这两类场合中通过自己的言行所显现出的道德水平如果持续地表现出某种"不一致"性，那么必然会引发来自熟识者的贬斥性评价，并最终引发种种不利于口才交际的后果。反之，如果个人能努力使这种道德显现"趋近一致"，努力使自己在公开场合和非公开场合中保持表里如一、言行一致，则不仅能显现个人的道德魅力，而且还将直接推动说话人在口才交际中获得成功。

引经据典

《荀子·大略》中写到柳下惠因为怕一个女子受冷，就用自己的衣服把她裹在怀里，而他却能“坐怀不乱”；后汉时，东莱太守杨震路过昌邑，县令王密以十金相赠，并说“暮夜无知者”，杨震厉声说：“天知、地知、你知、我知，何为无知?”王密羞愧退出。这两位历史人物在非公开场合的表现，以其崇高的道德显现被传为千古佳话。

二、怎样把握正式场合与非正式场合

何为正式场合？何为非正式场合？与上一组一样，该组场合在理论上似乎也一时难以找到明确的分界线。这里，仍只能采取一种相对模糊的界定方法。我们将具有一定的官方性质或正规性质的场合称为正式场合，将不具有此类性质的场合称为非正式场合。

正式场合与非正式场合口才交际的特点区别，不在于场合的规模，而在于场合的性质以及在这两种场合中说话人对说话内容承担责任的程度差异。也就是说，人们对于正式场合口才交际中的说话内容一般都要负全责而且不易否定，因而表态相对比较谨慎，同时，其可信程度也相对较高；对在非正式场合下说话的内容，并不是说就可不负责或者说它就不可信，而是说因其具有“非正式性”，可信程度也就相对比较低。

例如，据报载，1998 年，中央电视台的抗洪救灾文艺晚会上发生过这样一些事情。有些人在赈灾现场慷慨激昂地作出捐赠承诺，一开口就是“我捐多少多少万。”然而，演出后却拒不兑现承诺。此事后来虽然得到解决，但是，审视这一过程，之所以会发生这种状况，根源还是在于人们对文艺演出的场合性质的认定上。一般人总认为文艺演出的场合是非正式场合，说过的话并不一定非要兑现，再加上此时人们的捐赠并不是当时掏钱，而是先表个态，事后再付钱款，因而，到了真的要他掏钱的正式场合，有人就开始赖账了。

在口才交际中，公开场合与非公开场合的差异具体地显现在以下三个方面。

(一) 预先设定性与非预先设定性

正式场合所具有的官方性质或正规性质，决定了这种场合往往要预先设定。大至国家、民族之间的外交政务，小至亲朋的聚会庆贺，它们多由双方事先商定。非正式场合大多不需预先设定，口才交际活动随时随处都可以进行。

引经据典

我国古典文学名著《水浒传》中，梁山英雄的头领宋江始终无意造反，一心只想得到朝廷招安，无奈有高俅等人从中作梗。于是，宋江特派浪子燕青前往京城，去走已经得到皇上宠幸的名妓李师师的门路。终于机会来了，皇帝从地道来到李师师的房间与其幽会。此时，燕青寻机面见皇帝。一番淫词淫曲的吹拉弹唱，逗得皇帝好不高兴，燕青借机表明了水泊梁山想获得招安的愿望，这获得了皇帝的理解允诺。仔细分析这一场合，其性质应当属于非正式场合，虽然皇帝表态是“金口玉言”，而且这一次会面有李师师的精心策划，但是，在这场会面中，燕青与李师师属于同一方，而皇帝属于“事先无约定”的另一方（万一皇上临时决定不来了，李师师就得另找机会），况且，双方见面的地点是妓院，所以燕青从皇帝那里得到的允诺，其性质只能属于非正式的表态。

然而，正是这一次非正式的会面使得皇帝有了明确的看法，并最终推动了招安的成功。小说第八十二回详细地描绘了招安的全过程。从京城这一方来看，前去招安的人马，从接圣旨、准备动身开始，直到按照既定程序，浩浩荡荡来到梁山；从梁山这一方来看，早在多天前就开始于几十里地之外搭棚结彩，设笙箫鼓乐，做好准备。至双方碰面后，则是一番隆重的招安仪式。这样的场合与燕青当初在妓院里私见皇帝相比，显然属于预先设定的正式场合。

（二）场合形式的多样性

如前所述，该组场合的界定依据不在于场合的规模，而在于场合的性质，这就使得该组场合具有形式上的多样性。例如集贸市场，人虽多，场合却非正式（此时至多只能算是公开场合）；情人之间的爱情表白，虽然只有两人，但一经承诺却能至死不渝。

这又导致了“公开场合和非公开场合”与“正式场合和非正式场合”交叉的现象。公开场合既可以是正式场合，也可以是非正式场合；同样，非公开场合既可以是非正式场合，也可以是正式场合。从总体上看，在公开场合，人们在承担责任的可信程度上一般高于非公开场合，但可能低于正式场合。

引经据典

《南方周末》于2002年2月21日刊登了“中美关系三十年”的专版文章，其中写到了三十年前的2月21日美国前总统尼克松访华的历史过程。这一过程，既有美国前国务卿基辛格在巴基斯坦以患感冒为由，避开世界各国记者的跟踪，秘密前往北京进行的前期会谈（非公开场合），又有当天的11时30分，尼克松总统乘坐专机，准时降落北京机场，周恩来总理等国家领导人的热烈欢迎（公开场合）；既有尼克松总统到达北京三小时后，毛泽东主席临时决定与尼克松会晤，进行了一场轻松愉快的“哲学方面的”谈话（非正式场合），又有会谈结束以后，双方举杯共庆而且分别发表了重要讲话的盛大宴会（正式场合）。

由此可知，口才交际有时还需要借助交际场合的多样性来实现目的意图。在口才交际的过程中，话题越重要，交际场合就越可能表现出多样性合成的特点。

（三）两种场合的交叉互补性

在非正式场合，人们表态承诺时，心理负担较轻，而在正式场合，人们对恪守信誉的心理准备较充分，所以，常常会有人自觉不自觉地利用该组场合的特点差异，力求取得应用上的交叉互补。例如，商贸、经企方面的谈判交涉，往往起始于酒吧、餐馆这些非正式场合，其氛围比较轻松，有利于双方开诚布公地权衡得失、讨价还价；正式签约时，往往转移到预设的正式场合，以显现所达成协议的严肃性。再如，民事纠纷的法庭审理，也往往表现为一种非正式场合的协商说服与正式场合的审理裁定的交叉应用过程。

需要指出的是，每一个人，不论是在何种场合，也不论是要求对方，还是约束自己，都应力求对所述内容承担责任，对所作承诺恪守信誉，这就是人们常常称道的“一诺千金”、“君子一言，驷马难追”。这里的“一诺”、“一言”，强调的是人们无论是在正式场合，还是在非正式场合，都要信守自己的承诺。能坚持做到这一点，显然有助于强化个人的人格魅力。在口才交际中，这一点的重要性有时是远远胜过对任何交际技巧的学习与运用的。

三、怎样把握职业场合与非职业场合

关于职业场合与非职业场合的认定，这里也提出一个界定标准，即双方（或多方）均以其职业身份与对方进行口才交际的场合称为职业场合，双方（或多方）或其中一方不以其职业身份进行口才交际的场合称为非职业场合。

职业场合与非职业场合口才交际的不同特点，在于交际过程中口语应用的职业色彩度不同。在职业场合口才交际中，虽然不完全排斥非职业口语，但处于主导地位的显然是与职业行为相关的口语。例如，教师在与学生进行思想教育交谈时，就不宜闲聊似地东扯西拉；司法监管人员与已经刑满释放人员谈话，应有别于与正在服刑者的交谈。

职业场合与非职业场合的特点差异在口才交际中又具体地显现在以下三个方面。

（一）职业场合更重视营造职业氛围

职业场合口才交际氛围的营造，要注意两点：一要紧密围绕话题本身进行交流，不蔓生枝叶；二要遵循职业特点需求。如商贸交谈“货卖一张嘴”的热情与主动；司法交谈“以事实为依据，以法律为准绳”的严谨与周密；医护交谈“语言治病也致病”的关切与谨慎等。在非职业场合口才交际中，对职业氛围的要求显然随之大大降低，此时，如果仍然是三句话不离本行，则有可能对口才交际的应有氛围产生消极的影响。

引经据典

《华威先生》是张天翼写于抗战时期的一篇短篇名作，小说生动而深刻地塑造了一个国民党文化官僚的形象。有趣的是，当我们转而从口才交际场合应对的角度来考察华威先生时发现，他其实是职业场合与非职业场合中用语错位的典型。小说中，华威先生很醉心于自己在公众面前的职业形象，无论参加什么样的会议，与什么样的人交谈，他都要时时提醒听众与对方注意，他眼下很忙，有很多重要公务在身，有一连串儿的会议等着他去召开或主持。这种“交代工作”式的职业语言也无孔不入地插进了他与亲戚（小说中的“我”）在非职业场合的口才交际中。小说一开始就写到华威先生与“我”的一次谈话：“我们改日再谈好不好？我总想畅畅快快跟你谈一次——唉，可总是没有时间。今天刘主任起草了一个县长公余工作方案，硬叫我参加意见，叫我替他修改。三点钟又还有一个集会。”然而，这个无时无刻不在向往着又能有会开又能有机会炫耀他是怎样在为抗战而奔波的华威先生，却在最应该遵守职业场合语言规范的开会现场和旁边的人聊起了非职业话题。在文化界抗敌总会的会议现场，主席正在台上作报告，“他带着很机密很严重的脸色——小声儿问那小胡子：‘昨晚你喝醉了没有?’‘还好，不过头有点晕。你呢?’‘我啊——我不该喝了那三杯猛酒。’他严肃地说，‘尤其是汾酒，我不能猛喝。刘主任硬要我干掉——嗨，一回家就睡倒了。密司黄说要跟刘主任算账呢：要质问他为什么要把我灌醉。你看!’”

小说中的华威先生是一个以说话为职业行为的人物形象，可是，他却搞不清楚，他什么时候该说什么样的话，什么时候不该说什么样的话。

（二）职业场合要尽量排除个人情感好恶

在职业场合口才交际中，个人方面的诸多因素一般都应当排除。例如，单位、部门的主管评价下属的工作，显然应立足于全面客观的评价，如果总结中掺进了个人的情感好恶，评价中又夹杂着私人恩怨，这场口才交际也就很难获得成功了。在非职业场合的口才交际中，这一要求就要淡化得多。

逸事趣闻

抗战时期，厦门大学从英国请了一位教授来讲学，校长萨本栋以礼相待。本来，教授讲学是个人的职业行为，此教授是在外国外校讲学，显然更应当注意应有的职业道德与社交礼节。不料，在欢迎酒会上，此教授却批评厦门大学“不如英伦三岛之中小学校”。

萨校长解释说：“抗战时期，因陋就简，但是在教学质量上，厦大一向是从严的。”

这位教授并不买账，继续说道：“欧美开风气之先导，执科学之牛耳。敝国有诗圣拜伦和雪莱、剧圣莎士比亚、现代生物学之父达尔文、力学之父牛顿。可叹泱泱中华，国运蹇促，岂可侈称‘物华天宝，人杰地灵’之邦乎?”

见这位教授将矛头从厦门大学转向了中国，萨校长也有点听不下去了，他说道：“教授先生，你别忘了，中国的李白、杜甫如经天之日，英伦还是中世纪蒙昧蛮荒之时，中国李时珍写下《本草纲目》之际，达尔文之父乃至其祖还不知在哪里呢!”

不料这位教授竟然又将话锋直指萨校长：“校长阁下，请记住，是美利坚合众国的伍斯特工学院和斯坦福大学造就了您的学识和才能!”

萨校长说道：“博士先生，我提醒你，中华文明曾经震惊世界，没有中国古代的四大文明，也就绝不会有不列颠帝国的近代产业革命!”

仔细分析这场不欢而散的舌战，起因其实是这位教授忘记了自己原应时时注意的绅士风度。其一，厦门大学是邀请你来讲学，而不是邀请你来检查学校工作的，你只要完成讲学任务就行了；其二，你对厦门大学的印象当然可以说，但是，酒会怎么也不能算是个探讨办学质量的地方；其三，批评厦门大学应立足于全面客观的评价，尤其是在中国正处于抗战时期这一特殊形势下。这位教授不看场合、不看对象，凭着个人一时的情感好恶，信口开河，引发这种不必要的口舌纷争岂不是大大地损人不利己吗？

（三）职业场合排斥个性化的语言

在职业场合口才交际中，人们是以自己的职业职务与对方进行交际的，而不是以自己的个性、思想、心理和感情在与对方交际。因此，在职业场合交际过程中，双方要求对方使用的是在承担某种职业职务时应有的言行，而非作为个人在此场合中可能有的言行。也就是说，职业场合口才交际要求说话人的话语应当符合职业角色的需求，而不应过分显现个性化的或情绪化的倾向。

当然，职业场合口才交际毕竟是由单个的有着个性与独特情感的人来进行的，在职业口才交际过程中，过于压抑个人情感，完全排斥个人需求，话语纯职务化，则难免使其话语失去魅力，成为一种类机器行为（此类言行，社会生活中有时斥为“官腔官调”）。因而，即使是在职业场合的口才交际中，有时也需要加入一些非职业身份的个性化语言，以作为职业场合口才交际的完善与补充。

这种完善与补充，一般可以通过两种途径来实现。

一种是将个人的情感化语言有机地穿插在其职务话语中，力求实现二者的融合互补。

引经据典

例如，我国古典名著《红楼梦》第一百零五回写到了宁国府被查抄的过程。其中，有两个人物的言行就很值得注意，一个是西平王，另一个是北静王。西平王是领了圣旨“带领锦衣府赵全来查看贾赦家产”的，但是，他与贾府有多年的交往，因而他即使是领旨带人前来抄家，见了贾赦也仍是以礼相待，并亲自准许正在贾府赴宴的亲友们不必接受搜查，可自行离去。北静王随后赶到，一方面，他也不得不继续查抄行动，但另一方面，他又拉着贾政的手说："政老放心。"查抄完毕，临离去时，又"把手一伸，说：'请放心。'觉得脸上大有不忍之色。"两位王爷将个人的情感化语言有机地穿插在其抄家的职务行为中，在当时确实给了贾府上下极大的安慰。

另一种是借助非职业场合口才交际的"补充"，追求职务原则立场与个人情感道德的有机统一。

逸事趣闻

我国在20世纪五六十年代曾有过一段三年经济严重困难时期，当时，吃不饱肚子几乎成了国内各阶层的人们所面临的头号问题，连国家领导人也不例外。我国正在研究原子弹的专家们因为饥饿和营养不良，脚已经肿得连鞋子都只能趿拉着走了。得知此情况后，周恩来总理很难过，可是，他即使身为总理，也无法立即运用权力从根本上解决这个问题。经过一番思考，他转而向军队求援。聂荣臻、陈毅等老帅鼎力相助，很快，部队援助国防科技队伍的食品就已经在运送的途中了。在食品运到之前，周总理又打电话委托聂总、陈总，以他个人的名义举行一次会议。两天以后，科学家们接到请柬，在人民大会堂参加了一次会议。会议室里，没有会议桌，只有餐桌，会议的更是出人意料，竟是"吃肉"！

四、怎样把握交际场合与非交际场合

在分析这一组场合以前，首先要说明一下"交际"的内涵。"交际"一词实际上有着广义与狭义两种不同的界定。广义的交际是指人们在社会交往中的各种各样的话语交流活动（例如，这里展开阐述的六组场合中的口才交际，统统可以划入广义的口语交际）。狭义的交际是指以结识、应酬等社会交往为主要目的的口才交际。

交际场合与非交际场合的口才交际的不同特点，主要表现在礼节程序的重视程度差异上。无论是在交际场合，还是在非交际场合，人们进行口才交际都需要遵循一定的礼貌原则，而交际场合的口才交际更注重遵循礼貌原则中的礼节程序。由于在口才交际过程中，越是重视礼节程序，情感交流度就越低，因此，这两种场合中礼节程序的重视程度差异也就决定了其情感交流方面的程度差异。

这种特点差异，在口才交际中，具体地显现在以下三个方面。

（一）礼节程序与情感交流互相排斥

在口才交际过程中，越讲究礼节程序，双方的情感交流度往往就越低。例如，即使是多年未见的故交亲朋在社交场合相逢，也不宜不顾场合地开怀叙旧，然而，一旦双方开始真情交流，所谓的礼节与客套也就都被抛到一边去了。

引经据典

我国古典文学名著《三国演义》第三十回写道，官渡之战前夕，曹操与袁绍两军对垒，不久，曹军已经军粮告罄。在进退两难之际，曹操接到手下人报告，说有一个名叫许攸的求见。许攸是曹操小时候的朋友，眼下正是袁绍的谋士，他夜间悄悄来见，定然不是小事。

当时曹操已经睡下，一听报告，心中大喜，竟然连鞋子都来不及穿，光着脚就跑出去迎接。远远看见许攸，曹操就拍着手，笑着迎了上去。手拉着手回到帐内，曹操跪地便拜。许攸吓了一大跳，慌忙扶起他，说道："公乃汉相，吾乃布衣，何谦恭如此?"

联系小说的上下文不难看出，曹操对来自袁绍一方的许攸的这一番举动，多少带有一种夸张或者说是"表演"的成分，因为他对许攸其实并未放下戒备之心。他之所以如此"热情"相迎，其意只在于求得许攸的帮助，而他果然也得到了原本就是来投奔他的许攸的帮助。然而，反过来想一下，如果曹操得知许攸来了，不是如此以“情”相见，而是嫉恨他身为少时朋友多年来却一直充当袁绍的谋士，走投无路了才想到自己，于是，自己摆起丞相的派头威风，来一番也不失为礼貌的礼节客套，许攸还能对他真心相助吗?

(二) 交际场合更注重以礼节程序驾驭情感表露

礼节程序与情感交流之间虽然互相排斥，但二者又共存于口才交际过程之中。只是，在交际场合，情感交流受到礼节程序的控制，往往只能侧重于情感的礼节性表露，并且，其话语所表示的情感亲近程度通常高于形体动作所显现的情感亲近程度。反之，在非交际场合，当人们的情感交流突破了礼节程序的制约时，礼节程序会随即消解，而且双方形体动作的亲密程度也立即上升。

引经据典

我国古典名著《红楼梦》第三十二回写到宝玉曾挨过贾政的一次家法惩治，其过程及原因就很值得注意。当时，宝玉听到传话，说贾雨村来了，贾政要他出去作陪。尽管他心里不愿，还是赶紧换衣服，换鞋子，出去陪客人。结果，人倒是衣帽整齐地去了，心却没去，因而遭到贾政的训斥，后来又遭了一顿毒打。

这其中，至少有两点值得注意：其一，为什么宝玉去迎接客人，临出门要先换衣服？这其中的原因就在于，待客会友是一种交际行为，礼貌原则要求主人应当注意衣着外表的修饰，以向客人表示应有的尊重。其二，从行动上看，宝玉是完全服从贾政的，为什么仍然遭到暴打？因为越是在应当讲究礼节程序的交际场合，就越不应当有不利于该场合交际氛围的个人情绪的自然流露，正如贾政训斥宝玉时所说的：“方才雨村来了，要见你，叫你那半天你才出来了；既出来，全无一点慷慨挥洒谈吐，仍是葳葳蕤蕤。”这几句话的意思是说，要你陪伴客人，你却没有一点陪伴客人的样子，一点精神也没有。从口才交际的角度来看，宝玉的错处在于，在应当压抑自己的个人情感，遵照应有礼节热情接待客人时，他却让自己心情的不愉快过于外露，以致破坏了应当维持的礼节氛围。结果，他当然就遭到了一顿暴打。

（三）交际场合更注重以礼节程序驾驭个人需求

口才交际既然以结识应酬为目的，在此过程中自然就会压抑自己的个人需求，以免干扰结识应酬。个人需求必须有所显现，也应将其控制在礼节程序许可的“度”内。例如，在某些应酬性的宴会上，人们常常会受“礼”的制约，因而不能开怀畅饮。再如，在与对方初次结识时，往往不宜频频中断谈话，转而去处理其他的事（那样难免会使对方产生自己不受欢迎的误会），即使是亟待办理的职务公事，也要暂时压在一边。反之，在非交际场合，这种个人需求受到礼节程序压抑的程度就要低得多。

交际场合对礼节程序的重视，不能简单地斥为虚伪、客套。作为交际双方熟识程度与友谊深度不够时的一种补充，礼节程序的存在是必要的，并且，它会随着双方的逐渐熟识与友谊的加深而逐步弱化。但是，二者究竟如何结合并共存于口才交际之中，仍需视具体场合而定。

在与他人交际往来过程中，该讲究礼节程序的时候就要讲究礼节程序，不该讲究时就不必讲究。不该讲究时过于讲究，难免让人觉得虚伪，难以亲近；该讲究时不讲究，又会让人觉得失礼、不文明。

《后汉书·梁鸿传》中，有一个流传至今的夸赞夫妇间相敬相爱的成语“举案齐眉”。对于这一成语很值得推敲，因为“举案齐眉”分明是一种礼节行为，而不是亲情行为。如果夫妻之间连平时吃饭都如此讲究礼节程序，两人之间还能有多少亲情可言？再者，“举案齐眉”一词其实也并不能表现夫妻之间是如何相亲相爱的，它不过是在男尊女卑的封建时代，站在男性立场对夫妻生活的一种理想化描写罢了。另外，还有一个夸赞夫妻之间感情融洽的成语是“相敬如宾”。这个词其实也并不具有美化夫妻之间情感的含意。夫妻之间表现为一种亲情关系，而“宾主”则属于友情关系。从总体上说，亲情关系的情感浓度总是高于友情关系，夸赞友情关系之好，可以说好得接近亲情关系，例如“情同手足”之类，可是，反过来，说亲情关系好得接近友情关系，就不是夸赞了，因而，“相敬如宾（客）”其实并非是对夫妻关系的美化。

五、怎样把握高雅场合与通俗场合

何谓高雅场合？何谓通俗场合？这里也只能提供一个相对模糊的界定标

准。一般说来，由高级别文化人士聚合构成的交际场合，或是以高雅艺术展现为背景的，并且话题多与文化艺术相关的口才交际场合，可谓之高雅场合，前者如学者聚会、学术沙龙等，后者如在音乐厅、美术馆进行的以艺术为话题的口才交际活动等。所谓通俗场合，是指以个人言行随意自如为特点的、不太注重身份礼仪的口才交际场合。

高雅场合与通俗场合和其他几组场合也有交叉之处。例如，这一对场合可能都属于交际场合和公开场合，同时又都属于职业场合或非职业场合。

高雅场合与通俗场合口才交际的不同特点，主要体现在遣词用字的典雅或通俗上，这里试举几例对应词语予以展示。典雅措辞“聆听教诲、恭请雅正、下榻、用餐”换成通俗说法就是“请发表意见、请批评、睡觉、吃饭”。另外，在这一对场合中，参与交际的人数可能较多，并且可能只有在人数较多的情况下，进行高雅与通俗的比较性分析才有实际意义。

高雅场合与通俗场合的差异特点，在口才交际中，具体地显现在以下三个方面。

（一）高雅场合的高雅度，一般应依其中心人物的身份级别、高雅程度与礼仪习俗而定

在各种口才交际场合，不仅在二人场合，人际关系客观上存在着主宾之分，而且在多人场合也总是有一两个中心人物，在高雅场合这一点更为明显。此时，人们遣词用字的“高雅度”就应当以位于主方的中心人物或主要人物的实际水准为标准。在这种场合，既不宜在言谈举止上表现得低于这个标准，以至于显得自己不够高雅，或者说，表现出对中心人物在场的不尊重，也不宜表现得高于这个具体标准，以至于反衬出中心人物不够高雅。在一般的通俗场合，则有所不同，既可以是“客随主便”，也可以是“主随客便”。

引经据典

我国古典文学名著《红楼梦》第十七回写到大观园建成时贾政邀了一班清客文人前来游园，同时谈论园内景观，何处宜题何名，何处宜挂何匾。虽然贾政为人一贯比较谦虚，说自己在花鸟山水题咏方面水平不高，并且，当时众人也商定，由

"大家看了公拟，各举所长，优则存之，劣则删之。"但他毕竟是主人，地位又最高，而且游的又是贾府大观园，所以，在游园过程中，基本上始终都是以贾政为中心的。从小说中我们看到，在每一个景点，都众说纷纭，但是，究竟哪一个雅，哪一个俗，最后基本上都是由贾政"一语定音"的。众位清客看到贾政叫来宝玉随行，心里也就"早知贾政要试宝玉的才情，故此只将些俗套敷衍"，以便显现出宝玉的才情。结果，每到一处景点，众人总是七嘴八舌，意见不一，但只要贾政一开口，意见就立即得到众人的一致认同。

同样是在《红楼梦》中，在刘姥姥二进大观园时，她参加过一次贾府的家宴。家宴原本应当属于通俗的场合，但是按照贾府的惯例，家宴上常行酒令，太太小姐们多以诗词歌赋作答，因而它也就显得高雅了。以刘姥姥这样一个乡下老太婆的"俗"水平来说，她本来是难以加入贾府太太小姐们的"雅"行列的，但是，刘姥姥不但参加了，而且宾主双方都非常开心，其原因就在于"主随客便"。

引经据典

《红楼梦》第四十回写到刘姥姥行酒令时令人喷饭的表现。当时，凤姐和鸳鸯都存心要出刘姥姥的洋相，听她的笑话。鸳鸯笑道："左边'四四'是个人。"刘姥姥说："是个庄稼人罢"。众人哄堂笑了。贾母笑道："说的好，就是这样说。"刘姥姥也笑道："我们庄稼人，不过是现成的本色，众位别笑。"鸳鸯道："中间'三四'绿配红。"刘姥姥道："大火烧了毛毛虫。"众人笑道："这是有的，还说你的本色。"鸳鸯笑道："右边，'幺四'真好看。"刘姥姥道："一个萝卜一头蒜。"众人又笑了。鸳鸯笑道："凑成便是一枝花。"刘姥姥比画着："花儿落了结个大倭瓜。"

这一段酒令，可以说是贾府有史以来“最土”的酒令了。它之所以也能行得通，就因为刘姥姥当时实际上已经成了贾府的中心人物，游戏规则已经降到了她的水平。

（二）高雅场合一般应以中心人物所谈话题为中心话题

口才交际不同于某些主题明确的协商、会谈，往往会表现出话题的随意性、漫延性。在高雅场合的口才交际中，一般应以中心人物的话题为话题，并随其谈话内容的转变而转变，其他人员一般不宜随便改变话题，并且应力求很自然地表现出对此话题的热情“迎合”。

引经据典

《红楼梦》第十五回写到贾府的一场出殡，前来送殡的有各个贵族世家的人，更有四家郡王府在路上搭了彩棚，进行路祭。这原本也是依照程序行事，但是，在北静郡王的彩棚前，不仅北静王本人到场了，而且王府的大小官员也全部到场。于是，贾珍、贾赦和贾政一道，连忙上前，以国礼相见。路祭之后，原本送葬队伍就该继续前进，不料北静王对口中衔玉出生的贾宝玉很感兴趣，提出想见一见面。于是，贾政连忙退下来，通知宝玉换了衣服上前。北静王一见宝玉，心生喜欢，就与宝玉聊了起来，问他年已几岁，现读何书。接着，北静郡王又在贾政面前夸奖起了宝玉，说他前途无量，希望他抓紧学业。然后，北静郡王将皇上送的一串念珠送给宝玉作为见面礼，好一会工夫，双方才分手。

分析这一过程，贾府的“主题”是送葬。各家派来的代表，在这种场合，一般都是客随主便，主人方怎么安排就怎么行动。即使是进行路祭的人家，一般也是谈话不离送葬的主题，但是，北静王却提出了要见宝玉，为此，贾府不仅送葬队伍全部停了下来，而且贾政还上前陪同了这一会面过程。究其原因，就因为北静郡王在这种场合的出现，使得他自然而然地成了“中心人物”，于是，贾府的送葬主题也就临时出现了一点随其要求变化而变化的“迎合”式的改变。

（三）两种场合用语措辞的可交叉与不宜交叉

在通俗场合的口才交际中，有时可以使用高雅场合口才交际的措辞，以示自己对对方的敬重、热情。当然，其高雅度不宜超越对方的实际水准，以免造成尴尬与误解。在高雅场合的口才交际中，尤其是双方相知未深时，一般还应注意使自己的言行与现场氛围相融洽，至少不宜过多使用与现场氛围不合的通俗类词汇。

高雅与通俗，是两种不同的交际场合的代称，它们与交际参加者的文明水平密切相关。随着人们参与口才交际范围的不断扩大，口才交际正在呼唤人们多方面的交际适应能力。我们每个人都应当提高自己口才交际的高雅度，以适应高雅场合的礼仪需求，甚至是礼节苛求。但是，在具体的口才交际场合，却应当能雅能俗。一个人，在口才交际中，如果只能雅而不能俗，只怕难免会有形单影只的尴尬；如果只能俗而不能雅，在口才交际中，又难免会让人觉得乏味，甚至觉得俗不可耐。

这里，还需略作补充的是处于口才交际中心位置的人物的雅与俗。地位显赫的人固然可以成为中心人物，但有时小人物也可以成为中心人物，例如远道而来的客人。此时，还需注意入乡随俗的重要性，也就是说，无论自己是从高雅场合来到通俗场合，还是从通俗场合来到高雅场合，均应力求“客随主便”，以尽量缩小与对方的雅俗差距，求得口才交际中氛围的和谐融洽。在主人方已为适应你的雅俗水平而做出了一定的努力时，自己更应当向对方的努力接近。那种只能以自我“原型”进入交际场合的人，无论是从雅至俗，还是从俗至雅，如果不能变通，只怕最终都难免种种尴尬。

例如，刘姥姥在大观园里，以其村妇的粗俗言行给贾府上下带来了令人喷饭的欢笑，尽管如此，我们还是应当看到，以贾府内的高雅程度而言，刘姥姥的粗俗言行其实只能偶尔为之，绝不可能每每如此的。如果真的要让刘姥姥长住贾府，除非她很快就能很好地约束自己的言行，以适应贾府的高雅，否则，贾府她是待不下去的。

六、怎样把握友情场合与亲情场合

友情场合与亲情场合在这里也有特定的内涵。所谓友情场合，是指由具有某种相同友谊关系的人员组合而成的口才交际场合，例如校友聚会、战友聚会等。所谓亲情场合，则是由具有亲缘关系的人员组合而成的口才交际场合，例如家庭聚会、同乡聚会等。两种场合的规模均可大可小。大者如北京大学百年校庆的校友聚会，规模盛大，举世瞩目；小者如老同学叙旧、情人幽会，在场的有时只有两个人。

友情场合与亲情场合的特点区别，在于情感的偏重点不同。前者偏重友情，后者偏重亲情。其共同点在于，在场人均以一个同类的“情”字相连。这一特点具体地显现在以下三个方面。

（一）参与者均具有同类身份

无论是友情场合，还是亲情场合，其口才交际的参加者往往都具有友情或亲情的同类身份。这种“同类相聚”的交际场合，不仅对其他的同类人员产生一定的感召力、吸引力，而且对非同类人员（除非受到特别邀请）往往还具有一种不言自明的排斥力。

引经据典

例如，《三国演义》第七十三回写道，刘备在众人劝说之下，进汉中称王。刘备封关羽、张飞、赵云、马超和黄忠为五虎上将，并修表一道，差前部司马费诗为使，至荆州向关羽授印。

关云长出迎，叙礼既毕，问：“汉中王封我何爵?”

司马曰：“‘五虎大将’之首。”

云长问：“哪五虎将?”

司马曰：“关、张、赵、马、黄是也。”

云长怒曰：“翼德吾弟也；孟起世代名家；子龙久随吾兄，即吾弟也；位与吾相并，可也。黄忠何等人，敢与吾同列？大丈夫终不与老卒为伍!”遂不肯受印。

眼看这一件好事突然变得如此尴尬，司马费诗始料未及，但他毕竟为人机敏，立即说道：“将军差矣，昔萧何、曹参与高祖同举大事，最为亲近，而韩信乃楚之亡将也；然信位为王，居萧、曹之上，未闻萧、曹以此为怨。今汉中王虽有‘五虎将’

之封，而与将军有兄弟之义，视同一体。将军即汉中王，汉中王即将军也。岂与诸人等哉？将军受汉中王厚恩，当与同休戚，共祸福，不宜计较官号之高下。愿将军熟思之。”

关云长以黄忠与自己非属同类，因而不肯与其同列“五虎上将”。司马费诗以汉高祖刘邦与韩信的故事为例进行说服教育，结果，一番话说得关云长猛然醒悟。关云长立刻感谢道：“某之不明，非足下见教，几误大事。”于是接受了印绶。

（二）重情而淡礼，甚至排斥礼节程序

这两种交际场合的参与者，无论其社会地位尊卑、拥有权势大小，一进入此两类交际场合，往往就主要以“情”相连，而淡化了社交礼节。以同学聚会为例，为了体现与对方的友情之深，有时互相之间会使用类似亲情场合的称呼，如学兄、学姐等。并且，老同学相聚，大家都会极力地共同回归当年的情境，而将现时的社会地位等暂抛一边。如果有人在这里硬要摆出显示社会地位的架子，则难免要生出几分与现场氛围不相容的尴尬。

逸事趣闻

英国王室传出过这样一件逸事：1840 年 2 月，英国维多利亚女王与阿尔巴特结婚。一天，两人为一件小事拌嘴，阿尔巴特一气之下跑进房间，紧闭门户，于是，女王只好上前叩门。

“谁？”阿尔巴特在房间里面问道。

“英国女王。”

屋内寂静无声，房门依然紧闭。女王又轻轻地在门上叩了几下。

“谁？”

“是您的妻子，阿尔巴特。”

听到这句话，阿尔巴特把房间的门打开了。

（三）以“情”统领利、义、理、法

从广义的人际交往角度来看，人们之间的关系由情、利、义、理、法等多种关系构成，然而，在友情场合和亲情场合的口才交际中，一个“情”字就统领了利、义、理、法等多种关系。也就是说，人们在其他场合可以直言不讳地强调并坚持的原则与纪律，在面对友情与亲情时，常常需要作出必要的调整和让步。

引经据典

我国古典京剧名作《赤桑镇》，说的是宋朝时的名吏包公在亲情场合是如何坚持执法如山、不徇私情的。前往陈州放粮救灾的包公，在赤桑镇将前来为包公饯行的身为萧山县令但是贪赃枉法的侄儿包勉砍了脑袋。包勉的母亲、包公的嫂娘吴妙贞悲痛之极，前来责问包公，说他忘恩负义。面对将自己抚养成人的嫂娘，包公晓之以理，终于说服了嫂娘，并换来了她对自己的理解，但是面对嫂娘对自己的养育亲情以及嫂娘老年失去依靠的现状，包公深情地对嫂娘说道：“见嫂娘只哭得泪如雨降，纵然是铁面人也要心伤。劝嫂娘息雷霆你从宽着想……劝嫂娘休流泪你免悲伤，养老送终弟承当，百年之后，弟就是带孝的儿郎。”

在这里，包公很好地处理了亲情与法理之间的矛盾冲突，使得这场口才交际，以嫂娘前来问罪开始，以自己和嫂娘之间的情感和好如初结束，取得了成功。

由此不难发现，这两类场合对口才交际实现目标追求的特殊价值在于那些在其他场合可能办得成也可能办不成的事，在这里，常常就办成了。然而，与此“特殊价值”同时显现的是，这两类场合也容易成为某些人留下遗憾的难忘之处。在“情”字的统领下，往往会有一方向另一方提出过分的要求，甚至需要这另一方违反职业纪律，更有甚者可能还要触犯刑律才能达到一方的要求，一旦这另一方磨不开情面，遗憾就会拉开序幕。这一点，古今中外，无出其右者。例如，在战争时期，色情间谍为什么能屡建奇功？其原因不言自明。即使在和平时期，对于拥有某种权力的人来说，置身于友情场合与亲情场合时，如何保持头脑清醒并把握好进退的分寸，也确实是一门不太容易掌握的学问。

第十三讲　口才交际中的角色定位与语境适应

提要与思考

1. 在口才交际过程中，人们并不是想说什么就能说什么，想怎么说就能怎么说，而是要受到口才交际中的角色扮演和角色期待的双重制约。具体地说，这种双重制约，是通过语境、场合对说话人的能动制约来实现的。

2. 人们在口才交际过程中，首先要明确自己在具体场合中的角色定位。角色定位准确不仅可以保证有效地适应语境场合，进而保证“话语得体，进退自如”，而且可以保证口才交际目标的有效实现，否则，就难免会出现其他不良后果。

重点问题

1. 本讲提出了两个概念——角色定位与语境适应，这两个概念有角度的差异。角色定位是说话人的主观选择，选择的依据不仅在于所述话语的目标追求，而且还在于说话人的主观喜好；语境适应则是一种客观要求，它不仅取决于交际对象的要求，而且还取决于旁观者的评断。

2. 在具体的口才交际过程中，角色定位与语境适应如果达到了有机的统一，基本上就奠定了口才交际的成功基础，但是却不一定必然取得口才交际的成功；二者如果出现了某种矛盾冲突，固然会对口才交际的效果产生影响，却也不一定必然导致口才交际的失败。以此为线索，深入思考二者之间的辩证关系，试举例予以证明或者反驳。

生活实践告诉我们，社会就像一个大舞台，每个人都是这舞台上来去匆匆的过客，也都在这舞台上扮演一定的角色。在这里，“角色”一词和用于戏剧、电影、电视中的“角色”一词相比，内涵有所不同。在生活中，“角色”一词是指一个人在人际交往中所应保持的身份、地位。由于每个人都是在多维的、多层次的关系网里生活，所以，在不同的时间、地点和交谈对象面前扮演的角色也不同。以一个十来岁的少年为例，在父母亲面前，他是儿子；

在爷爷、奶奶面前，他是孙子；在老师面前，他是学生；在同学面前，他是一名朋友；在比他大的孩子面前，他是弟弟；在比他小的孩子面前，他又是哥哥。这些不同的角色分别向他提出了不同的要求，如，在长辈面前，他应该懂规矩、听话，但也可以撒娇，甚至哭闹；在老师和同学面前，他就应该按照学生守则的要求规范自己。同理，当你以一个具体的角色出现在生活中的某一场合时，别人就会对你抱有热切的角色期待，希望你按照角色规范的要求行事，说角色身份应当说的话；否则就难免要出笑话。譬如，上例中所说的那个孩子，他可以在家里对爸爸妈妈、爷爷奶奶大声嚷："我要吃巧克力，一定要吃巧克力!"同样一句话，你让他到学校里对班主任说，对任课老师说，如果没有特殊的原因，是行不通的。

一、口才交际中的角色扮演和角色期待

对于角色扮演和角色期待这一问题，瑞士心理学家荣格曾有过深入的研究和专门的解释，并提出了"人格面具"的理论。

在荣格心理学的理论中，人格面具原型所起的作用与演员戴的面具作用是相似的。它使得一个人能够去扮演并不一定是他本人的角色，换句话说就是，一个人能够按照某一社会环境的要求，压抑和改变自己在这一社会环境中不受欢迎的某些特点和习惯。人格面具是人在公共场所所展现的表象或者外观，其意在于呈现于己有利的形象，这样，社会就会对他表示欢迎，就会接受他。荣格认为，为了生存，人格面具是必不可少的，人格面具能够使我们与他人和睦相处，也可以使人获益或者取得成就。譬如，一个刚参加工作的青年，初次上班，必然非常注意自己的仪容修饰、衣着打扮以及言谈举止，并且会很注意与上级领导、同事之间的关系。当然，更重要的是必须做好本职工作，要表现得勤勤恳恳，要富有责任心，为人所信赖，尽管有时这种勤恳并非出自自愿，而是迫不得已。这些，就是这位青年的人格面具的一部分，这部分面具戴得成功，他在自己工作的部门就容易打开局面，否则，他就难免会成为一个不受欢迎的人。

荣格理论还指出，人格面具的另一作用在于，它所带来的物质奖励可被用来过一种更惬意的、自由自在的生活。一个站了一天柜台的营业员，下班之后，就可以逛马路、谈恋爱、吃"馆子"，这时，他就可以摘下营业员的面具，可以不再按营业员的职业标准规范自己的言行，可以随心所欲。一个人可以不爱他自己的职业，但生存的需要却迫使他一定要戴好职业的人格面具。

奥地利作家卡夫卡，白天是一家国立保险公司的职员，只有到了晚上才能写作。生前，他不止一次谈到，他讨厌自己的保险公司的职员工作，但是，卡夫卡勤勤恳恳，对工作认真负责，他的上司始终不知道他对工作感到如此厌恶。对卡夫卡本人来说，他也只有在白天戴好自己的职员的人格面具，才能在晚上过上自己痴迷的写作生活。

荣格在研究中发现，人格面具既可以使人获益，也可以使人受损。假如一个人太倾心于自己所扮演的角色，他的人格的其他构成部分就会被放置到一旁，弃之不顾。这种被人格面具主宰的人就会迷失自己的本性。俄国小说家契诃夫在小说《普里希别耶夫中士》里写过这样一个警察普里希别耶夫，他一生从事跟踪、盯梢工作，退休回到老家，仍然难改职业习惯，口袋里成天揣着纸和笔，记录邻居们的“黑材料”。他终于激起了公愤，被诉之法庭，判以刑役。当他被押出法庭时，看到门口聚着一群为他自食其果而高兴的村民，他立即条件反射式地如警务在身一般大吼一声：“散开，回家去！不准成群结队！”看来，除非他死去，否则他的警察的人格面具是难以摘下来了。他就是太倾心于自己的人生角色了，结果反而大受人格面具之害。

荣格的人格面具理论并非是他看破红尘后的颓废之言，而是他力图解释人生、指导人生的一种努力，是一种推动人们更自觉地、更认真地对待自己的人生的一种努力。人格面具理论对于我们如何进行各种行业的日常交谈也有着明确的指导意义。

人格面具理论首先要求每一个人在生活中都要戴好自己的人格面具。譬如，你是一校之长，可是不幸，头天晚上家中失窃，财产损失较大，心情沉重是不言而喻的，但一迈进校门，人格面具就要求你把心中的不愉快压抑下去，以饱满的精神、乐观的情绪来扮演好校长的角色，并且不宜在与教师、学生的交谈中使人察觉自己心情沉重。再譬如，你是营业员，可你自己买了伪劣电视机（自行车、洗衣机），心中的恼火是不言而喻的，但是，如果在营业交谈中，你把心头的火气发在了并不知道你的心情的顾客头上，那你就是没有戴好人格面具，同时也就没有满足顾客的角色期待。

其次，遵照人格面具理论，每一个人在谈话时都要把握好自己戴人格面具的分寸。该戴的时候戴，不该戴的时候就要及时卸下来。有的教师，唯恐自己在学生面前失去威信，不仅在上课时，在批评学生时表情严肃，就连下了课也是一脸、一身的严肃，课外活动时见了学生也是不苟言笑。这个人格面具也未免戴得太紧了一点。再譬如，司法部门是国家机器的一个重要部分，其严肃性是不言而喻的，但是有的司法工作人员在接待来访时，也是一开口就如审犯人一般："干什么的？来干什么？"这就未免太过分了一点。来访者中，犯罪分子毕竟极少，绝大部分的来访者都是工人、农民、干部，有的还可能是某一部门的负责人，以审犯人的态度对待来访者无疑是不正确的，而其根源就在于此人的人格面具戴得太紧了。

在家庭生活中，有些父母在子女面前严肃有余而温和不足，唯恐失去尊严，这里也有个人格面具的分寸问题。在这一点上，马克思堪称一个成功的典范。当时，政治上的巨大压力（他曾一次又一次地受到审判，还曾不止一次被驱逐出境）、经济上的沉重负担（他长年过着清贫的生活，甚至曾因付不出房租而被房东封了门）都未曾影响他与孩子们的融洽关系。对于他的孩子们来说，童年时代最爱玩的游戏是骑在父亲背上的"骑兵游戏"，或者是把父亲"套"在椅子上的"公共马车"游戏。有一次，在郊游中，马克思全力投入了孩子们的投石子游戏，结果右臂有一个星期痛得不能动。马克思在生活中，并没有因此而在孩子们面前失去威信，恰恰相反，对孩子们来说，他不仅是一个父亲，更是一个老同志，是一个有威信的顾问和朋友。

最后，正如荣格理论所指出的，每个人实际上都有着多种人格面具，我们应当努力做到在不同的场合准确选用不同的人格面具。

逸事趣闻

1975年，陈景润出国讲学，英国一所名牌大学的校长几次动员陈景润留在该校任职，并不惜以高薪、别墅、美女、轿车为条件来劝留他。面对这位大学校长的挽留，陈景润很冷静，坚持原则而又不失礼貌地婉言谢绝："谢谢，谢谢你们的好意，但我不能够留下，我个人没有这种权利。"他向感到奇怪的校长解释说："我是人民培养的，我出国讲学是代表人民和祖国，而不是代表我个人，因为我是全国第四届人大代表。"陈景润的回答获得了校长的理解和赞赏。

与此相反的是，有些人在外贸洽谈、外事活动中做出了一些不光彩的事。也许当时他心中想着的是"这是我个人的私事"，但是，就在他未能戴好自己的人格面具时，对方心里想的可能是"嗨，这些中国人……"结果，他既损害了自己的人格，也损害了国格。

逸事趣闻

在一次南非发展共同体首脑会议上，曼德拉出席并领取了“卡马勋章”。接受勋章时，曼德拉发表了精彩的讲演。开场白中，他幽默地说：“这个讲台是为总统设立的，我这个退休老人今天上台讲话，抢了总统的镜头，我们的总统姆贝基一定不高兴。”话音刚落，笑声四起。

结束讲话时，他又说：“感谢你们把这枚用一位博茨瓦纳老人的名字（指博茨瓦纳开国总统卡马）命名的勋章授予我这个老人。我现在退休在家，如果哪一天没有钱花了，我就把这个勋章拿到大街上去卖。我敢肯定在座的一个人会出高价购买，他就是我们的总统姆贝基先生。”这时，姆贝基情不自禁地笑出拍手鼓掌，会场里掌声一片。

在这样一个正式场合，曼德拉没有戴着前总统的人格面具，而是口口声声说自己是一个退休老人，因为台下还坐着现任总统。他还用风趣幽默的发言，多次提及现任总统，可以说给足了现任总统面子，也让参会者看到了他们的团结一致。

在口才交际能力训练中，荣格的人格面具学说是实用性很强的心理学科指导原则之一，它不仅有助于我们实现交谈中的角色扮演和角色期待，有助于我们在各种交际中获得成功，而且还可以帮助我们在人生和事业中成为一个强者。

二、口才交际中的角色定位要求

在口才交际过程中，人们要想取得口才交际的成功，就必须自觉地把握交际场合的性质，以能动地适应语境诸类要素的要求。而能动地适应语境诸类要素的要求，又与说话人对于自己在口才交际中的角色身份的准确定位和理性把握密切相关。

说话人如果能够做到对自己的角色身份准确定位，并能做到理性把握，那么，语境与场合对他来说，可能就不再是必须时时注意如何适应的负担，而是转化为可以能动调控的成功要素，进而，口才交际就会顺着他的目标追求的方向向前发展。能否实现口才交际中角色身份的准确定位与理性把握与说话人的人品、气度、心胸、性格密切相关，或者进一步说，与说话人如何做人密切相关。

本节拟结合我国古典名著《红楼梦》中的几个主要人物在小说中的口才交际能力显现，对语境适应中的角色身份的准确定位和理性把握进行剖析。

（一）贾母与刘姥姥的口才交际能力运用对比

《红楼梦》中有一个刘姥姥，她在小说中出场时，已经七十多岁了。为了改变自己家庭的经济窘困状况，她挺身而出，绕着圈子求人帮忙引见，以获得贾府的帮助。在大观园内，她满头插花，出尽洋相，又用村语粗话逗乐子，引得贾府老老少少开心无比。后来，在贾府遭难之际，她被凤姐看做是救星，让她带走了巧姐。在大观园里，她竭尽巴结、迎合、逗趣之能事，而且还有意地屡屡出洋相。借助这些举动与口才显现，她不仅使得自己在贾府深受欢迎，而且每一次进大观园都能获得钱财和衣物。

刘姥姥虽然社会地位不高，人格却不低下，她知恩图报，在贾府遭难之际，挺身而出，救出了巧姐儿。虽然最终巧姐儿的事是虚惊一场，但是却也反映出了刘姥姥的为人与趋炎附势的小人行径完全不是一回事。

刘姥姥与贾府并非真有什么亲戚关系。刘姥姥第一次上门，凤姐能给她二十两银子，刘姥姥已经感到喜出望外了。她之所以能在大观园里再次获得成功固然与她善于把握机遇和逢场作戏有关，但是更重要的还是由于贾母的盛情挽留。正是从贾母对刘姥姥这个八竿子打不着的“老亲家”的热情中，我们得以了解贾母的口才交际特点和其待人接物的方式。

1. 不仅热情平等待人，而且厚待下人

贾母原本并不认识刘姥姥，听了凤姐的介绍后，她有了想和刘姥姥见一面的兴趣。贾母与刘姥姥一见面，就完全没有什么社会地位尊卑悬殊方面的意识，她也完全没有摆出至尊至贵的老祖宗派头。她先是对刘姥姥以“老亲家”相称，接着就问刘姥姥的身体状况，并诚心挽留刘姥姥小住。不知不觉地，刘姥姥的拘谨就消失了。值得注意的是，贾母对刘姥姥的热情，并不是只限于口头话语，在行动上也多有表现，例如，贾母平时出席热闹场合，多有中途告退的情况，但是陪刘姥姥玩园子的时间却很长，几乎一直陪到底，后来还因此而累病了。不仅如此，在陪逛的过程中，贾母还处处表现出对刘姥姥的关心。刘姥姥夸大观园比画上画的还漂亮，贾母马上就答应让惜春给她画；刘姥姥在园子里滑了一跤，贾母马上问“可扭了腰不曾?”正因为贾母如此真诚相待，刘姥姥才对贾府产生了胜似亲人的情感。

贾母不仅对初次见面的刘姥姥如此热情，对自己身边的丫头使女，也从来都是以仁慈之心宽厚待之。也正因此，才会出现在贾母亡故之日，贾母的使女鸳鸯以死相随的感人场面。

2. 不仅关心、体恤小辈，而且理解小辈

作为至尊至贵的长辈，贾母对小辈不仅关心、体恤，而且表现出一种理解和宽容。

小说第二十二回写道，薛宝钗以亲戚身份搬进大观园不久，就第一个过上了生日。贾母得知后，马上叫来了凤姐，自己先取出二十两银子，让她安排给宝钗做生日。她还亲自询问宝钗喜欢听什么戏，喜欢吃什么，以便安排；后来又将宴席安排在自己的上房里，尽量使得宝钗的感觉和在自己家里一样。又如，第四十三回写道，贾母自己尚在病中，却非常体恤凤姐一年到头的忙碌辛苦，派人请来了王夫人，商量着给凤姐做生日。她还亲自安排，将凤姐的生日操办得热闹体面。贾母对宝玉的疼爱，更是无人可比的，然而，贾母允许宝玉与女孩子们在大观园里密切来往却并非出自放纵式的溺爱，而是因为她已经做过观察，发现宝玉的这一个性虽然有些原因不明的古怪，但是这种交往对于宝玉的成长并没有什么严重的不良影响。

这种对小辈的关心、体恤和真诚理解，显然是贾母与全家人等无不感情融洽的又一个重要原因。

3. 热闹场合出场而不占场

作为一个大家族的最高长辈，贾母常常要出席各种热闹的场合。然而，每逢这种时候，贾母总是出场而不占场。所谓不占场，有两层意思：一是适时退出，以便小辈们尽兴而乐；二是即使在场，也尽量不占据中心位置，以免压抑了众人的兴头。例如，贾母出席螃蟹宴，与小辈在一起开心逗乐，但是恰恰在众人兴头最高时，她称累退席了。贾母一走，宝玉、湘云等立刻成了主角，他们命众人重新摆开桌面，连老婆子、小丫头也都各自就坐，随意大吃大喝起来。再如，凤姐的生日欢庆，贾母是主策划人，但是热热闹闹的场面铺开以后，贾母却将自己应坐上去的那一桌酒席赏给了原本不可以上桌的丫头使女，自己和薛姨妈一起靠在里间屋里的床榻上随意聊天去了。

贾母的这一“出场而不占场”的风格，表现了她对自己在家庭中的定位的准确把握。也正因此，贾府中大小人等不仅与贾母从无什么情感方面的隔阂，而且有什么活动还非常希望贾母到场。

4. 处理事务有决断，尺度把握准确

贾母虽然年已八旬，不再主管家庭事务，但是，一旦事情到了她的面前，她还是能够处理事务有决断，对尺度的把握也很准确。例如，大观园内发生了奴仆聚赌的事件，当时凤姐因为身体有病，无力过问。贾母得知后，亲自出马，查清聚赌者共有二十多人。贾母当场命令，赌具销毁，没收的钱入官分散与众人，三个为首者，每人四十大板，撵出，从者每人二十大板，扣发三个月的月钱。一个事件被她处理得干净利落。又如，贾府突降大祸，家产被抄，贾赦遭发配。大厦将倾之际，贾母却从容镇定，叫来一家人，将自己从做媳妇时就开始积蓄的钱物全部从箱子里取出，一一分派。虽然总共只有一万余两银子，但是对于一个突然遭难而且人人都茫然不知所措的大家族来说，毕竟解了燃眉之急，大家又一次感受到了老祖宗的庇护。

贾母与刘姥姥，社会地位不同，文化背景不同，但是两个人有着一些共同特点：遇事有主见，处事有口才，平易随和，能起能落。正是这些特点，使得这两位老太太不仅在日常生活中，而且在自己的家庭生存发展的转折关头，分别发出了各具特点的动人光辉。

（二）凤姐与探春的口才交际能力运用对比

在小说中，凤姐素以当家理财方面的一把好手而闻名。其实，小说中还有一个女性，在这一方面的精明强干并不逊于凤姐，她就是探春。尽管小说通过奴仆之口写道，探春比凤姐“口才安静、性情和顺”，但是，在泼辣方面，凤姐其实并不如探春。例如，小说第五十五回写道，探春奉王夫人之命在凤姐生病期间管理财政，其时，她的母亲赵姨娘前来，想以“袭人的母亲去世，得四十两赏银，而自己的兄弟去世，只得赏银二十两”为由来向探春挑刺寻衅，结果被探春当场一番“不能改了规矩”的话语弄得哑口无言。过了一会儿，凤姐派平儿前来帮着说好话，希望探春破一个例算了，结果平儿遭到探春的一番数落：“你主子真个倒巧，叫我开了例，她做好人，拿着太太不心疼的钱乐得做人情。你告诉她，我不敢添减，混出主意。她添，她施恩，等她好了出来，爱怎么添怎么添去”接着，探春又发现，贾环和贾兰每一年都重复领了读书的学费，立即当着平儿的面，连自己的同父异母兄弟宝玉重复领取的也一并革除，并要平儿带话回去：“告诉你奶奶，说我的话，把这一条务必免了。”弄得平儿直向她赔笑脸，夸她做得好。

仔细比较凤姐与探春，不难看出，如果真的由探春在贾府当家理财，能力上虽然可能不相上下，但是，从口才交际中的口才交际能力运用角度来看，与凤姐相比，探春恐怕还是要略逊一筹。

在人生的舞台上，每一个人实际上都需要扮演不同的角色。一个人口才交际能力强不强，有时在很大程度上并不表现为这个人话说得怎么样，而是表现为这个人对自己的角色定位的理解和把握是否准确。从这一角度来分析，凤姐的口才交际艺术和她在大观园里做人处事的成功，与她对于自己的角色定位的贴切理解和准确把握有着很大的关系。

小说中，凤姐的角色定位主要表现在四个方面：作为小辈，与贾母、王夫人等人的相处；作为平辈，与宝玉、黛玉等人的相处；作为主人，与奴仆、丫鬟等人的相处；作为当家人，在社会交往中的表现。

这里，逐方面地分析如下。

1. 对长辈：尊重孝敬、奉承迎合

王熙凤对于长辈的尊重孝敬、奉承迎合，突出地表现在她对贾母的一言一行之中。

例如，贾母与凤姐两个人的身边都不缺使唤丫头，但是，贾母走路时，在旁边搀扶的常常并不是使女，而是凤姐，搀扶贾母几乎成了凤姐的专项任务。尤其是“去清虚观打醮”那一次，贾母因临时下了轿，所以身边一时无人，凤姐急于奔过去搀扶，竟将挡路的小道士一巴掌打得翻了一个跟头。不仅如此，凤姐对贾母还有招必到，有唤必应。例如，贾母八十大寿，合家欢庆，凤姐却因为一件自己不知情的事，被婆婆邢夫人弄得当众下不了台，一赌气回到房里哭了起来。没想到正在哭，贾母派人来唤，凤姐一听，忙擦干了眼泪，洗了脸，又重新施了脂粉，赶了过去。

对于王夫人、薛姨妈等长辈，凤姐也是非常尊重的。例如，贾府摆螃蟹宴，凤姐也不是没有座位，但她却一直站在贾母身边剥蟹肉，反而让贾母的丫头鸳鸯坐到一旁去吃螃蟹了。她剥出螃蟹后，首先递给了薛姨妈，然后递给贾母，再递给宝玉，礼节一一敬到。

在长辈面前，凤姐的突出显现之一，就是善于迎合逗乐。有一次，贾母、王夫人、薛姨妈与凤姐四人，恰好可以打牌，凤姐却说：“再添一个人热闹些。”于是叫来鸳鸯。鸳鸯坐在贾母旁边，替贾母看牌，实际上是为了向凤姐发暗号。凤姐依照暗号出牌，使贾母成牌赢钱。凤姐故意做出出错了牌后悔的样子，想收回，贾母不允，然后凤姐又故作舍不得拿出钱来，想要赖，直逗得一家人哈哈大笑，贾母更是笑得“手里的牌撒了一桌子”。还有一次，贾母领着一家人在园中玩赏，说起了自己小时候失足落水，碰破了头，还进了水，差点活不成了，至今鬓角上还留下了指头顶大的一个窝儿。凤姐一听，抢先笑着说道：“那时要活不得，如今这么大福可叫谁享呢！可知老祖宗从小儿的福寿就不小，神差鬼使，碰出那个窝儿来，好盛福寿的。寿星老儿头上原是一个窝儿，因为万福万寿盛满了，所以倒凸高出些来了。”说得一家人哈哈大笑。

正因为凤姐对长辈不仅尊重，而且善于迎合，所以贾母虽然多次对她使用了“泼皮破落户”、“凤辣子”等戏称，但更多的还是对她的喜爱。小说中写道，凤姐生病卧了床，贾母顿时觉得身边冷清了，感叹道：“有她一个人来说说笑笑，还抵得十个人的空儿。”

2. 对平辈：关心照顾，周全备至

主持家庭事务的凤姐对于宝玉、黛玉、宝钗等同辈弟妹的关心照顾是周全备至的。

例如，冬天来了，凤姐马上向贾母和王夫人提出建议，安排宝玉、黛玉等人就在自己的园子里吃饭，以免来回跑厨房吃冷风、伤身体。王夫人当即同意，贾母故意试探地说，就怕又要多出一个厨房的事务来。凤姐当即解释道：“并不多事。一样的份例，这里添了，那里减了。就便多费些事，小姑娘们冷风朔气的，别人还可，第一林妹妹如何禁得住？就连宝兄弟也禁不住，何况众位姑娘。”一番话说得贾母深感满意。小说第八十五回还写道，黛玉的生日到了，没想到连贾母也给忽略了，凤姐于是悄悄地一手操办，使得动辄以泪洗面的林黛玉过了一个连贾母也喜出望外的生日，黛玉自己更是花团锦簇，含羞带笑。

又如，凤姐的婆婆邢夫人的侄女儿岫烟前来投奔邢夫人，被贾母留住在大观园内。凤姐见邢岫烟虽然家贫但是人品不错，于是从此只要她在大观园里住满一个月，凤姐就按照其他女孩子的标准发给她零用钱。后来，她见岫烟身上没有新衣服，忙将自己的衣服包上好几件送给了她。袭人回哥嫂家探望生病的母亲，凤姐不仅另外送她衣物，还非常细心地叮嘱道：“你妈若好了也就罢，若不中用了，只管住下，我再另打发人给你送铺盖去。可别使他们的铺盖和梳头的家伙。”

作为家庭财政方面的掌管人，凤姐在应当坚持原则的时候又能够做到坚持原则。例如，有一次，紫鹃要代重病卧床的黛玉提前支取月例银子，凤姐觉得一个大家庭不能破了规矩，就婉言拒绝，但她却拿自己的私房银子给了紫鹃，还叫她不要告诉黛玉。

凤姐毕竟也才二十来岁，在这样一个大家庭中，待人接物能够如此面面俱到，确实已经是非常不容易的了。

3. 对下人：唯才是用，赏罚有度

考察凤姐在掌权管理过程中的一言一行，不难看出，她对下人的使用，其实有着一个明确的标准，那就是唯才是用，赏罚有度。

小说第二十八回中有一个非常典型的例子，那就是她对小丫头红玉的看重。红玉原是宝玉房里级别最低的小丫头，她的工作也就是浇花、喂鸟、烧开水，连宝玉的房间都是不能随意进出的。有一次，在园子里她迎面碰上了凤姐，而凤姐身边一时又没有人，于是凤姐临时叫她去向平儿传一个话。回来后红玉又向凤姐把传话过程复述得清清楚楚，于是她立即被凤姐看中，凤姐马上就从宝玉那儿将她要到了自己身边。

凤姐在家庭管理方面的赏罚有度，在她接受宁国府的委托，主持宁国府的内务管理期间有着尤为突出的表现。凤姐上任，先立规矩，严明纪律。不料，随后就有一人值班迟到了一会儿，凤姐当即按规矩办事，将此人打了二十板子，扣了一个月工钱，同时宣布，明天再有误的，打四十；后天再有误的，打六十。就这一下子，众人再也不敢偷闲，人人都兢兢业业，坚持做好本职工作了。

值得注意的是，在家庭管理方面赏罚有度的凤姐，同时还是个知恩图报的人。有一次，贾琏与凤姐正在夫妻对饮，贾琏的奶妈来了，两人忙让其上炕就坐。凤姐还叫平儿马上去将早晨刚炖得很烂的肘子端来给老人吃，接着又向她敬酒。这里，不妨将她的这一做法与宝玉作一个对比。小说第八回写道，宝玉在薛姨妈家喝了酒回来，端起茶碗喝茶，刚喝了一半，听说自己的奶妈用这只茶碗喝过茶，立即将茶碗摔了个粉碎，骂道："不过是仗着我小时候吃过她几日奶罢了。如今逞的她比祖宗还大了。如今我又吃不着奶了，白白的养着祖宗作什么！撵了出去，大家干净！"

4. 对外界：攻守进退，游刃有余

凤姐不仅对内管理有规有矩，面对外界的交际往来，她也能做到攻守进退，游刃有余。有一次，宫里的夏太监派小太监来贾府借二百两银子，说过一两日就送过来。贾琏一听，这明摆着是又来敲竹杠了，他觉得不好应付。凤姐要贾琏回避，只听凤姐对小太监说道："什么是送过来，有的是银子，只管先兑了去。改日等我们短佧，再借去也一样。"又对小太监说："你夏爷爷好小气，这也值得提在心上。我说一句话，不怕他多心，若都这样记清了，不知还了多少了。只怕没有，若有，只管拿去。"一面又叫身边的仆人旺儿媳妇："出去不管哪里先支二百两来。"旺儿媳妇故意说道："别的地方没有借到，才来找你的。"凤姐又故意叫平儿："把我那两个金项圈拿出去，暂且押四百两银子。"于是平儿拿了首饰出去，过了一会儿，拿回四百两银子，给了小太监一半，让他走了。

由于凤姐对于自己在贾府中的角色定位有着贴切的理解和准确的把握，所以她的口才交际能力与她在大观园里的为人处世才达到了一种完美的和谐与统一，也正因为如此，这一人物形象才会发出极为动人的艺术光辉。如果真的像探春那样，对人不论亲疏，一律如此，从理想化的角度来说，固然很好，但是，从现实角度分析探春在大观园内的所作所为，嫂嫂凤姐的面子她敢驳，哥哥宝玉的开支她敢砍，连自己母亲赵姨娘她也针锋相对，如此主持管理又能维持几日？

（三）黛玉与宝钗的口才交际能力运用对比

在贾府的众多女孩子中，黛玉与宝钗美丽程度接近、文化背景接近，而且连聪敏灵秀的程度、口才交际的能力也都很接近，但是，由于两个人在个性、心胸之间存在较大的差异，因而两个人在大观园里的口才交际活动中，不仅有着完全不同的表现，而且也给自己带来了不同的结果。

1. 黛玉的心胸不够开阔，常常闹别扭，还好强人一头

例如，小说第七回写道，薛姨妈完全是出自好意，让周瑞家的将宫里头制的新鲜样法堆纱花十二支分送给凤姐和各位姑娘们，别人都是高高兴兴地收下了。只有黛玉在收到堆纱花时问："是单送我一个人的，还是人人都有?"一听回答人人都有，黛玉冷笑道："我就知道，别人不挑剩下的不给我。"

黛玉平时说话就比较刻薄。例如，史湘云称呼宝玉"二哥哥"，因为"二"字的音发不好，就被黛玉抓住嘲笑道："偏是咬舌子爱说话，连个'二'哥哥也叫不出来，只是'爱'哥哥'爱'哥哥的。"湘云实际上当时就已经不高兴了，说道："她再不放人一点，专挑人的不好。你自己便比世人好，也不犯着见一个打趣一个。"

再如，刘姥姥在大观园被凤姐等人捉弄，刘姥姥也就顺势出了各种洋相，以逗贾母开心。宝玉对黛玉说道："你瞧刘姥姥的样子。"黛玉笑道："当日舜乐一奏，百兽率舞，如今才一牛耳。"后来，几个女孩子在一起无意之中谈到了刘姥姥，黛玉接过来就是一句："她是哪门子的姥姥，只叫她是个'母蝗虫'就是了。"

黛玉嘲弄别人，如果别人反驳，她马上就会生气，有时连宝玉也不例外。例如，有一次，黛玉碰见宝玉，问他从哪里过来，宝玉说在宝钗那里。黛玉当即冷笑道："我说呢，亏在那里绊住，不然早就飞了来了。"宝玉笑着说道："只许同你玩，替你解闷儿，不过偶然去她那里一趟，就说这话。"黛玉马上就不高兴了："好没意思的话，去不去管我什么事，我又没叫你替我解闷儿，可许你从此不理我呢!”说着，便赌气回房去了。

黛玉的疑心病是比较重的，就因为宝玉与宝钗之间有“金玉良缘”的说法，她便常常与宝钗过不去。例如，宝玉挨了打，有人传说是宝钗的哥哥薛蟠告的状，宝钗得知后，回家借机劝说哥哥，薛蟠不认账，两人争吵，气得宝钗整整哭了一夜。第二天早起一出门，迎面碰上黛玉，黛玉见她无精打采，又有哭过的痕迹，便笑着说道：“姐姐也保重些儿。就是哭出两缸眼泪来，也医不好棒疮!”一番话说得宝钗头也不回地走了。还有一次，宝玉在清虚观收到道士们送的礼物，其中有一个金麒麟，贾母见了，说好像记得谁的身上也有一个，宝钗接过来答道，史大妹妹有一个。探春接过话来夸宝钗记性好，可是黛玉接过来却说了一句：“她在别的上还有限，惟有这些人带的东西上越发留心。”宝钗装没听见，事情也就过去了。

黛玉的疑心病不仅重，而且范围还比较广。例如，就因为史湘云身上有一块金麒麟，而清虚观的道士又送给宝玉一个金麒麟，她就将疑心转到了史湘云身上。小说第三十二回写道，黛玉得知湘云去了怡红院，立刻就联想到，近日宝玉弄来的外传野史说多半才子佳人都因小巧玩物上撮合，或有鸳鸯，或有凤凰，或玉环金佩，或鲛帕鸾绦，皆由小物而遂终身。现在宝玉也有了麒麟了，于是她就开始担心，宝玉会不会由此又“同史湘云做出什么风流佳事来”，于是赶忙也来到怡红院，想借机观察行事。

元春回府省亲，在大观园里要求宝玉与女孩子们各题一诗一匾。宝钗一眼看到宝玉选用的词语，觉得元妃可能会不喜欢，而宝玉自己还没有意识到，于是宝钗忙推他，提醒他应当如何改，并且一直到帮他改成。在此过程中，黛玉却是自己待在一边，一门心思想着如何“大展其才，将众人压倒”，后来因为元春出的题目不难，自己未能“展其抱负”，竟然心里感到很不痛快。

2. 宝钗乐于助人，而且为人比较大度，小处不太计较

例如，小说中写道，天气渐渐寒冷了，宝钗在园子里迎面碰到岫烟，发现她衣装单薄，忙问是怎么回事，在得知她是因为父母家中经济拮据而将自己的衣服送进了当铺后，便马上要过她的当票，悄悄地替她赎回了典当的衣物。宝钗还告诉岫烟如果有什么生活困难，只管对她说，她给解决，岫烟很感激地答应了。

又如，王夫人要给投井自杀的使女金钏儿做两套新衣服送葬，宝钗一听就主动表示，不必临时去叫裁缝赶制，可以用自己刚做成的两套新衣服代替，并向王夫人表示，自己根本不忌讳。

有一次，宝钗的哥哥薛蟠到南边做了一趟生意，回来时给宝钗带了礼物。

宝钗将带来的礼物一一分送，就连对宝玉的同父异母兄弟贾环也是一视同仁，这就使得一贯心理不平衡的赵姨娘也感激不尽，拿她去与黛玉作起了对比："怨不得别人都说那宝丫头好，会做人，很大方，如今看起来果然不错。她哥哥能带了多少东西来，她挨门儿送到，并不遗漏一处，也不露出谁薄谁厚，连我们这样没时运的，她都想到了。若是那林丫头，她把我们娘儿们正眼也不瞧，那里还肯送我们东西？"

还有一次，史湘云给大观园里的女孩子们送戒指，先给了宝钗等人，宝钗得到后，以为袭人没有份，就将送给自己的一个送给了袭人。湘云去给袭人送戒指时，才知道此事，她很受感动，不由得说道："我只当是林姐姐送的，原来是宝钗姐姐给了你。我天天在家里想着，这些姐姐们再没有一个比宝姐姐好的。可惜我们不是一个娘养的。我但凡有这么个亲姐姐，就是没了父母，也是没妨碍的。"

贾母要给刚搬进大观园的宝钗过生日，问她爱听什么戏，爱吃什么东西，宝钗所点的全部都是贾母喜爱的戏，以迎合贾母，于是贾母更加欢悦。与其相比，黛玉遇事却总好扭着来。宝钗生日那天，宝玉来邀黛玉去看戏，黛玉却回答说，要想让我看戏，你就去叫一班戏来，拣我爱的唱给我听，这会子犯不上借光儿问我，明确表示自己不愿意去看宝钗的生日戏。还有一次，宝玉与黛玉在薛姨妈处玩，因为天下大雪，薛姨妈吩咐烫酒给宝玉御寒，宝玉却说要吃冷酒，宝钗劝阻说吃冷酒伤身体，宝玉于是就改口要吃热酒。恰好此时，小丫鬟雪雁给黛玉送来御寒的小手炉，并说是紫鹃叫送来的，黛玉借机笑着说道："也亏你倒听她的话。我平日和你说的，全当耳旁风。怎么她说了你就依她，比圣旨还快些！"宝玉听了这话，心里知道黛玉是在奚落他，只是嘻嘻地笑了笑，宝钗听了也不接她的话头，事情也就笑嘻嘻地过去了。

宝钗始终坚持宽待黛玉，从不计较黛玉如何对待自己，终于使黛玉受到感动，说出了这样一番话："你素日待人，固然是极好的，然我最是个多心的人，只当你心里藏奸……往日竟是我错了，实在误到如今。我长了今年十五岁，竟没有一个人像你前日的话教导我。怨不得云丫头说你好，我往日见她赞你，我还不受用，昨日我亲自经过，才知道了。比如若是你说了那个，我再不轻放过你的，你竟不介意，反劝我那些话，可见我竟自误了。"

3. 对比小结

从黛玉与宝钗两个人物之间的口才交际运用对比中，我们不难看出，一个人的口才交际能力强不强，不仅取决于他的文化程度、知识结构等方面，更受到他的个性、胸怀的影响。个性开朗、为人大度者，口语技能往往是他人生成功的得力工具，反之，口语技能则难免运用不当，在人生的道路上，有时甚至会反受其害。

（四）晴雯与袭人的口才交际能力运用对比

晴雯与袭人同为怡红院里宝玉身边的女仆，和黛玉、宝钗一样，她们两人之间也有着一定的可比性。将晴雯与袭人进行比较，有助于帮助那些自身还处于社会较低层的人以及刚刚踏入社会迈开人生步伐的人学会在社会口才交际中准确理解自己应有的角色定位，学会自我控制，进而推动自己的口才交际取得更好的成绩。

1. 晴雯不仅有话必说，而且从不饶人，常常由着性子来

小说中写道，宝玉有一次一时高兴，替小丫头麝月篦头，让晴雯碰见了，她脱口就是一句："哦，交杯盏还没吃上，倒上头了！"宝玉倒是蛮高兴地说道："你来。我也替你篦一篦。"晴雯回的却是一句抢白："我没那么大的福。"说着就一摔帘子出去了。

还有一次，晴雯等一群人在园子里迎面碰上小丫头红玉，问她为什么不干活，红玉解释说自己被二奶奶临时叫去传一句话，当然，语气上也流露出来那么一点得意，于是晴雯当即回讽一句："怪道呢！原来爬上高枝儿去了，把我们不放在眼里。……有本事从今儿出了这园子，远远的在高枝儿上才算得。"

小丫头秋纹奉宝玉之命向贾母和王夫人的房里送新开的鲜花，得到了贾母的赏钱，王夫人又赏了她两件衣裳，因而秋纹非常高兴，向别人说起。晴雯听了，立即嘲笑道："呸！没见世面的小蹄子！那是把好的给了人，挑剩下的才给你，你还有脸呢。"又说道："要是我，我就不要。"

还有一次，晴雯因为失手跌断了扇子骨，被宝玉说了两句，她就顶嘴吵了起来。袭人一听见吵，忙过来劝。晴雯当即对袭人反唇相讥："姐姐既会说，就该早来，也省了爷生气。自古以来，就是你一个人伏侍爷的，我们原没伏侍过。因为你伏侍得好，昨日才挨窝心脚。我们不会伏侍的，到明儿不知是个什么罪呢。"袭人听了，又见宝玉在一边已经气黄了脸，就强忍住气恼，继续劝道："好妹妹，你出去逛逛，原是我们的不是。"晴雯一听她用了"我们"二字，立即说道："我倒不知道你们是谁，别叫我替你们害臊了。便是你们鬼鬼祟祟干的那事儿，也瞒不过我去，那里就称起'我们'来了。明公正道，连个姑娘还没挣上去呢，也不过和我似的，那里就称上'我们'了！"

晴雯因为和小丫头碧痕拌了嘴，心情不好，又见宝钗晚间来怡红院，竟然在院子里就抱怨起来："有事没事跑了来坐着，叫我们三更半夜的不得睡觉!"不料黛玉跟着又来敲门，晴雯一听有人敲门，也不问是谁，就脱口说道："都睡下了，明儿再来罢。""凭你是谁，二爷吩咐的，一概不许放人进来呢。"她就是没给黛玉开门，由此还引出了宝玉与黛玉的一场感情风波。

至于对那些干粗活的老妈子，她就更不饶人了。小丫头春燕的妈妈不懂贾府内院的规矩，当她得知自己因为在怡红院里责骂春燕而可能被开除时，吓得忙向袭人求饶。袭人已经松了口，可是晴雯还不饶，说道："理她呢，打发去了是正经。谁和她去对嘴对舌的。"直吓得老婆子一直求到连宝玉也同意留下她了，事情才算了结。

因为晴雯素来嘴巴不饶人，所以得罪人、招人嫉恨也就在所难免。小说第七十七回写道，园内的婆子们听说贾府已经通知晴雯的哥哥嫂嫂来将晴雯领回去的消息，竟然口称："阿弥陀佛，今日天开了眼，把这一个妖精退送了。"

2. 袭人不仅办事稳重，而且和人说话时能忍让就忍让，从不愿意拿话语伤人

小说第三十回写道，宝玉冒雨跑回怡红院，袭人开门去慢了，浑身湿透了的宝玉见门一开，也不管来的是谁，抬腿就是一脚。一见踢的是袭人，宝玉一进门就忙赔不是，袭人一面忍着痛换衣裳，一面却反过来宽慰宝玉："素日开门关门的，都是那起小丫头子们的事。她们是憨皮惯了的，早已恨的人牙痒痒，她们也没个怕惧儿。你当是她们，踢一下子，唬唬她们也好。才刚是我淘气，不叫开门的。"

有一次，晴雯当众转着弯儿将袭人骂成了屋里的"西洋花点子哈巴狗"，袭人听了，也不多加理会，只说了一句："少轻狂罢。"

还有一次，袭人路过果园，管果园的老婆子想请她尝尝落下地的果子。袭人拒绝，说道："这哪里使得。不但没熟吃不得，就是熟了，上头还没有供鲜，咱们倒先吃了。你是府里使老了的，难道连这个规矩都不懂了。"袭人就是这样，严格把握自己在大观园中的身份，不该自己说的话不说，不该自己做的事不做，但是晴雯却是当众就敢喝宝玉的汤。小说第五十八回写道，袭人要芳官学着服侍人，让她给宝玉将汤吹凉，宝玉却要芳官亲口尝尝是不是已经凉了，芳官不敢，晴雯笑道："你瞧我尝。"端起碗来就喝了一口。

在袭人回家处理母亲丧事期间，小丫头坠儿偷了一个金镯子，晴雯知道了，不顾自己生病卧床，立刻以宝玉的名义通知来人将坠儿赶了出去。袭人回来后知道了这件事，对于晴雯的越权处理，也没有多加指责，只是说了一句："太性急了。"事情也就完了。

查抄大观园时，晴雯与袭人对于被查抄一事也表现了完全不同的态度。查到晴雯时，她是"豁一声将箱子掀开，两手捉着底子，朝天往地下一倒，将所有之物尽都倒出。"在大观园这样一个等级森严的环境中，晴雯这种由着性子来的表现，怎么能没有危险？袭人则是一看形势不对，马上自己先出来打开了箱子并匣子，任搜任查，然后一声不吭地收拾好自己的东西完事。

3. 对比小结

每一个人在社会口才交际中实际上都有一个确定的角色身份，确定的地位等级。人们在口才交际中的一言一行，无不受到自己的角色和地位的制约。能够服从这一制约，在制约允许的范围内，充分发挥自己的口才交际能力，就有助于自己的人生走向成功；反之，无视这一制约，过于随心所欲，只怕有时难免会出现不良后果。

（五）贾宝玉与甄宝玉的口才交际能力运用对比

《红楼梦》里其实出现了两个宝玉，一贾（假）一甄（真）。这个甄宝玉，不仅与贾宝玉"相貌相同，举止相同"，而且性情性格也完全一样，甚至连喜欢和女孩子在一起玩也完全一样。因为甄贾两家又有着往来关系，所以，希望有一天能够和甄宝玉见面，几乎成了贾宝玉长达数年的一个强烈愿望。终于有一天，两个宝玉见面了。可是没想到，一见面甄宝玉就向贾宝玉大谈"锦衣玉食，文章经济"（此时的甄宝玉已经生过一场大病。大病之后，爱好、追求都发生了根本的变化），宝玉听了觉得非常刺耳，后来实在忍不住，就打断他的话头，希望与他交流一番"超凡脱俗"的道理，以"洗净俗肠，重开眼界"。不料甄宝玉竟是个自说自话的人，似乎完全没能理会到贾宝玉心中的不快，还是继续向贾宝玉大谈科举仕途、经济文章，最后贾宝玉越听越不耐烦，心中神往多年的甄贾宝玉会面，竟以不欢而散宣告结束。

小说中，甄宝玉其实就是另一个贾宝玉。甄宝玉的说话特点，恰恰也就是贾宝玉的说话特点。他们的这一共同特点主要表现为说话不看场合环境，完全是自己心里怎样想的就怎样说，甚至是，只要自己想说，不该多说也滔滔不绝，如果自己不想说，该说话也不说。在某种意义上，甄宝玉与贾宝玉第一次交往的过程中，贾宝玉所感受到的不满，实际上也就是贾宝玉在日常生活中惯于自说自话而其实口才交际效果往往不佳的一次自我体验。

贾宝玉在小说中的这一好自说自话的独特表现，与他在贾府中的独特地位是分不开的。他的地位的独特性在于：在贾母、王夫人面前，他是心肝宝贝、受宠对象；在黛玉、宝钗等一大群女孩子面前，他是中心人物，受到众星环绕式的特殊关注；在袭人、晴雯等人面前，他是主子，是能够决定她们的命运前途的主宰。这一独特地位使得他的口才交际行为在很多时候都可以不必在意语境场合的制约，甚至还可以由他来决定语境和场合的性质，由他来操纵在场所有人的喜怒哀乐。也就是说，在他的生活环境中，他是主角、是中心，他想说什么就可以说什么，他想怎么说就可以怎么说。

但是，任何人在实际生活中，都必须根据语境、场合的多样性需求承担多种角色，当语境和场合要求这个人应当扮演某个角色，而他却难以进入这个角色时，他的口才交际也就难以取得成功了。当语境要求他担任“配角”，要求他根据对方的需求调整自己的说话内容时，如果他仍习惯于担任“主角”，习惯于“自说自话”，那么，他的口才交际就可能因此而失败。

这一特点，在口才交际中往往有两种不同的表现：“自说自话”如果发挥得当，符合语境场合要求，则可能妙语连珠、语惊四座；如果这种“自说自话”不合语境场合时要求，那么就会使得话语效果不佳，而且还可能引出其他问题。

例如，大观园初建成，贾政率众清客和宝玉一道游园，同时讨论如何题写匾额对联。宝玉来了兴趣，在贾政及众客人面前文才大显，众人皆赞贺，贾政也因为他的上佳表现而“拈须点头不语”、“点头微笑”。但是，没过多久，宝玉就自我控制不够了，话说得太多，接话头太快，有悖当场应当注意保持的“小辈身份”，因而遭到贾政训斥：“胡说”、“更不好”，甚至还差一点被贾政命人“叉出去”。

小说第二十三回写道，贾政因事叫来宝玉，看着眼前的儿子“神采飘逸，秀色夺人”，贾政的爱怜之心不觉升起。这原本是父子情感交流的极好机会，不料交谈之中，宝玉向父亲引经据典地解释“袭人”名字的由来，引起了贾政的反感。贾政觉得他不务正业，“专在这些浓词艳诗上下工夫”，因而一声呵斥：“作孽的畜生，还不出去!”

宝玉与黛玉在贾母处的第一次见面，也同样表现出了宝玉的这一特点。正值他们二人一见如故、两情相悦之际，宝玉听得黛玉回答身上没有玉，于是“登时发起狂病来，摘下那玉，就狠命摔去，骂道：‘什么罕物！人的高下不识，还说灵不灵呢！我也不要这劳什子!’”接着是又哭又闹，就这样，一个亲人团聚的喜庆场面被他弄得一团糟，老老小小无不乱成一团。

迎合是现实生活中说话人的目标追求的需要、情感增进的需要，是交际场合中角色身份、语境氛围的需要。人的身份不论尊卑，在自己该表示迎合的时候如果不表示迎合，就有可能给自己带来损害。小说第三十三回中，贾雨村来贾府拜访，宝玉被贾政叫去作陪，结果又使得贾政生了一场气。贾政这样说到自己生气的原因："方才雨村来了，要见你，叫你那半天你才出来了；既出来，全无一点慷慨挥洒谈吐，仍是葳葳蕤蕤……"贾政这一番话的意思是，接待来客，应当热情。因为宝玉对贾雨村没有热情相迎，最后竟挨了一顿好打。

要说贾宝玉完全不懂得如何进行口才交际，那也不符合实际。他对女孩子所表现的体贴关心，曾使得很多人赞叹不已。例如，他在挨打后因为卧床不能动，就让晴雯替他向黛玉送去两方旧手帕。他没有一句话，没写一个字，就能充分表达自己的思念之情，使得黛玉"不觉神痴心醉"、"五内沸然"，堪称以无声胜有声，几乎是口才交际方面的上乘表现。

对于男性，他当然也是能广交挚友的，例如柳湘莲、蒋玉函等人。只是相比之下，"好自说自话"的缺点有时暴露得就比较明显了。

例如，第六十六回写道，宝玉与柳湘莲两个老朋友相逢，宝玉得知柳湘莲与尤三姐定了亲，连夸尤三姐为"古今绝色"，又连连贺喜，说柳湘莲原先就坚持要娶一个绝色的女子，而现在尤三姐正配得上这一标准。柳湘莲忙向他解释，说因为是女方主动追求，而且过去并无深交，所以自己对三姐的品德有疑，希望宝玉详细告知。遗憾的是，宝玉并没有意识到此时的柳湘莲关注的不是尤三姐的美貌，他仍然继续自说自话地夸赞着尤三姐的美色："她们是珍大嫂子的继母带来的两位小姨，我在那里和她们混了一个月……真真一对尤物。可巧她又姓尤。"结果，宝玉这一番实心实意的祝贺话语却让柳湘莲听出了另外的意思。随后，柳湘莲前去退婚，以致尤三姐当着他的面抽剑自杀，柳湘莲痛悔难忍，也随即出家当了道士。一段原本美满的姻缘，最后竟成了一段哀婉的悲剧故事。

宝玉说话还常常不看场合。小说第三十回写道，盛夏的一日午后，宝玉转到王夫人的上房，见王夫人正在里间凉床上睡觉，小丫头金钏儿一边给王夫人捶腿，一边打着瞌睡。旁边还有几个小丫头，也在打着瞌睡。宝玉过去虽然与金钏儿也常逗逗玩笑，但是在这样的环境里，显然是不宜多说什么，更不宜开什么玩笑的。然而，宝玉的自说自话毛病偏偏又犯了。他走到金钏儿身边，先是拉她的耳坠子，接着又将自己身边带着的香雪润津丹塞到金钏儿的口中，这还不算，还拉起她的手，说道："我明日和太太讨了你，咱们在一处罢。"又说："等太太醒了，我就讨"。终于撩得金钏儿睁开眼，笑着回了一句："你忙什么！'金簪子掉在井里头，有你的只是有你的。'连这句话语难道也不明白！”结果，王夫人从床上跳了起来，照金钏儿脸上一记耳光，一番怒骂，并吩咐将她赶出门去，后来竟导致金钏儿跳井身亡。仔细分析这段过程，金钏儿的答话固然有着不妥之处，但是灾难的起源，却实在是宝玉。面对大家正在打瞌睡的情境场合，面对在场的母亲，宝玉其实根本就不应该开这样一个玩笑。

（六）综述

任何人，不论他在社会上是地位高贵，还是身份卑下，在口才交际中都应当学会积极地适应语境特点，把握场合性质，设法与交际对象达成成功的思想交流。如果总是由着性子来，总是想说什么就说什么地自说自话，那么在口才交际中，轻者，难免影响口才交际的成功，重者，只怕还会引发其他的问题。

三、社会职业对口才交际应用的不同要求

口才交际系统化训练以十四项标准为训练目标追求，然而，在具体的实践应用中，口语技能水平的显现，还要受到说话人的角色身份、话题性质、语言环境等多重因素的制约，也就是说，口才交际中说话人的口语应用是否称得上“有水平”，并非只以是否符合十四项标准为准，而是要在多重因素的制约下，当多说话时多说话，当少说话时少说话，不当说话时不说话。在对说话人口语技能与水平显现产生制约的诸多要素中，社会职业对说话人的交际常常会产生很大的影响，这一点却又常常不被人们注意。

社会职业具体到某一个人的身上，可表现为一种身份、资格，在具体的社交语境中，它又可以表现为一种“角色”。由于每一个人在社会上可以因语境、场合的变化而拥有并变换多种角色，因而，从理论上说，社会职业这一“角色”充其量只能算是说话人在社会上充当的角色之一。但是，由于社会职业角色对于说话人往往有着极为重大且又持续长久的影响，因而，它对一个人的口语运用的不同要求，有时甚至能“定格”而成为此人口才交际的主体风格。因此，一个人的社会职业对其口语运用的影响是不应当忽视的。

简言之，不同的社会职业对于每一个人的口语运用各有不同的要求。正如人们通常所说的，医护人员应当注意，其口语应用“能治病也能致病”；司法人员的口语应当注意“以事实为依据，以法律为准绳”；商贸职业口语应当注意“和气生财”；思想教育职业口语则应当注意“先通情，后

达理”。

这里，将社会职业分为“行政管理”（简称“从政”）与“专业技术”（简称“治学”）两大类别，将其对口语应用的不同要求试作如下对比。

（一）治学者的口语运用可以有较强的个性色彩，而从政者的口语运用不宜有较强的个性色彩

例如，作为一名教师，他可以说“对于这个问题，我个人的看法是……”;作为一名演员，他可以说“这是我对角色的体验感受，也是我的个人风格体现。”不仅如此，他们还可以将自己的观点、认识、理解写成文章或著作，以个人的名义发表、出版，以求得社会的承认。可是作为学校的校长、艺术团的团长，在职业口才交际以及某些非职业口才交际中，他就不宜过于突出个性色彩了。在某些他同样也以“治学者”身份说话的场合，因为他同时拥有“从政”的头衔，即使他可以说：“这是我的风格，我的成果”，也应当比其他人更注意运用谦词、谦语。

（二）治学者的口语运用可以显露出自尊，甚至自傲；从政者的口语运用则必须注意虚怀若谷，礼贤下士

例如，专家学者可以公开地、坦然地坚持：“我的观点代表着最新的研究水平，我的设计与论证是最合理、最完备的。”他可以毫无顾忌地与反对者进行公开的商榷、论战，可以公开否定对方的不同观点。如果对方确实不在行，或者说了外行话，他还可以公开地表示自己的贬斥、鄙夷。但是，从政者即使同时也是一名专家学者，他也必须注意虚怀若谷，即使是面对并不在行的人说的外行话，他也不宜流露出鄙视、傲视的态度。

（三）治学者的口语运用可以抢着说话，先发制人；从政者的口语运用则应后发制人，滞后表态

治学者的职业行为在专业方面还有一个特点，即谁第一个说出某一观点、结论、探索、发现，谁就拥有其知识产权。从诺贝尔奖金的颁发到科学上某种新发现的结论、定律的命名，莫不如此。这种思维模式对治学者发生着潜移默化的影响，导致治学者在口才交际中往往心直口快，口没遮拦，并且往往会克制不住地抢着说话，先发制人。从政者在口才交际中则应当后发制人，滞后表态，即使是面对自己不赞成的意见，或者是经过实践证明为错误的意见，也应耐心听取，以免对方对其产生官僚主义、专制主义的印象，进而干

扰口才交际。

（四）治学者的口语运用应当简洁明确、直切要害；从政者的口语运用往往更注重切合语境，切合现场氛围

治学者的职业性思维方式是尽可能地走近路，要简洁再简洁。例如，数学上的求证，能用两步完成的论证就比用三步完成的好。这种思维方式往往导致治学者的口语运用简洁明确、直切要害，治学者往往快人快语，反应敏捷，能够一句话说明白的问题，他不会用三句话来表现。从政者则更注重使交际对象更好地认同自己的目标追求，因而在口才交际中，他们更注重思考的周密性，必要时，不仅一句话可以改成三句话来表述，而且一个意思还可以分成几次表述。为了确保目标追求的实现，他们有时甚至会采取“退一步”说话的方式，迂回曲折地与他人进行口才交际。

（五）治学者的口语运用，在涉及本专业的内容时，往往要能显现本学科、本专业的最新最高水平；从政者的口语运用，只要不说外行话，不出错就可以

治学者不论是在职业口才交际中，还是在非职业口才交际中，在涉及本学科、本专业的内容时，往往以能显现高新水平为佳，尤其是在面对同行或内行的听众、交际对象时，更应当如此。从政者如果同时也有着专家、学者的身份，在口才交际中，也会有着同样的要求；如果没有专家学者的身份，则在涉及专业学科方面的内容时，要求可以相应降低，只要不说外行话、不说错话就可以（当然，能说出高水平的内行话则更佳）。

（六）治学者在口才交际中，有时可以不拘礼节，不拘小节；从政者在口才交际中，则必须注重礼节，注意小节

治学者在口才交际中显现出来的不拘礼节，常常可以获得交际对象的宽容、理解，其某些不拘小节的举止，还可能被夸赞为文人气质、学者气质。从政者在口才交际中，往往应当礼数周全，面面俱到，同时还应注意尊长爱幼、平等待人，尤其要注意向反对自己的人表示友善与尊重。

治学与从政这两种不同的思维、行为方式在口才交际中的不同显现，有时会引发互相否定式的对立性评价。例如，有时会有人嘲笑专家学者们“书呆子”、“不食人间烟火”；反之，有时也会有人鄙夷从政者们“虚伪”、“世故”。其实，二者的不同表现，是其职业特点的要求所致。总体来说，在口才

交际中，治学者可以较多地从“作为个人，此时想要说什么”的角度来与人进行口才交际，而从政者则更多地从“依照身份，此时应该说什么”的角度开口说话，两种不同的思维方式在口才交际中共容、并存，是不应当互相否定、排斥的。

第十四讲　口才交际能力训练与态势风度设计

提要与思考

1. 口才交际过程中，态势风度设计及其训练显然是必要的，因为它可以更为有效地强化自己的话语表述与交流沟通的磁性魅力，但是，人们总不可能每说一句话都事先来一番态势风度设计，所以，有人认为，从根本上说，一个人言行举止的态势风度其实是其人格魅力的自然显露。你赞同这句话吗？认真思考，在小组会上交流。

2. 顺着上述理念，又有人提出，应当把口才交际能力训练中的态势风度训练看成是个人人格魅力的一种长期修炼，你赞成这个观点吗？不论赞成还是不赞成，都要能言之成理，试在小组讨论中与别人进行交流。

重点问题

1. 在接受口才交际能力训练之前，我们就已经在生活中有意无意地形成了自己说话与交流的态势风度了，在同学中互相交流看法，注意自己的表现是大方自然，还是局促拘谨。同学之间最好能够经常有一些畅所欲言的“评头论足”，以便时时提醒自己。

2. 针对自己在态势风度显现上的不足之处有意识地进行自我设计训练，例如，借助背诵诗歌散文、念读演讲名篇等进行态势风度的设计训练，并逐步将其推至一种下意识的行为。

态势风度是口才交际过程中能够对有声语言的交际效果产生一定影响的非语言因素之一。

态势风度通常是指口才应用者在交际过程中，或者说，在“说”和“听”的过程中，以身姿态势、眼神表情等有意无意地显现的意图、倾向。由于态势风度也有着目的或明晰或模糊、情感或浓或淡等多方面的差别，所以，它与口才交际中的话题主旨也就出现了一个如何相互协调和吻合交融的问题。也就是说，态势风度虽然不能等同于表述语言，并且也不像语言表述那样内涵明晰，但是如果运用得当，它也能增强口才应用的效果；反之，则会对其效果产生某种干扰或破坏作用。

口才交际的不同类型对态势风度的要求是不同的：有的要求相对比较严格，如演讲与交谈；有的要求相对比较宽松，如朗读和辩论。即使是同一类型的口才交际，由于话题、人际关系和语境不同，对态势风度的要求也会出现具体而细微的差别，因此，对于态势风度的训练我们很难提出一种大一统的模式，而只能提出一些原则性的要求和建议。

这里拟选择演讲和交谈作为单向表述类口才交际与双向交流类口才交际的代表形式，并据此提出口才交际中对态势风度的原则性要求和训练建议。

一、单向表述类口才交际中的态势风度训练

单向表述类口才交际中的态势风度训练，可以分为身姿动作和表情自控两大部分，这里分别加以介绍。

（一）身姿动作

身姿亦即形体外表，它是一个人精神面貌的具体体现。因此在演讲前应尽量避免想不愉快的事情，以增强成功的信心，并且登台前一定要做到精神集中、情绪饱满，保持心情愉快。

单向表述类口才应用（如演讲）中的身姿由上下台步伐、表述姿势、手势动作和服装仪表等构成。

有过舞台表演实践的人，无不把台步看得很重要，演讲者当然也不例外。上台时精神不振或手忙脚乱，下台时慌里慌张或左顾右盼等，几乎都是导致失败的“事故苗子”。演员练基本功，讲究练台步。演讲者的上下台步伐平时也应注意训练。上下台步伐要能显现沉着，要充满自信，脚步要稳健有力，走路要大方自然，上身要挺拔向上，双臂自然地前后摆动，摆动幅度不要过大（显得呆板），也不要过小（显得猥琐），头不要昂得过高（显得傲慢），也不要过低（显得心虚），以目光平视正前方为宜。上下台时，不要像平时走路那样随意地左右摇动，要给人一种冷静、胸有成竹之感。

信心不足是演讲的大敌，演讲者必须从迈步上台的那一刻起，就坚定地树立起“自己是行家”的自信心，为此，有时心中还必须有那么一点“你们都不行”的“目中无人”之感。当然，这一点不能流露出来，不能使人觉得你傲气十足，要注意态度的友好。

文艺界流传过这么一句话："演戏的是疯子，看戏的是傻子。"当然，这只不过是一句笑话，但是，后一句话对培养初上台者的自信心是有价值的。设想一下，倘若满场坐着的听众都是傻子，你上台演讲还有什么可紧张的呢？

引经据典

赫胥黎在他的《天演论》中曾记下了这样一件事："有一次，一个演讲生手向一群水平很高的有修养的听众演讲，他问法拉第先生，什么是他可以假定他的听众已经知道了的东西，法拉第直截了当地回答：'他们一无所知'！"

演讲者在台上的站立姿势与身姿的美丑有着最密切的关系。初次登台者常常不知如何站立，因此，一个半高的演讲台，对于初次演讲者来说，具有一种保护作用。由于身体的下半部被遮挡了，而且双手有时还可以支在讲台上，心理压力会大大减轻。但是，一些较大型的演讲比赛常常不设演讲台（这也带有评估站立姿势的意思）。这时，站相如何，对演讲的总体效果就有重要的意义了。有时舞台高于观众席，演讲者的双腿与会场前排听众的眼睛处在同一条水平线上或处于略高的位置上，众目睽睽，再加上灯光，站姿就更惹人注目了。

站在台上，忌讳双脚平行或左右叉开，忌讳全身重量相等地分落在两只脚上。这种姿势，重心居中，固然显得很稳，但其呈现为一个等腰三角形，很呆板，缺少美感。舞台上站立，一般宜取丁字步，两腿不要紧贴在一起，前后交叉距离不宜过大，也不宜明确规定，略有点意思即可。同时，要注意把全身重量始终只放在一只脚上，而另一只脚虚设，能保持身体平衡，不至于左右摇晃就可以了。在演讲过程中，重心可以前后脚稍作移动（防止姿势僵立），但不要在台上踱来踱去。两手不做动作时自然下垂，微微弯曲。初上台者如觉得双手放不好，感到别扭，可一手拿着书之类的东西，另一只手自然下垂，这样还可以形成一种不对称美。

手势动作不仅是构成演讲者身姿的要素之一，而且也有助于促进有声语言的表情达意。它可以有效地增加演讲的感染力、说服力和号召力，造成更好的演讲效果。演讲者的表演要接近于生活化，因此，手势动作不仅要准确适度，而且要优美、自然。

常见的演讲手势有上举（抬）、下压、平移和斜劈（挥）等几类，每类又可分单手和双手两种，每种均可有拳式、掌式等。诸动作形式，一般说来，在设计时要注意以下原则。

（1）辨清褒贬含义的区别。一般说来，含褒义的，也即表达积极意义的，如表达希望、肯定等意的，手往往向上、向前、向内；含贬义的，也即表达消极意义的，如表达批判、否定等意的，手往往向下、向后、向外。有人还把手势动作的范围大致划分为上、中、下三个区，分别表示褒、中、贬三种感情。如，鼓动号召性的动作，多在胸部以上的区域；一般强调性的动作，多安排在胸前区域；鄙视、贬斥性的动作，多在胸部以下的左右侧，且以右手在左侧做动作为佳。

褒贬含义的不同，有时还可以通过动作的定型与不定型来区分。所谓定型，即动作在最后到位时，有一个相对稳定的定位定格时间，以对听众有一个明确的交代。同时，这类动作在做的过程中，必须注意眼随手到，即手的动作做到哪里，眼睛要随着看到哪里，以此吸引听众的目光（注意力）随之同步发展，进而达到主题鲜明、中心突出的效果。不定型则与之相反，手在做动作时，不仅多数没有定位定格的时间，目光也多为有意识地和动作背道而行，如，动作做在身体左下角，目光自始至终平视前方等。

（2）把握动作的情感分量。一般来说，单手的分量比双手的轻，由于演讲者通常将高潮安置在后面，因此，在配合演讲内容设计情绪动作时，大都不将双手同时进行的大幅度动作安排在演讲前半部。通常是前半部动作幅度小，随着一个一个的小高潮的到来，动作幅度渐渐增大，力度渐渐增强，最后，双手齐起，掀起演讲的最后高潮。

在把握情感分量时，还需注意，拳式动作和掌式动作的内涵是有差别的。拳式动作往往强调动机、决心，而掌式动作往往是动机和效果同时兼顾。如，以这样一句话为例："不达到目的，誓不罢休！"如以单手握拳在胸前向下一顿，往往强调主观上已下定决心；如以单掌在胸前成刀形往下一砍，则表示"不达到目的，决不罢休！"

（3）动作要成套。哪里要有动作，有什么样的动作，动作幅度多大，都需要结合内容通盘考虑，不要随心所欲，以致给人七零八落的感觉。一般在七分钟左右的演讲时间里，能有五到七个动作（由小到大）就够了。太少了，显得呆板；太多了，显得手舞足蹈。一般来说，在以下两种情况下，可以考虑设计动作。其一，需要加大力度之处或需要强调和突出的地方，尤其是在小高潮和结尾大高潮处，可以考虑动作的配合；其二，对于某些抽象语言较多的段落，为增加其形象性，可设计动作。

结束部分（多为高潮）的动作须注意，不要老一套地作“挥手前进”状，要根据语言所要表达的内涵，力求实现动作与语言表述的一致性。

对于初次登台者来说，动作的安排可以参照某个样板，从模仿开始。模仿时要以自己所欲表述的思想感情为依据，要和演讲内容协调一致，要符合自己的身份（年龄、性别）。从严格要求上来说，即使是初学者，也要敢于大胆创新，力求表现出个人风格。

初次当众演讲者一定要事先设计好动作，不要寄希望于临场发挥。否则，上台后一紧张，或动作全无，或频频乱动，或虽有动作却欠干净利落，动作不到位，台下看去“似动作非动作”，这些都将导致演讲的失败。

演讲具有公开性，演讲者的服装有别于家常便服，但它又有异于文艺演出，两相比较，应更接近于生活。因此，演讲者登台穿着不宜过于华丽，而以朴素庄重为宜（从这一角度说，家常便服也可作为演讲服）。女性的服装式样较多，流行变化也快，但女性的演讲服饰也应以素雅为佳，不宜过于时髦，过于花哨。有时，女性化妆登台也无不可，但妆要化得似有若无，以防喧宾夺主，分散听众的注意力，破坏了演讲的效果。

从另一角度看，演讲者服装过于艳或奇，都是对自身美信心不足的一种表现。达·芬奇说过：“你们不见美貌的青年穿戴过分反而折损了他们的美么？你不见山村妇女穿着朴素无华的衣服反而比盛装妇女美得多吗？”我国民间也有“要得俏，一身皂（黑）”和“要得俏，一身孝（白）”的说法。这些都说明穿着过于华美不仅会破坏演讲者的仪表美，而且会折损演讲者的心灵美。听众是来听演讲的，不是来看时装展览的，衣着过于华美，会引发少数听众的非议，会使大多数听众产生反感。

（二）表情自控

表情由面部表情和眼神两部分合成，其中，眼神为灵魂。演讲者要随时用眼睛和听众交流感情，并通过和听众的眼神交流控制和感染听众。

由于思想感情不同，眼神也有多种多样的变化。演讲者在讲述中，思想感情时而风平浪静，时而狂涛翻滚。要使喜、怒、哀、乐之情在眼睛中明显地流露出来，与语言的情感发展曲线同步发展，才能收到最佳的演讲效果。

逸事趣闻

高尔基曾这样谈列宁的眼睛："在他那蒙古型的脸上一双锐利的眼睛在熠熠发光，表现出一个不屈不挠的战士对谎言的反对以及对生活的忠实。他那双眯缝着的眼睛在燃烧着，使着眼色，讽刺地微笑着，闪烁着愤怒。这双眼睛的光泽使得他的演说更加热烈，更加清新，有时仿佛是他精神上有一种不可战胜的力量从他的眼睛里喷射出来，那内容丰富的话语，在空中闪光，他的演说总是让你亲身感觉到真理是不可战胜的。"

初上台的演讲者通常不会使用眼睛，上台以后，有的仰视天花板，有的俯视脚下，有的看着窗外，有的木然呆滞，这些都是演讲者的用眼通病。有经验的听众每每从演讲者的眼睛中就可看出他的大致水平。

首先，演讲者在台上时，眼睛是不能随意乱看的，因为不同的视线显现的意义有所不同。视线向上，往往是思索或傲慢的表示；视线向下，往往是忧伤、愧悔、羞怯的表示；环顾左右往往意味着神情慌张、心绪不宁。演讲者在台上既不能一动不动地直视，也不能眼睛滴溜溜地乱动。

其次，演讲者要学会用眼睛控制全场听众。

引经据典

我国古典名著《老残游记》中"明湖居听书"一节写到白小玉的出场："那双眼睛，如秋水，如寒星，如宝珠，如白水银里头养了两丸黑水银，左右一顾一看，连那坐在远远墙角里的人，都觉得白小玉看见我了。"白小玉堪称用眼表情、交流和控场的高手。

在演讲过程中，用眼睛控制全场的主要方法有：环视法和虚视法。所谓环视法，就是周期性地把视线从会场的左方扫到右方，再从右方扫到左方，从前面扫到后面，再从后面扫到前面，不断地观察听众的动态。环视是照顾全场、统观全局的观察法，除有必要的短暂注视（比如某角落出现不安静）外，演讲者不要老是盯着某个人或某个地方，尤其要顾及前排或左右两边的死角。虚视法多于刚上讲台时使用。步上讲台，下面黑压压一片，不知看谁好，在这种情况下，演讲者未曾发言，先把全场前后左右扫一遍（以“震慑”全场），然后目光平视前方，好像在看着什么东西，但实际上什么也没看到。虚视是一种转换目光，它有助于演讲者放松情绪，把精力集中在演讲内容上，但不可老是虚视不动，那会显得表情木然。

为了使面部表情更好地表达演讲者的内心情感，要注意敏捷和鲜明这两点。敏捷，即表情要能迅速地反映出内心的情感，表情应该和语言所表达的情感同时产生，并同时结束。鲜明，即面部表情要准确、明朗，演讲者有时可以满面春风，有时可以莞尔一笑，有时可以金刚怒目，有时又可以痛心疾首。每一点微小的变化，都要能让听众感觉到，喜就是喜，怒就是怒，一定要避免使用那种模糊不清、似是而非的表情。

面部表情要讲分寸，既要有真实感，又要有艺术感。表情要与情感表达的幅度相吻合，应该是微笑的，就不要大笑，实在笑不出的，就不要强笑，更不要故作多情，以致皮笑肉不笑。在这方面有条件的，最好在演讲前去请教一下（话剧）演员老师。

二、双向交流类口才交际中的态势风度训练

双向交流类口才交际（如交谈）中的态势风度训练，由空间距离、身姿手势、表情、服饰风度等几个方面的要素构成。这里逐一剖析如下。

（一）空间距离

空间距离，即口才交际时双方之间的距离。空间距离在交谈中的作用不可低估，间隔过大或过小都会导致一方或双方产生某种排斥心理，这种心理会削弱乃至破坏交谈的效果，而适中的距离则会大大地强化语言的感化作用。例如，热恋中的情人在交谈时总是尽力缩小二人之间的距离，有时索性紧紧地偎拥在一起，说着只有两个人听得见的话语；如果两人拉开了距离，往往就是他们的情爱交谈出现了不融洽。再比如，人们在路上行走时，只要可能，总是力图与陌生人保持一定的距离。有时无意中与不相识的路人在很近的距离内走成并肩，这种互相觉得陌生的情感因素会立即引起自身的一种排斥心

理，两人都会下意识地调整步伐，以拉开距离。

什么样的距离为交谈时的适中距离呢？这要视交谈者之间的关系和交谈内容的性质而定。如，家人、密友交谈时可以靠得很近，以至没有距离；教师与学生、领导与下级、管教人员与管教对象等之间交谈，双方一般都有一定的距离。有时，为了强化语言的感化作用，教师、领导和管教人员一方会主动地将双方的距离缩小到家人、密友的距离，力求形成融洽的交谈气氛。一般情况下，学生、下级和管教对象一方是不会主动缩短距离的。在面对全体听众的交谈中，有时难免会形成一种一人在台上讲，众人在台下听的报告式格局。然而，有经验的报告人总是尽量避免形成这种由自己处于“居高临下”位置的状态。有时，他会走下台来，与听众在同一水平高度上相对而坐；有时，他会干脆撤掉讲台，坐在听众中间，让听众在其前后左右随意发问，力求造成朋友谈心式的融洽气氛。

与此形成对比的是，司法人员与罪犯之间的交谈，即使是在作“动之以情感，晓之以利害”的“政策攻心”，即使双方所处的空间（如审讯室）很小，也往往要在中间放上一张桌子，以扩大距离，淡化交谈的情感因素，强化政策攻心的震慑力量。再如，师生之间交谈时，教师往往有意识地与学生坐在一起，以促膝交谈的形式来强化情感交流，但同为这一对师生，当教师代表有关方面（学校、教导处）向学生宣布处分决定时，则往往会有意识地与学生之间形成一桌相隔的形式，以淡化情感作用，强化震慑力。

（二）身姿手势

在口才交际中，身姿手势也是双方交流的不可或缺的有机成分，正襟危坐显得郑重严肃，俯身向前显得平易随和，而过久的仰身向后则会给人以一种倨傲感。

在两个人之间进行的口才交际中，双方都不宜有过频过多的变换姿势和手脚动作，那会给对方一种你已不耐烦的感觉。手也尽量少提升到二者之间的空当部位做动作，因为语言配以动作，分量明显增强，在交谈中运用不当，则难免产生“强迫对方接受”的含义，弄不好反而影响效果，甚至走向反面，破坏交谈。交谈双方有身份、辈分和地位的差别，在交谈时，年岁大的、辈分或地位高的一方有时可以拍拍对方的肩膀、后脑勺等，以调节气氛，放松对方情绪，但年岁小的、辈分或地位低的一方则不宜也向对方施以同样的动作，因为那意味着对对方的蔑视，甚至是嘲弄。

在有多人参加的口才交际中，当双方之间有明显的界限（如台上和台下，或有桌子相隔）时，居于领导的一方不宜过久地仰靠在椅背上说话，那会增大双方的距离感，最好双臂置于讲台上，上身前倾，以弱化间隔感。如有话筒，说话时离话筒还要稍近一些，这样有助于强化自身动作的主动性，弱化讲台的间隔作用。双臂及手在讲话中可以配合内容即兴做一些手势动作，多一些少一些都无妨，其幅度一般限制在胸前部位，宜小不宜大。如果双方没有明显的间隔（如散坐在一起），对说话人的要求就可宽松一些，手势动作的幅度也可以大一点。有时，为了强化效果，还可以站起来，在走动中辅以动作，完成发言。

由于手势动作含义的丰富性（聋哑人可以完全凭手势动作进行交谈），在交谈时还要注意一些手势动作方面的忌讳。譬如，抓耳挠腮，摇头晃脑，抖二郎腿，足尖击地乃至指手画脚地讲话，这些动作往往使人觉得你轻佻、浮躁，对你的话就不愿意再听下去了。另外，手的动作如果不注意或过于随便，也容易产生失礼的效果。譬如，手指直指对方面部，说话时下意识地摸后脑勺，毫无掩饰地挖鼻孔、擤鼻涕等，都是交谈时的动作之忌。

（三）表情

人们常说："眼睛是心灵的窗户"。在交谈中，说话人要学会让眼睛主动配合话语来表情达意，与对方进行积极的交流。这就要求，说话时目光不要呆滞、木然地盯着一个位置不动，好似背书一般，而要使眼神具有与所述内容同步发展的喜怒哀乐的变化。此外，当对方提问时，要以亲切、热情的鼓励目光看着对方，而不要将目光移往别处（看窗外，或与别人交流等）。听众提问水平不高，不要流露出鄙视的目光；提的问题有刁难性，不要有反感的目光；听众反复纠缠于一个问题，不要有不耐烦的目光；提问者因紧张而一时词不达意，甚至语无伦次，不要有讥笑的目光。

在交谈时，要以目光的真诚来显示思想的真诚，这就要注意运用眼睛。目光不要东游西转，那会使对方感到你心不在焉；听话时，眼睛不要时开时合，那会使对方猜疑你已厌倦交谈；不要斜视对方，那会使人觉得你傲慢；如对方坐的位置较偏，你可将脸转过去，甚至上半身也跟着转过去正视对方以示尊重。在群体交谈中，答话人一方有一人在回答听众提问时，其余的人不要持"与己无关"的态度，而应无声地积极参与（认真旁听，随时准备参与交谈），用眼神保持与听众和同行的热情交流。

在交谈时，面部表情也是很重要的，要使它与交谈内容同步发展。但是，面部表情内涵的丰富性又使得交谈者务必注意面部表情的含蓄性。如，嗤之以鼻表示轻蔑，咬牙切齿表示痛恨，惊奇时张大嘴巴，激动时扇动鼻翼，困惑不解时张口结舌，内心痛苦时咬住嘴唇，倒吸气表示吃惊，长出气表示无可奈何，等等。这些在交谈中均不宜有过频的变化，因为在交谈中，面部表情只是一种辅助成分，哑剧式的、过于外露的面部表情会对交谈情绪造成干扰和破坏。

微笑应当是交谈双方面部表情的基本形式。微笑通常意味着理解、赞赏和欢迎，因而，它有助于推动双方更进一步地敞开心扉，坦诚交流。需要注意的是，仅以微笑而言，就可以表达多种含义，如它可以表示拒绝回答（不值得回答，不便于回答，不想参与讨论和回答等），因此，微笑必须而且只能是话语的辅助因素，在交谈中不宜单独运用（例如，在有人提出问题后，你给他一个长长的微笑而不及时开口，就难免会使对方如坠入五里云中，不知你究竟是什么意思）。并且，微笑应当是热诚的、发自内心的，而不能变成冷笑、阴笑、皮笑肉不笑 。

（四）服饰风度

在一般场合下，一个人的服饰与其言行之间并没有必然的、有机的联系。有的人外表看来是个君子，气度不凡，但他一开口，人们立刻就知道他原来是个大草包；有的人衣装平平，但一开口说话，马上就能产生很强的吸引力，所以民间有一句俗话，叫做“不以衣帽取人”。但是，在交谈中，衣装服饰却也是个不容忽视的因素。譬如，司法交谈中，公安人员在与案犯谈话之前，往往先穿上制服，目的正在于强化其行使国家专政机关权力的庄严性，以增强对案犯的震慑力量。反之，当管教人员准备与管教对象作谈心式的交流时，他们往往会有意识地脱去警服而着便服，以淡化管教对象对自己所怀有的那种畏惧感。据此，我们就不难分析出教育工作者不宜穿戴过于时髦的服饰的原因。时髦的服饰对教育工作者自身的素质、品德、情操等方面固然没有多大影响，但是它对教育谈话的效果却有一定的影响，它有时会使得教育工作者在对方眼中失去庄重感，进而使其指导教诲失去分量。

人们在交际往来过程中，往往都要求自己和对方要有风度，交谈也不例外。风度是一个人的言谈、举止、态势的总称。交谈风度则是以交谈为主体表现形式的，是一个人的涵养、素质、气质的外化，它直接显示了人们控制、掌握、表述语言的能力。有风度的人往往比较善于控制自己的情绪，在交谈中则表现为：进入高潮时，不得意忘形；出现哑场时，不张皇失措；心中恼怒时，不暴跳冲动；出现意外时，也能镇定自若。有风度的人在语言表述上则是从容不迫，善于表情镇定、神色自若地应付交谈中的各种突发事件。

第十五讲　口才交际中的常见语病及其根源探索

提要与思考

1. 初步分析，单向表述类口才交际中的语病通常表现为：自己对“说什么”与“怎么说”的话语量的主控能力比较弱，只要一开口说话，就言不由己，于是，或“过于简略”，或“过于啰唆”。双向交流类口才交际中的语病则表现为对交际对象关注不够，或只是自说自话，或随意打断别人说话。深入分析，两种语病的表现虽然各异，但是总根子却是相同的，那就是“眼中有人，而心中无人”。

2. 所谓“眼中有人”，即只看见眼前人的身份形象。看见地位比自己高的人，就紧张得话都说不好了；看见地位比自己低的人，又不屑于认真对待了。结果就是：面对地位比自己高的人，越是想把自己的话说好就越说不好；面对地位比自己低的人时，因为懒得平等对待，于是同样表现不好。种种表现，最终受到伤害的都是说话人自己。

重点问题

1. 口才交际的心理前提是交际双方的人格平等，即大家平等交流。话题面前人人平等，因此，在“说什么（话题）”确定以后，“怎样说”才显得重要起来。但是，在我们这个有着悠久的封建等级制文化传统的民族，要想做到“目中无人”（不在意对方的地位比我高还是比我低）而“心中有人”（眼前是一个正在和我进行口才交际的对象，为了口才交际获得成功，我必须认真关注这个交际对象），首先就要解决心理调适的问题。

2. 在心理平等的基础上，再接受表述训练、倾听训练、交流沟通训练等来消除两大类型共计十四种口语语病，也就是水到渠成的事了。

由于转瞬即逝、不容易反复揣摩推敲等原因，再加上“重文轻语”倾向的长期存在，对口才交际中的常见语病的研究与关于书面文字应用方面的研究相比，显然要滞后得多。时至今日，人们对于消除口语语病、提高口才水平的呼声已经越来越高了。

口才交际中的常见语病，有许多与书面文字中的语病是相同的。例如，缺少结构成分、成分搭配不当、语序不恰当等，这些问题一般在学习语法知识时都已经研究过了，这里不再重复。

本讲从应用的角度，借鉴系统论原理，对口才交际中的常见语病进行综合分类，并借鉴语用学理论体系中的合作原则与礼貌原则，对病根作一些理论探索。

口才交际中常见语病综合分类如图 15—1 所示。

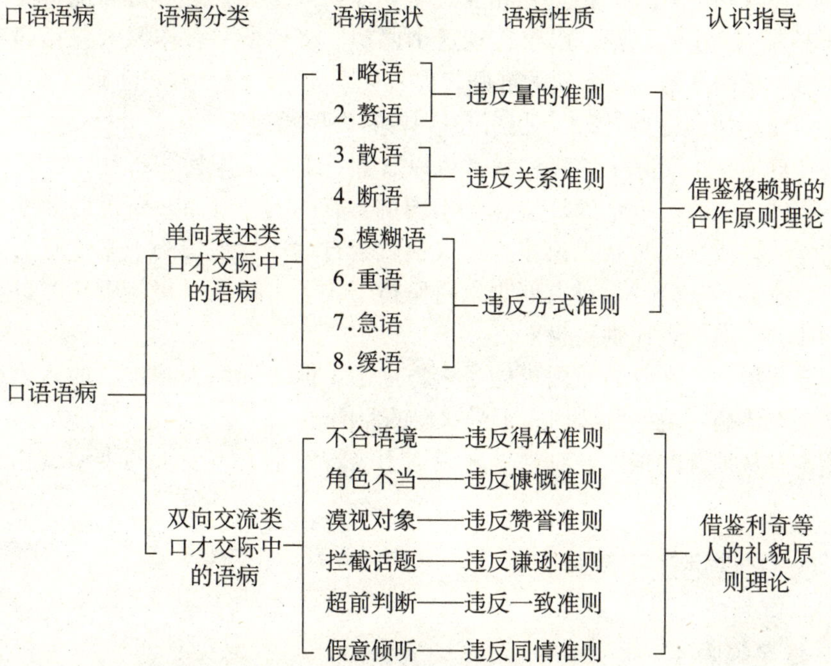

图 15—1　口才交际中的常见语病

需要指出的是，本讲之所以将上述十四种口语应用不当的现象归为语病，而不是归为语用学理论中已有界定的“语用错误”和“语用失误”，是因为错误（类）现象往往起因于说话人不知道或不懂得某种规矩（或原则），失误（类）现象往往起因于说话人虽然知道或是懂得某种规矩（或原则），但是主观上注意不够。语病现象有别于上述二者，其表现是：说话人不仅知道或是懂得，而且主观上也想遵守这些规矩（或原则），但是由于这样或那样的原因，出现了主观动机与客观效果相背离的语用失控，犹如人们主观上想保持健康，却因健康失控而生病一样。故而，本文将这十四种语用失控现象称为语病。

下面对各种语病作一些简要的分析。

一、单向表述类口才交际中的常见语病及其根源分析

所谓单向表述类口才交际中的语病，是指从说话人的说话角度总结出来的语病现象。如图15—1所示，这种总结借鉴了美国语言学家格赖斯语用学理论中的合作原则。格赖斯认为，人们在语言交际中总是互相合作的，谈话双方都怀着一个共同的愿望：相互配合，使话语都能被理解。因此，他们都遵守着某些合作的原则，以求实现这个愿望。格赖斯的合作原则包括四项准则：(1) 量的准则；(2) 质的准则；(3) 关系准则；(4) 方式准则。图15—1所总结的八种表述类语病，对合作原则皆有失控式违反。

在日常口才交际中，我们常常可以看到，即使是同样一番话，如果分别由不同的人来说，听众的反应也是不同的。有的人一开口，所说的话就好像产生了某种磁性，听众无论多少，很快就会自然而然地安静下来。有的人一开口，说不了几分钟，对方就难以再坚持下去了，在面对集体听众时，场内可能还会一点一点地哄乱起来。

造成后一种现象的原因可能是多方面的，但是说话人在自己的话语组织方面存在语病，是导致说话人不受欢迎的原因之一。

本讲从训练的角度，对常见之说话不当导致别人不爱听的类型试作总结如下。

(一) 说话过于简略

逸事趣闻

《演讲与口才》曾刊登过这样一则笑话：有一个人要出远门，他担心有朋友来访时儿子不会说话，因而，临离开家时他叮嘱儿子说："如果有客人来，问起我，你就说有点小事外出了，请进来喝杯茶吧！"他怕儿子记不住，还把这句话写在一张纸条上，交给了儿子。父亲走后，儿子便将口袋里的纸条拿出来，又是读又是背，以便有客人来时好应答。可是一连三天都没有人来，儿子认为不会有客人来了，便随手将已经揉烂的纸条扔进炉子里烧掉了。偏偏第四天来了一位客人，问儿子："你爸爸呢？"儿子赶

紧去翻自己的衣服口袋找那张纸条，里外翻了半天才想起来昨天已经烧掉了。于是，他脱口答道："没了。"客人大惊："啊！什么时候没的？"儿子答："昨晚。"客人觉得自己应当去吊唁就问："现在停在哪里？"儿子回答："烧成灰了。"

上面这段文字，当然只是一则笑话。在这则笑话中，儿子答话出现的毛病，就是显得过于简略。

说话过于简略，在语病分类上有一个名称，叫做略语。

略语现象表现为，由于说话人话语表述过于简略，以至于他本人自以为话已说完，而听者却还未理出头绪，不知所云。

造成这种情况的原因大致有两点：一是说话人文化水平低，找不到恰当而且足量的话语对话题进行表述，以致三言两语，匆匆结束。这类情况的改变，一般只能与提高文化水平同步进行，因为"茶壶里没饺子"是无论如何也倒不出饺子来的。另一种情况却是"茶壶里有饺子"也倒不出。有些说话人的文化水平并不低，对于话题的认识也有一定的深度，但是也同样找不到话说。以大、中学生为例，登台或当众说话时，三言两语后无话可说的人并不少见，而这些人的理解能力、写作能力其实并不差，那么，他们无话可说的原因在哪里呢？究其根源，乃在于说话时没有把握好"说什么"与"怎么说"的关系。说话人对于怎么说才能把话说得明白，才能更有效地吸引对方，平时训练不够，当众表述时又受到心理障碍的干扰，因而会无话可说。两类情况在训练中有着同样的训练重点，即对事物的形态、状态、性质以及事件的起因、过程、结果等方面"怎么说更好"多加思考、多加训练。

（二）说话过于啰唆

引经据典

俄国作家契诃夫有一个短篇小说《小公务员之死》，其中写道，小公务员切尔维亚科夫在戏园子里看戏时，不小心打了一个喷嚏，把唾沫星子飞溅到了坐在前排的一个将军的秃头上，于是，他向将军道了歉。由于将军的心思正在看戏上，回答得有点敷衍，于是小公务员再一次提出了道歉，并且由此开始了他的一天又一天的没完没了的道歉。将军也从一开始的没当回事儿，慢慢地有点不耐烦，到后来开始变得厌烦，最后，终于克制不住地发了脾气，结果就把小公务员给吓死了。

小公务员一遍又一遍地向将军说："对不起，大人，我把唾沫星子喷在您身上了……"在口才交际中，他的口语表述的语病就在于说话过于啰唆。

说话过于啰唆，在语病分类上有一个名称，叫做赘语。

所谓"赘语"，大致可以分为两种：一种是与表达话题关系不大，甚至是没有什么关系的话语，就是在表述过程中，说话人过多地加入了"嗯、啊、然后、后来、这个、那个"之类的与话题内容无关的指示词、语气词。由于此类赘语过多地介入了句子内部，因而对双方交流造成了干扰。另一种则是虽然其话语与话题有关，但是对方已经知道，不需要说话人再向他表述，而说话人却偏偏继续表述（例如，小公务员用同样的话语没完没了地向将军道歉）。

这后一种情况，改正相对比较容易，有时，听话人告诉说话人自己已经知道，对方也就不再啰唆。需要注意的倒是前一种。

前一种赘语现象的存在，大致起因于两个方面：一是，由于过去缺乏系统训练，语言发声的机械动作快于思维运动，因而不得不用赘语词来填补因思维运动偏慢而导致的信息交流的暂时中断。把话说得再明白一点，也就是话说得快，但是思维跟不上，因而会出现无话可说的暂时中断，不得不一边"嗯——"，一边想说什么好。这种情况，可以通过循序渐进的思维表述训练加以克服，必要时还应当加入有文字底稿为依托的说话训练，也就是用照着稿子念的训练方式来消灭"赘词"。

二是，还有一类情况，根源在思想观念方面，有人觉得话语里有"这个、那个"之类的词语衬托，会使自己的表述显得有分量，显得自己是经过深思熟虑的，这其实是一种错觉。赘语与表述内容之间没有有机的内在联系，它是说话人在表述时强加进去的，只能阻隔信息交流并影响交际效果。

（三）说话过于散乱

逸事趣闻

《演讲与口才》上刊登过这样一则小故事：有一对青年男女，经人介绍，第一次约定在公园里见面。男青年太紧张了，坐了好一会儿，才憋出了一句话："你的父母好吗？"女青年回答："很好，谢谢！"眼看谈话就可以开始了，不料接下去男青年没话了，于是又是一阵沉默。又过了好一阵，男青年再次鼓起勇气问道："你有没有兄弟？""有一个。""那——他还好吗？""还好。"男青年好像一下子找到了该说的话："你有妹妹吗？""也有一个。""啊，真好！她还好吗？""是的，她很好。谢谢。"不料接下去又是一阵沉默。两人干坐了好一阵，女青年坐不住了，见男青年好像又要开口，就抢在前面说道："我全告诉你吧，我还有叔叔、伯伯、爷爷、奶奶……他们都很好！再见！"

在这则笑话里，这个男青年就存在说话过于散乱的毛病。

说话过于散乱，在语病分类上有一个名称，叫做散语。

散语现象表现为，说话人在表述时把握不住话题中心，东扯西拉，或是在应答时，答非所问，而且往往是一扯开话头就收不回来，严重者到后来甚至连自己都不知道起初的话题是什么了。散语现象还有一种表现，有时候，说话人也能按照自己的思路说话，但就是不能"抗干扰"，别人一打岔，自己就会受到影响，严重的会忘了自己的说话目的，反而被对方牵着鼻子跑了。

这种现象产生的根源在于说话人思维机制的主控能力不强。所谓思维主控能力，也就是"先想好了再说"，而不是"说了以后再想"的意思。说话人首先要明白自己的目的，然后围绕目的组织话语。一旦想好了自己要说什么，就轻易不要大加改动。此外，表述中思维运动的主方向还要能紧扣话题，例如，当你想和对方谈某一话题，而对方却不愿意谈这个问题，但是又不宜公开拒绝，这时他就可能想办法东扯西拉，岔开话题。如果你必须和对方谈此话题，那就要不但能够不受对方"打岔"的干扰，还要能够"反干扰"，把对方拉回到主话题上来。

（四）说话不够连贯

逸事趣闻

大军阀韩复榘在20世纪30年代，曾经担任过国民党山东省主席。别看他没文化，却偏偏喜欢对文化人作报告。《演讲与口才》上就曾刊登过他在齐鲁大学的一次演讲。他是这样说的：

"诸位、各位、在座的：

"今天是什么天气？今天是演讲的天气。开会的来齐了没有？看样子有五分之八啦，没来的举举手吧！很好！都到齐了。你们来得很茂盛，鄙人也实在很感冒。……今天兄弟召集大家，来训一训，兄弟有说得不对的地方，大家应该互相谅解，因为兄弟和大家比不了。你们是文化人，都是大学生、中学生和留学生。你们这些乌合之众是科学科的，化学化的，都懂七八国英文，兄弟我是大老粗，连中国的英文都不懂，我真是鹤立鸡群了……"

身为一个大军阀，却喜欢对文化人作报告，韩复榘好像也有那么一点可爱之处。只是他的报告不但荒唐，连贯性也实在是太差了。

说话不够连贯，在语病分类上有一个名称，叫做断语。

断语现象的外在特点是话题表述层次之间的不连贯性。这种现象与散语之间有相似之处，而实质却不相同。散语表现为虽扣不紧中心话题，出现背离目的主题的现象，但对具体的分话题的表述还是基本清晰的；断语则表现为话语表述时分话题之间的不连贯性。打个比方说，一个主话题有时可以分解成几个子话题，主话题的完整表述要求各个子话题的完整表述必须做到互相补充印证，内部关系有机统一。断语则表现为各个子话题不完整，通俗地说就是，第一点（或一个方面）还没说完，就说到第二点（或另一方面）去了；第二点（或第二方面）还没说完，又扯到第三点（或第三方面）去了，结果表现为内部关系不统一，材料不能互相印证，有时甚至会出现互相矛盾的情况。（像韩复榘的这番话，刚谈了天气，接着就清点人数，刚夸了下面的人有文化，随即又说自己"鹤立鸡群"，真是乱七八糟，说穿了，就连他自己也不知道自己究竟要说什么，这样又怎么能使自己的话语达到连贯呢？）

对于这种现象的出现有人归因于性子急，其实，根本原因还在于心里紧张，思维在紧张状态下的运动无序。顺着这种“性子急”的思路，我们可以找到医治“断语”的解决方法，那就是努力地控制自己，使自己“慢一点”说话，心理节奏上放慢一点，话语节奏上也放慢一点，加强节奏的稳定性训练。

（五）说话不够明白

引经据典

我国古典名著《韩非子》中，记载了一个非常有趣的故事。有个叫郑乙的人，身上穿的裤子破了，于是就在集市上买了一段布，回家让妻子给他做一条新裤子。妻子问他做成什么样子的，他说：“同我现在穿的一个样。”于是妻子便按照他身上的裤样，做了一条新裤子。为了做到“一个样”，她在新裤子的屁股部位、膝盖部位各划开了同旧裤子上一样的洞，然后再照旧裤子的样子打上补丁，又把裤脚磨成和旧裤子一样的毛边。裤子做好后，妻子很高兴地拿给丈夫穿。丈夫一看，气得不行，问她为什么这样糟蹋东西？妻子反问道：“咦，不是你亲口告诉我说，要做得和你现在身上穿的一个样吗？你看看，还有哪里不一样？”

在这则笑话里，看来做妻子的脑子是有点不太好，但是，做丈夫的没有把话说明白，也确实是事实。

说话不够明白，在语病分类上有一个名称，叫做模糊语。

模糊语在语病研究中有其特定的内涵。它是指听者在意义理解方面出现的问题，不包括发声功能有障碍者发音不清，以及由于某种原因有意识地运用模糊语支吾的情况。模糊语主要是指说话人发声器官功能正常，且有明确表述愿望，却因意思没有表达明白等原因而给对方造成理解歧义的情况。

模糊语产生的根源，主要与发声习惯有关。汉语的四声音节构成，要求说话人发声时应当字正腔圆，也就是发声时口腔部位唇、齿、舌等器官的运动应当“到位”，这样发出的声音不仅音色优美洪亮，而且声音具有穿透力，能够传得远。如果不“到位”，声音传不远，离得稍微远一点的人听起来就会有含混不清的感觉。

此类现象较多出现在当众表述的场合。其原因一般与过去缺乏训练有关，还有些人是由于性格方面的原因，不好意思或者不愿意大声说话。在日常生活中，有时说话不讲究字正腔圆，也无碍谈话的进行，但是，当他们一下子进入了某种特殊场合或特定情境，面对众多人或陌生人时，心理上顿觉紧张，再加上原本不习惯朗声说话，于是难免事与愿违，想把话说清楚却未能收到理想的效果。

（六）说话老有重复

引经据典

《演讲与口才》上曾经不止一次地有作者在文章中写到这样一段话：第一个把姑娘比作鲜花的是天才，第二个把姑娘比作鲜花的是庸才，第三个把姑娘比作鲜花的是蠢材……

人们为什么会这样来打比方？口才贵有新意，无疑是一个重要的原因。从口才交际的功能的角度分析，谁也不会喜欢与一个说话老有重复的人打交道。为什么呢？因为人们进行口才交际有一个很重要的目的，就是要进行有效的信息交流。对于自己已经完全知道的信息，人们再去重复听取的意义显然已经不大，更不要说一遍又一遍地反复了。出于对新的有效信息的需求，有人总结出了同样是说“把姑娘比作鲜花”的人中，既有天才，又有庸才，还有蠢材的不同说法。

说话老有重复，在语病分类上有一个名称，叫做重语。

重语现象的表现，基本可以分作两类。一类为重复别人已经说过，并且他人也已经知道的话语内容（例如本节文字开始之“将姑娘比作鲜花”例）；另一类则是说话人在对话题进行表述时，经常下意识地重复已经说完了的上一句话，例如，刚说完一句“我吃过饭了”，立即再说一句“（我）吃过饭了”。如果是连说一段话，就对这段话的最后一句加以重复。这种现象给别人的最大印象就是啰唆，但又不同于那种夹杂着大量废话，谁听了都能感觉到的那种啰唆。说话有重语现象的人，如果不经别人提醒，往往自己还不知道。重语现象并不只是出现在缺乏训练者身上，有时，任教多年的教师，也会有这种同一句话不知不觉说两遍甚至多遍的情况。除了缺乏严格的训练之外，还可能是由于口语应用初始阶段表述人对自己的表述能力缺乏信心，唯恐别人对自己说的话听不明白，不能理解，因而习惯性地总要再说一遍。对于这种语病，目前只能是自己注意，对于中学生来说，最好是在接受训练之初，就注意不要出现这种现象。

需要说明的是，口语的转瞬即逝的特点，使得说话人有时需要采用对关键语句重复的方式予以强调，以加深对方的印象和理解，这种有意识、有目的的重复与重语现象应加以区别。

（七）说话过于急促

逸事趣闻

德国有一个非常有名的大哲学家，在他的一篇文章《谁在抽象思维》中，写了一个十分可笑的故事。市场上有个女商贩在卖鸡蛋，一个女顾客挑拣以后说："你卖的鸡蛋是臭的呀!"不料女商贩恼了，她竟然破口大骂道：

"什么？我的鸡蛋是臭的？你自己才臭呢！你怎么敢这样说我的鸡蛋？你？你爸爸吃了虱子，你妈妈跟法国人相好吧！你奶奶老死在养老院里了吧？瞧，你把枕巾同被单都当成了自己的头巾啦！你的帽子和漂亮的衣裳大概也是用床单做的吧？除了军官们的情人，是不会像你这样靠穿着打扮来出风头的，规规矩矩的女人多半是在家里料理家务的，像你这样的女人，只配坐监牢！你回家去补上你袜子的窟窿去吧!"

人们说话的目的，不但是让对方听的，而且希望得到对方的正确理解。因此，口才交际中的说话，往往还有一个节奏的要求。上面这个例子，女商贩因为是在骂人，而且显然是只图自己骂得痛快，根本不在意对方如何理解，也不愿意给对方留下还击的时间，所以，脱口来了这样一段连珠炮似的谩骂。反过来想，在口才交际过程中，无论是谁，都难以接受如此急促的话语。

说话过于急促，在语病分类上有一个名称，叫做急语。

急语现象大致有两种表现：一种表现为，说话时一句紧接一句，就好像是写作文不打标点符号似的，让人看（听）了觉得特别累；另一种表现则为，总体上看，他说完一番话所用的时间并不比别人少，但他说每一句话所用的时间偏短，多余出来的时间则以停顿不说来填充。两种表现有着共同的特点，即语言节奏过快，以至于对方在聆听和理解时感到吃力，跟不上。

急语现象不完全等同于说话快。一个人能够说话快，证明他的思维敏捷，反应快。急语的第一种表现实际上也就反映了说话人思维敏捷、反应快，但是，即便如此，说话也应当是在大脑思维的主控之下进行的，应当快时才快，不应当快时则不快。也就是说，思维反应快不一定语言节奏也快。能保持以听话人感到适中的速度与节奏进行表述，是实现井井有条的表述的重要前提。

急语现象的产生原因，从说话人自身检查，一是性子急，二是有时心理上紧张，因而导致说话失控。这两点都是口才交际中应当注意加以克服的。

（八）说话过于拖沓

逸事趣闻

《演讲与口才》上刊登过这样一则笑话："文化大革命"期间，有一个武装部的干部到一个公社去给民兵发枪。发枪之前，他在台上作了一个"报告"。他是这样说的：

"我，是县里派来的——（台下一片掌声）是来给你们发枪的——（台下又是一片掌声）县里经过研究认为，一个人发一支钢枪——（台下一片掌声）是不可能的——两个人一支——（台下又是一片掌声）也不行——三个人一支吧，还是不够——四个人一支呢——（台下是稀稀拉拉的掌声）就这样吧。四个人一支——（台下又是一片掌声）是木头的（台下一片失望的'啊——'声）!"

一个简简单单的，一句话就可以说明白的"给民兵发木头枪"的通知，硬是把下面期盼的民兵们说得心里七上八下，这位干部显然存在着"说话过于拖沓"的毛病。

说话过于拖沓，在语病分类上有一个名称，叫做缓语。

缓语现象的特点是语言节奏过慢，表现为每句话都拉得较长，其信息中断处，不是靠赘语来填塞，而是借助单字发声时值的延长，也即通常所谓的拉长腔，例如“今天——我们——”。有时表现为语句之间停顿时间过长，它和赘语一样，对口才交际都具有某种阻隔作用。因为人们在听别人说话时，实际上有一个单位时间内的信息量标准，话语达到了这个信息量标准，就有助于对方保持听话的心理兴奋，而缓语则低于这个标准。这就好像一个人去钓鱼，可是，老半天才钓一条小鱼，就难免心不在焉了，说话有缓语毛病的人，往往很难使别人保持听话的注意力，这当然是不利于他的口才交际活动的。

缓语与赘语产生的根源相似，一是思维运动速度慢于语言表述速度，不得不靠延缓速度来使表述与思维同步发展；二是思想观念方面的，有的人觉得说话用缓语显得庄重稳健，能增加语言的分量，这其实是一种错觉。

同样需要指出的是，在生活中，向对方告知一个不好的消息或一个比较严重的处理决定（比如开除公职或学籍等）时，为了防止对方因心理上一时难以接受而出现意外情况，有意识地借助“嗯、啊”之类的赘语和拖长语言节奏的缓语来延缓信息传递速度，借以增强对方心理承受力，这属于一种特殊情况下的口语形式，不可算在语病之列。

二、双向交流类口才交际中的常见语病及其根源分析

在日常口才交际中，我们常常可以看到，即使是商谈同样一件事情，有着同样的道理，分别由不同的人来进行表述，就会有不同的结果。有的人谈问题，无论是说得对方哑口无言，还是说得对方心服口服，只要他一出马，就能将话语交流置于自己的控制之下。有的人则恰恰相反，很有把握能够成功的话题，也可能由于他的表述而导致不欢而散的结局。

导致后一种现象的原因，可能是多方面的。其中，说话人在和对方进行话语交流时存在语病，是导致话语交流不欢而散的原因之一。

从根本上说，交流类语病与说话类语病，都是口才交际中的语病现象，它们不同于我们通常所说的口误。因为口误（类）现象的发生，往往起因于说话人知道或是懂得某种规矩（或原则），但是主观上注意不够，例如，不该说的话，一不留神脱口而出等。语病现象与口误现象的不同点在于，说话人不仅知道或是懂得，而且主观上也想遵守这些规矩（或原则），但是由于这样那样的原因，出现了主观动机与客观效果相背离的语用失控现象，犹如人们主观上想保持健康，却因健康失控而生病一样，故而我们将此类失控现象称为

口语语病。

本讲从话语交流的角度，对导致不欢而散的语病类型试作如下总结。

（一）说话不合语境

引经据典

《红楼梦》里有一个人物焦大，他在贾府里是一个资格很老的仆人，早年从死人堆里救过贾家老太爷的命。贾家感其恩，见他年纪老了，又嗜酒如命，也就不大给他派什么差事。虽然如此，他的身份却还是仆人，而他却倚老卖老，成天不干事不说，每吃醉酒必口出狂言，无论是谁他都敢骂。有一天，他喝醉了酒，贾府总管派他赶车子送客，他不但不去，反而骂起了给他派活的总管。他正在骂着，贾蓉送王熙凤和宝玉出来，看见了，就训斥了他两句，他就当着王熙凤的面骂起了贾蓉："别说你这样儿的，就是你爹、你爷爷，也不敢和我焦大挺腰子呢！不是焦大一个人，你们就做官儿享受荣华富贵？……到如今，不报我的恩，反和我充起主子来了。不和我说别的还可，若再说别的，咱们白刀子进去红刀子出来！"弄得连王熙凤都听不下去了。这还不算，他又接着边骂边当众"揭发"贾府的"隐私"："……每日偷狗戏鸡，爬灰的爬灰，养小叔子的养小叔子，我什么不知道？"结果，几个仆人听他说得太没有边了，一拥而上把他捆了起来，塞了他满满一嘴的马粪。

不难看出，凭焦大在贾府的老资历和喝醉了酒任谁都敢骂的一贯言行，再加上贾蓉在贾府的小辈分，如果焦大换一个场合这样骂贾蓉，贾蓉大概也会权当没有听见，也就算了。结果，焦大偏偏在贾蓉送王熙凤和宝玉的时候，在主人家的大门口当众开骂，也实实在在是犯了"说话不合语境"的错误。

所谓语境，又叫语言环境，它包括双方所谈的话题的时代背景、观念意识以及双方的立场、观点、态度、倾向等，还包括双方当时的心情、双方心情相遇后所形成的情境、双方进行口才交际时所置身的场合等。所谓合语境，也就是所说的话语能够满足或符合上述各方面的要求的意思，显然，不合语境，也就是所说的话语没有能够满足或符合上述各种要求的意思。

说话不合语境，大致可以分为以下两类表现。

一是口才交际的场合、地点选择不得体。例如，在有多人看书的阅览室里，两个人放下书本，谈起了什么事情，不论说话声音多低多轻，都难免会对周围形成干扰。另一类表现是，口才交际的场合氛围选择不得体。例如，在老朋友聚会、结婚等喜庆场合，众人正在兴高采烈之际，突然有人谈起丧病之事，这难免会使大家扫兴。

成功的口才交际，显然应当是合语境的。应当指出的是，所谓合语境，也并不是说话只能对语境被动服从的意思。成功的口才交际与语境之间其实应当保持一种能动的吻合关系，即对合适语境的利用和对不合适语境的改变。

口才交际不合语境对他人无利，说话人自己也难以得益，这样的双向交流是难以成功的。

（二）说话不合身份

引经据典

我国古典文学名著《三国演义》第七十二回写道，曹操出兵汉中，与刘备交战，因双方各有胜负，战事形成胶着状态。曹操进退两难，心中正犹豫不决，厨师送进鸡汤。曹操看着汤中的鸡肋，突然升起了一番感慨。正巧此时，部下夏侯惇进来请示夜间的口令。曹操随口说道："鸡肋，鸡肋!"他的另一名部下杨修，听到当晚的口令是"鸡肋"，便命令自己的手下将士收拾行装，准备收兵。夏侯惇听说后，大吃一惊，连忙赶来问杨修是怎么回事。杨修说："从今晚的口令中就可以知道，魏王就要退兵了。鸡肋这个东西，食之无味，弃之可惜，也就有点像我们现在的处境，进不能胜，退恐人笑，在此无益，不如早归。明天魏王肯定要班师回朝了，所以我提前收拾行装，免得

> 临时慌乱。”一番话传开去，曹军中各部人员也就纷纷收拾起行装来。当时曹操还不知道，在举棋未定之时，他心中烦乱，于是到自己的营帐外散步，突然看见将士们在收拾行装，忙问原因。这才得知原来是手下的主簿杨修猜出了自己有想回去的意思，并且已经提前行动了。曹操听了大怒，训斥杨修道：“你怎么敢胡说八道，扰乱军心！”立刻命令刀斧手将其推出去砍了脑袋。

关于杨修的死，后人有各种评价。例如，小说中就明确写到杨修之死是因为他聪明过人，曹操心怀妒忌，早有杀掉他的意思。其实，这种分析难免包含了对于曹操的偏见。身为主簿（曹操的下级），在战争状态下，杨修只能是服从命令，听从指挥。在两军对垒的关键时刻，没有得到曹操（上级）的明确的命令，杨修怎么可以凭着自己的一番猜测，就自说自话地指挥起军队的行动呢？何况这一自说自话，已经在曹军中引起了骚动，事关成败，曹操当时不杀他，如何平息谣言、稳定军心？今后又怎么去当统帅？这样的事件，即使在刘备军中，或者就是发生在当代，在中国人民解放军中，也是要用军法处置，也是要被送上军事法庭的。杨修之死，严格地说，只能怪他说了不合自己身份的话，是他咎由自取，不能怪曹操。

说话不合身份，又叫做角色不当。这里，“角色”一词是指一个人在社会交往中所应保持的某种身份特性。在现实生活中，每个人都是在一种多层次的关系网里生活，在不同的场合里，充当着不同的角色。当一个人出现在某个具体的场合时，别人就会对他抱有某种具体的角色期待，希望他按照角色规范的要求行事，说角色身份应当说的话(例如，曹操显然是希望杨修能按照“主簿”的角色规范要求行事说话，而绝不会希望他随时随处扮演统帅的角色)。

角色身份总体上可以分为两大类别。第一类可称为社会角色，基本上由说话人自身所固有的社会地位、职业、性别、年龄等方面的因素合成。社会角色具有相对稳定的特点，不仅改变比较缓慢，比较有规律，而且也常常会通过说话人的口才交际有所流露。第二类可称为交际角色，它是由说话人与交际对象之间的关系来确定的。交际角色具有相对多变的特点，往往会随着交际对象的改变而改变。说话人在口才交际过程中的身份确定，往往是由其社会角色和交际角色有机合成的。

在一般情况下，生活实践会指导人们在某一具体场合选择正确的角色身份，但是，有的人在口才交际中仍然难免会出现角色不当的毛病。例如，在轻松融洽的场合却摆出了作为领导的严肃表情；在平等交流的场合，偏不肯放下身为长者的威严。之所以如此，主要原因只怕还在于这些人对某种角色身份的偏爱。

（三）说话时不关注对方

引经据典

钱钟书先生的名著《围城》里有一个张先生，此人在美国人开的花旗洋行里做事，只因为“跟外国人来往惯了，说话有个特征——也许在洋行、青年会、扶轮社等圈子里这并没有什么奇特——喜欢在中国话里夹无谓的英文字。他并无中文难达的新意，需要借英文来讲；所以他说话里所嵌的英文字，还比不得嘴里嵌的金牙，因为金牙不仅妆点，尚可使用，只好比牙缝里嵌的肉屑，表示饭菜吃得好，此外全无用处。”

这位张先生说话时只关注自己如何说，只倾心于满足自己的炫耀心理，却全然不关注对方是不是能够听得懂，是不是愿意听。他的语病，就是说话时不关注对方。例如，小说中写道，方鸿渐第一次到他家，立刻就因为没有听懂他说“ headache”一词是在称呼自己的太太，而不是他“头痛”，不舒服，以至于立刻觉得“自惭形秽”起来。

说话时不关注对方，又叫做漠视对象。口才交际的成功，常常需要以交际双方互相尊重、坦诚交流为前提条件，一旦一方以“高人一等”的心态与对方交流，就可能出现漠视对象的现象，就可能影响对方与说话人坦诚交流的程度，进而对口才交际的成功形成干扰。

这类语病在社会交际中有种种表现。例如，在口才交际过程中较多地使用对方不太理解或全不理解的专用词语，甚至在语调、态度等方面，也是过多地“倾心”于自我情感抒发，并不关注对方能否承受、是否愿意承受等。诸种表现均可能因为“贬低了对方”，以致其在心理上出现“交流阻隔”（《围城》里，方鸿渐在张先生家很快就失去了与他一家人进一步交往的兴趣），此类语病可称为“孤芳自赏”式。再如，有时同时在场的可能有很多人，说话人只与自己较熟悉的或者感兴趣的对象交流，而将其他人冷落在了一边。此时，如果被冷落的对象又未能与其他人构成新的交流，口才交际的整体效果就出现了不足之处。此类语病，可称为“顾此失彼”式。

两相比较，“顾此失彼”式语病相对比较容易纠正，当这种情况出现而说话人尚未知觉时，旁边的人给他一个提示，或者他人插入，与被冷落者开始口才交际，情况便会有所改善。比较难以纠正的是“孤芳自赏”式，其根本原因在于不能以赞誉的态度对待他人，甚至自视“高人一等”，这是对口才交际应当讲究礼貌待人、讲究尊重他人的一种本质的否定。

(四) 说话时打断别人

引经据典

张天翼先生在他的名作《华威先生》里塑造了一个抗战前期的文化官僚华威先生的形象。在小说中，这位华威先生一次又一次地出现在开会的场合，只要他一出场，就要打断别人的话，这几乎成了一个习惯。

例如，小说中写道，台上，刚刚被华威先生推选的主席在作报告，华威先生说话了，“‘我提议！’他大声说，‘我们的时间是很宝贵的，我希望主席尽可能报告得简单一点。我希望主席能够在两分钟内报告完。’他括了两分钟洋火后，猛的站了起来。对那正在哇啦哇啦的主席摆摆手：‘好了，好了。虽然主席没有报告完，我已经明白了。我现在还要赴别的会，让我先发表一点意见。’”接着，华威先生说了两点意见。在另一个会场，他进去时别人已经在开会，有一个人正在发表意见，“他坐了下来，点着了雪茄，不高兴地拍了三下手板。‘主席！’他叫，‘我因为今天另外还有一个集会，我不能等到终席。我现在有点意见，想要先提出来。’”接着他又说了两点意见。

小说中的华威先生就是这样成天地忙碌着。这个人物虽然是虚构的，但是，从口才交际的角度来看，他的这种以打断别人说话的方式开始自己的说话的做法，却是生活中一种常见的语病。

说话时打断别人，又叫做拦截话题。“拦截”一词在这里是一种借用，意思是在口才交际过程中，一方过于偏爱自己的滔滔不绝，硬性打断别人的话题，自己抢着说话。

口才交际，无论是交谈还是辩论，都需要双方敞开心扉，坦诚交流，只有这样，才可望获得真正的成功。这就要求我们，在口才交际过程中，既要做一个优秀的表述者，又要做一个良好的听众，听与说相辅相成。那种只热衷于自我表述，却无耐心聆听他人的人，很难在口才交际中受到欢迎，而且，他也很难在口才交际过程中取得真正的成功。

需要指出的是，要求口才交际的参加者同时应当成为一个良好的听众，并不是说，只要别人说话不停，自己就只能消极被动地听下去。有时，在别人说话时适当地插话，有助于调节交际现场的气氛，更有助于口才交际取得更好的效果。从这一角度看，怎样当好口才交际的听众，也是一个值得关注的问题。

需要指出的是，生活中还存在另外一种拦截话题的现象。例如，亲人、恋人、朋友久别重逢，或者初次相识却感觉“酒逢知己千杯少”，这时双方都有向对方倾诉的热情，由于双方都急于倾诉以致出现了拦截话题的现象，此类现象不应划入语病之列。因为，在此类现象中，双方急于要向对方倾诉的是友谊和亲情、观点和思考，呼唤的是对方的理解和认同，表现出的是对对方的敬重，与不能谦逊待人而造成的拦截话题有着本质的不同。

（五）提前得出结论

引经据典

我国古典戏曲名篇《十五贯》中有个名叫过于执的人，时任无锡县官，他接手了一个案件。案情为，有一屠户，名字叫油葫芦，赌钱赢了十五贯钱，回到家中，其继女苏戌娟问钱从何来。油葫芦酒后戏称已将她卖给他人为婢，这十五贯钱就是身价钱。苏戌娟大惊，半夜出逃，欲往姑母家躲避。天将亮，苏戌娟遇一青年熊友兰，因问路而结伴同行。不料苏戌娟在逃走时房门未关，结果无赖娄阿鼠窜入，见十五贯钱，遂行窃，行窃时油葫芦醒而搏打，娄阿鼠杀死油葫芦，夺钱而去。

天亮后，邻人见油葫芦被杀，苏戍娟不见踪影，沿路追来，见苏与熊二人同行，就捆起来送了官府。无锡知县过于执在审理此案时，发现油葫芦之女苏戍娟貌美，于是只凭苏与熊男女二人同行，熊友兰身上又恰好带着十五贯钱，就草率定案，判二人死刑。

在审案时，过于执根本无意听取苏戍娟与熊友兰的辩解。他对苏戍娟说了这样一段话："看你艳若桃李，岂能无人勾引？年正青春，怎能冷若冰霜？你与奸夫情投意合，自然要生比翼双飞之意。父亲阻拦，因之杀其父而盗其财，此乃人之常情，这案情就是不问，也已明白十之八九了。"

这段话听起来言之成理，持之有故，但都是主观想象，是未经证实的。原本县官审案的结论应当是在调查核实之后得出的，而过于执在调查核实之前，就已经提前得出了结论。

提前得出结论，又叫做超前判断。它是指说话人在口才交际过程中对对方的表述缺乏倾听的耐心，未等对方说完，便自以为已全部了解，或已不想再了解，遂以自己的判断结论硬性打断对方的话题，中止对方的表述。

超前判断与拦截话题，同为交流类的语病，二者之间的相同之处在于，都缺乏聆听对方表述的耐心，强行中止对方的话语，当然，也就都强行中止了口才交际。然而，二者又有不同之处，拦截话题是将对方的话题"抢夺"过来，改为由自己表述；超前判断则是不等对方说完，自己就提前得出了结论。

超前判断从得出结论的角度考察，可以分为两种情况：一是根据已经听知的部分材料断定自己已获知全部材料，遂作出超前判断，结果出现判断错误；二是根据已知材料得出的超前判断是正确的，但是说话人却硬性中止了对方的话语，不让对方将想说的话说完，这种行为是不妥的。

超前判断的结论无论正确与否，从表现形式方面考察，都应归入口语语病。因为它们都会降低对方进行交流的热情，甚至会诱使对方出现心理障碍，它不仅会对这一次的口才交际不利，而且还很可能对未来的口才交际都产生不良的影响。

（六）听话时三心二意

引经据典

托尔斯泰的名著《复活》描画了胡乱判定玛丝洛娃有罪的众位法官的群像。小说写道，经过庄严隆重的宣誓仪式之后，众位法官虽然一个个道貌岸然地端坐在122法庭上，但是其实却各有心事。例如，庭长，这个已经有了一大把花白的络腮胡子的老头正在盼着早点开庭，早点结束，以便去和正在旅馆里等他的瑞士情人幽会；法官则是心事重重，由于他不肯增加被他妻子提早花完的家庭开支，早晨他们刚刚大吵了一顿，妻子警告说，要是这样，家里就不再准备他的饭了；副检察官则是通宵未睡，上半夜是打牌，下半夜则是去了妓院，现在虽然已经坐在了法官的位子上，可是他却连卷宗都还没有看过；还有一个法官，正在关注自己的胃病能否治好，他正在想如果从办公室门口起到他的圈椅那儿止自己所走的步数可以被三除尽，那么新的疗法就能治好他的病，否则就不行；至于书记官，开庭时他其实正在看一篇被查禁的文章。这样一群法官在玛丝洛娃申辩时，根本就是心不在焉，因而，虽然陪审员们一致认定玛丝洛娃无罪，法官们还是援引了法律的否定条款，判决她流放西伯利亚服四年苦役。

关于这部小说以及其中法庭场景描写的意义和价值，这里不拟作深入的分析。其中，小说中这几个法官在法庭上的表现，从口才交际的角度分析，就是名副其实的听话时三心二意、心不在焉。

听话时三心二意，又叫做假意倾听。它是指在口才交际过程中，由于种种原因，应当聆听的一方只作出了聆听的表情、态势，并没有真正集中精神聆听，有时还进一步自说自话地接话应答，结果东扯西拉，使口才交际的效果受到损害。

假意倾听现象产生的原因一般来自以下两个方面：其一，可称为客观方面的原因，例如，听话人本来正有要事在忙，或正准备去处理某事，恰好此时新的口才交际对象出现，于是不得不勉强去交际应酬，此时，听话人虽然身在交际现场而心却在别处，以致出现假意倾听现象（例如，审讯玛丝洛娃的几个法官）；其二可称为主观方面的原因，例如，说话人由于某种原因，或词不达意，或头绪纷乱，以致听话人失去耐心，但是由于某种原因听话人又不得不表现出倾听的热情，或者，听话者无意与说话人进行交际，但碍于身份、职务等方面的原因，不得不虚与委蛇，以致出现假意倾听现象。

两种假意倾听现象，虽然主客观原因不同（例如，托尔斯泰在这里主要还是在批判不公平的社会制度），但从口才交际的角度审查，各种表现都有一个共同之处：都是说话人有话要说，并且急于要说，而听话人不想倾听，或难以注意倾听，由于二者之间的需求不同，因而难以保持听说需求的统一。

两类假意倾听现象，虽然有的可能看似情有可原，但是，情有可原不等于就不是语病，更不等于就不会给自己带来损失，因而，在口才交际中，都应当加以防止。

三、小结

至此，本教材总结出了口才交际的语病共有两大类别十四种类型。这十四种类型的语病，都是口才交际能力训练需要加以克服、改正和防止的具体对象。

生活经验告诉我们，与其等到得了病以后再来治疗，不如事先预防疾病。由于生活阅历方面的原因，这十四种语病有的是不会出现在大学生身上的，但是，如果不从训练开始就加以注意，等到出现了再来纠正，就难免事倍功半了。正是出自这样一种想法，本教材才将十四种语病一并列出，以供训练中强化防范意识。

需要强调指出的是，无论是治疗还是预防口语语病，办法都只有一个，那就是在口才交际的训练和实践中，有意识地加强对思维素质、心理素质和自主控制能力的系统训练，同时注意淡化自我中心意识，关注、尊重交流对象。只有这样，才可以较快地消除口语语病，提高口才交际水平。

后 记

一个人过了六十岁，开口提笔，往往不由自主地就会从回忆过去开始，不知道这是不是一个规律。

在业余操弄笔杆子的教师群里，大概还没有人在著书立说时，竟然不知道自己“著的是什么书，立的是什么说”吧。然而，我是一个例外。从1984年开始，直至今日，在已经持续了二十多年的写作中，我有很多次都是在写作的“当时”并不知道自己最后写成的将是一部什么样的作品。

就以自己独立创建的口才交际教学训练体系来说吧，现在每每回忆起来总觉得初次写作的过程和第一次游泰山登十八盘的过程有那么点相似。泰山十八盘，起先并无显明的标志，不过是一级一级并不高的台阶，而且只是由坦平渐渐变得陡峭，自己也只是渐渐地由轻松变得开始大口喘气。直到最后，觉得自己已经快爬不动了，然而，还是咬着牙再努力地登上去。终于，在自己也不知道已经到了山顶的时候，眼前豁然开朗：啊，南天门！此时，极顶的风光尽收眼底。

1984年是我人生的一个重大转折点。从这一年年底开始，我连年在省、市级演讲比赛中获得一等奖，又频频应邀外出“授课传技”。社会对口才的关注使我开始注意到，一门新的学科正在兴起，最终我把后半生的精力全部投进了这一学科。如果说得再早一点，那是1983年的一天，我在系主任的办公桌上看到了一本封面是列宁正在演讲的、刊名叫《演讲与口才》的杂志，系主任见我翻看，随口说道：“拿回去看吧，是杂志社的赠刊，有兴趣就给他们投投稿。”我拿回了家，留意了一下里面文章的风格，就写了一篇《笑在课堂教学中的作用》送进了邮筒。大约三四个月后吧，就收到了样刊和十五元钱的稿费，当时确实是无比振奋，后来一口气又写了三四篇这种文章。当年年中，与朋友来了一场难分高下的“诡辩是否总是在助纣为虐”的辩争，我“孤军奋战”，意犹未尽而归，回家后就挖空脑子，写了一篇《对诡辩也应当讲一点辩证法》的文章（这篇文章后来曾屡遭退稿，直至1989年才发表在《演讲与口才》第四期上）。当时并未想到，以1984年的这几件事情为起点，自己就开始了至今仍难辍笔的口才交际教学训练体系的构建。

从第一次在《演讲与口才》上发表文章起，从第一次参加演讲比赛起，从第一次在社会上公开授课起，从第一次出版著作《演讲成功之路》起……已经二十多年过去了，已经很难完全记得自己曾经遭遇的坎坷、曲折与磨难。尽管这些往事每每在脑海中浮现，尽管我仍如当时那样清晰地感受到痛楚，但感受得更多的，还是一步一步接近自己的人生位置的那种欣慰与自得，它甚至使我产生了这样一种“观念”：人的一生能否过得比较有价值，很重要的一点，就在于他能否选准自己人生的最佳位置。

在“年过花甲”时回首自己的前半生，尤其是在看到书橱里一长排标有“刘伯奎著”的著述时，有时甚至会觉得，自己大概就是为了创造口才交际教学训练体系而来到这个世界的。

由于家庭出身的问题，在很长的人生阶段里，我都难以消除一种强烈的自卑心理：生不逢时，磨难重重，尤其是不得不一次次地在人生途中“转岗”。例如，我曾做梦都想当一名成功的声乐演员，但是，在我终于如愿以偿，考进了专业文工团之后，却意外失声，成了一个声音嘶哑的“破锣”。在那个“吃大锅饭”的年代，虽然无人对自己施加压力，更无下岗之忧，但是自己觉得在声乐这一行里待不下去，也无颜自称声乐演员，于是就主动要求去了乐队，在二十五岁的“高龄”开始练起了手腕子，当上了打击乐演奏员。虽然打击乐干了好几年也没见有什么大出息，但是在离开本专业六年之后，我参加了大学生文艺会演，以自己制作的木琴表演独奏和专业组同台演出，获得了“全国二等奖”，这也就可以证明我曾经达到的水平还是很不错的。当我干得还不坏时，命运又安排我进了铁路部门，成了一名成年沿着铁路小站转悠的流动电影放映员。当放映员的这三年，大概要算是我的人生最低点了，我对操作机械从来没有什么兴趣，几年混下来，连初级放映员的资格证书也没有底气去考。1978年，在我三十岁时，我参加高考，其中一个很大的原因，就是为了能够离开电影放映员这个岗位。三十四岁大学毕业后，我发狠心决不再改行，立志以中文专业的欧美文学教师为职业，而且我在这一岗位上也坚持了十余年，还评上了副教授。没想到老天爷又一次命令我“转岗”，从此我闯入了“口才交际教学训练与理论创建研究”这一新领域。

我曾经非常感慨自己一生的命运多舛：五年的专业文艺生涯，四年的中文专业学习，十余年的中外文学教学研究，少年时代的家境窘困，还有“文化大革命”中因为家庭出身不好而被迫应对的辩论、论争等，似乎都是上天的一种安排。然而，转入口才训练研究后，我立即就感受到这些人生阅历对我进行口才研究的强大支撑，它们都转化成了我进行口才训练研究的前期准备，成了我的研究基础与研究资本，使我从中获益匪浅。其中，有的经历只怕还是将来的人无法同样获取的。别的不说，就说“文化大革命”中长达十年的人与人之间的没完没了的辩论，无异于长达十年的“前期培训”啊。

自产生这种感觉后，我对口才交际教学训练体系的构建，信心更加充足。

天意既不可违，我当盯紧目标，矢志不移；天意既不可违，坎坷与挫折也就难以阻挡前进；天意既不可违，口才交际教学训练体系的构建怎么会不成功呢？

于是，我终于又有了这本在“本科凸显理性把握，专科凸显训练操作”的分层次要求指导下写成的《口才交际能力训练》。

我等待着来自市场的批评。

刘伯奎

2010 年 9 月于上海嘉定寓所

第一批“21世纪通识教育系列教材”目录

序号	书名	第一作者
1	交际礼仪	金正昆
2	广告学概论	倪　宁
3	社会调查研究方法	翟振武
4	大学语文	邢福义
5	大学心理	聂振伟
6	逻辑学概论	陈　波
7	中国哲学史	杨国荣
8	西方哲学史	张志伟
9	伦理学概论	李建华
10	科技哲学概论	刘大椿
11	宗教概论	张志刚
12	科学技术史	王鸿生
13	国学概论	程水金
14	中国文明史	何德章
15	世界文明史	孟广林
16	中国文化史	刘固盛
17	法学入门	郑永流
18	宪法与宪政	张千帆
19	犯罪与刑法	赵秉志
20	经济法	徐孟洲
21	知识产权法	刘春田
22	公共管理学	张康之
23	公文写作与处理	赵国俊
24	社会科学研究方法	蓝志勇
25	政治学原理	燕继荣
26	中国政府与政治	杨光斌
27	教育学基础	冯建军
28	财政学	邓子基
29	金融学	张　杰
30	投资理财	汪昌云
31	经济学原理	方福前
32	政治经济学原理	张　宇
33	博弈的艺术	王则柯
34	管理学基础	陈　劲
35	组织行为学	孙健敏
36	创业学	黄卫伟
37	职业生涯规划与设计	谢晋宇
38	统计学基础	贾俊平